Ensayos InterAmericanos

Volumen 10

Editores | Herausgeber

Wilfried Raussert
Center for InterAmerican Studies, Universidad de Bielefeld
Olaf Kaltmeier
Center for InterAmerican Studies, Universidad de Bielefeld

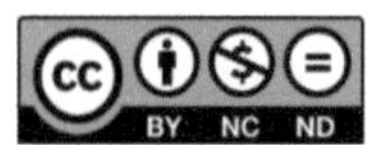

Wilfried Raussert

¿Hasta dónde llega la calle?

Prácticas artísticas y el espacio público

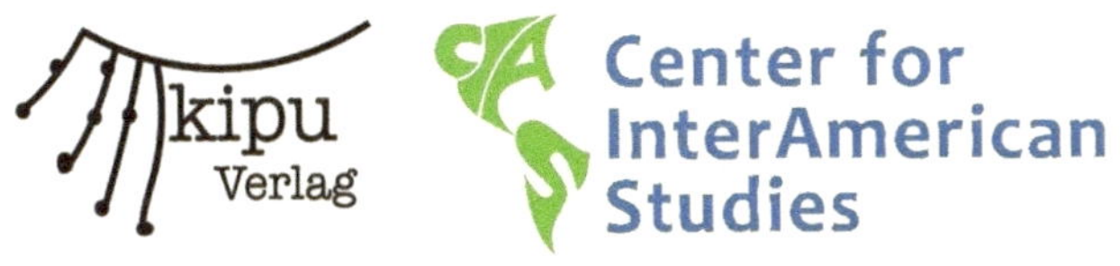

¿Hasta dónde llega la calle?
Prácticas artísticas y el espacio público.

Autor: Wilfried Raussert
Übersetzung: María Luisa Arias
Ensayos InterAmericanos, Vol 10
Bielefeld: Kipu-Verlag, 2020

ISBN Print: 978-3-946507-59-8
ISBN E-Book: 978-3-946507-60-4

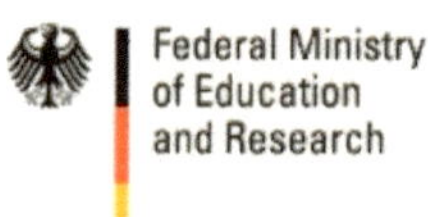

Diese Publikation wurde unter Verwendung der vom Bundesministerium für Bildung und Forschung (BMBF) bereitgestellten Mittel veröffentlicht.

Cover Image: Maria Tomeczek

Kipu-Verlag
c/o
Center for InterAmerican Studies (CIAS)
Universität Bielefeld
PF 101131
33501 Bielefeld, Deutschland
http://www.uni-bielefeld.de/cias/

Contenido

Introducción
El espacio público, la práctica artística y lo social

El espacio público disputado

Las protestas y las revoluciones tienden a comenzar en la calle. El diario *The Guardian* anunció la siguiente noticia el 28 de octubre de 2016:

> Agentes del orden público arrestaron a 141 personas en Dakota del Norte después de que la policía rodeó a los manifestantes y empleó aerosol de gas pimienta y vehículos blindados para desalojar a cientos de americanos nativos activistas y defensores de un terreno que pertenece a una compañía propietaria de oleoductos. (*The Guardian* 2016, s.n)

Ese fue el día más violento en la manifestación de tres meses de duración entre la policía y cientos de integrantes de más de noventa tribus nativas norteamericanas, cuyo fin era impedir la construcción del controvertido oleoducto Dakota Access. Operado por la empresa *Energy Transfer Partners* con base en Texas y cuya intención es transportar petróleo crudo obtenido mediante fracturación hidráulica desde el yacimiento petrolífero de Bakken en Dakota del Norte hasta una refinería situada cerca de Chicago, el gasoducto de $3,7 mil millones de dólares era considerado por dichas tribus una amenaza a su suministro de agua y a numerosos sitios sagrados. Como muestran las manifestaciones de la tribu Standing Rock y los grupos de apoyo de activistas nativos norteamericanos, repensar el espacio público sigue siendo central para las concepciones públicas del bien común en el siglo XXI. Muchos movimientos comunitarios de los nativos norteamericanos defienden el espacio sagrado y comunitario en contra de la intrusión capitalista extractivista de las compañías nacionales y multinacionales hegemónicas. Y, como con otros movimientos de base contemporáneos, las prácticas artísticas en el movimiento de Dakota –como los cantos, actuaciones, arte en carteles y las esculturas en el lugar– fueron el vehículo principal para expresar disidencia y resistencia. No son simplemente respuestas creativas a momentos de crisis, sino que estas prácticas sirven como fuerzas de desarrollo comunitario que promueven la sociabilidad al ayudar a la gente a reimaginar lo social. Prácticas como éstas, que interactúan con los espacios públicos y participan en ellos, resaltan el papel central del arte para la creatividad social. En primer lugar, producen y reciben un alto grado de visibilidad. Asimismo, intensifican el potencial para el diálogo entre el arte y un público más grande. El artista se vuelve creador y activista. Walter Benjamin calificó bien al autor de "productor" y lo dotó con una "función organizadora" (2004, 12). El agente creativo de Benjamin se ha convertido en una imagen inspiradora para los artistas social y políticamente conscientes que crean imaginarios de lo social incorporado en el pensamiento disidente, democrático, utópico e igualitario. Este vínculo en el arte entre lo creativo y lo social tiene sus raíces en los ideales utópicos que formaban parte de los cimientos coloniales del Sudamérica y Norteamérica.

Los acontecimientos en Dakota son solo un ejemplo de una nueva ola de protesta social en una escala global. El movimiento Ocupa Wall Street, el movimiento de la Primavera Árabe, el movimiento de los *Dreamers*, el movimiento de Resistencia y el movimiento estudiantil en Chile, el "Ni una más" en Latinoamérica y el movimiento La Vida de los Negros Importa se encuentran entre los ejemplos más mediatizados de las prácticas socioculturales actuales de (re)clamar, (re)interpretar y (re)construir el espacio público. Al mismo tiempo, estamos siendo testigos de privatizaciones del espacio público en las ventas de tierra a compañías privadas, y en las ventas de calles, plazas y plazoletas a promotores inmobiliarios privados. En ciudades como Quito, Toronto y Nueva York, la gente es cada vez más vulnerable al desplazamiento por gentrificación. A raíz de estos acontecimientos, estamos presenciando proyectos de arte callejero, horticultura comunitaria y complejos de viviendas subvencionadas en centros urbanos que promueven un enfoque popular al uso del espacio público. El espacio público se revela como el terreno de pruebas preciso para repensar la historia y el patrimonio, mediante la reflexión y la instalación de relaciones de poder, la realización de guerras culturales y la representación de nuevas visiones comunitarias.

Si bien los movimientos de base, encabezados con frecuencia por activistas que son artistas, luchan por recuperar el espacio público para reuniones comunitarias, la recreación y formas alternativas de movilidad urbana, el aumento en la vigilancia tecnológica de las plazas públicas por parte de agentes gubernamentales facilita el control hegemónico de la vida cotidiana en las ciudades contemporáneas. Las masacres y los ataques terroristas racionalizados como parte de una guerra cultural han añadido una nueva dimensión violenta a la lucha por el uso del espacio público. Esta lucha muestra que el espacio público permanece abierto, liberador, ambiguo y en conflicto al mismo tiempo. Además, es frágil. Como Jorge de la Barre y Blagoveste Momchedjikova mantienen, "El espacio (público, privado, físico, virtual, aumentado) nunca ha estado tan vigilado y controlado; paradójicamente nunca ha sido tan vulnerable" (2016, 9).

Nuevas formas de pensar el espacio público

Fuertemente influidas por la reconceptualización del espacio de Henri Lefebvre, las teorías posestructuralistas en geografía han dado lugar a nuevas formas de pensar la relación entre el lugar, la cultura cotidiana y la gente. La compresión espaciotemporal en la era digital (Harvey 1989) muestra que las líneas divisorias entre el tiempo y el espacio, lo público y lo privado, lo real y lo virtual, lo horizontal y lo vertical están siendo difuminadas por la contemporaneidad. Si bien el desarrollo comunitario y el cambio social siempre han estado entrelazados con el espacio, la teoría orientada a la acción ha permitido nuevas formas de afirmar identidades, formas de vida e interacción cultural y social alternativas (Tornaghi y Knierbein 2014). Como resultado hemos profundizado nuestra comprensión del cambio cultural, económico y político en su relación con el espacio. El carácter público, la vida pública (Arendt 2009; Sennett, 1990), la opinión pública, el ámbito público (Habermas 1989): todos estos términos se han examinado de nuevo y se han cuestionado y multiplicado sus significados. Desde los debates sobre la privatización del espacio público (Sorkin 1992; Low y Smith, 2005; Minton, 2012) hasta la recreación de nuevos espacios colectivos (Watson 2006; Franck y Stevens 2007; Hou 2010), se ha reconcebido el espacio de maneras relacionales y plurales. Dichas redefiniciones se centran en las desigualdades de poder que sustentan la distribución del espacio y el acceso a éste. Por ejemplo, bell hooks, siguiendo una teoría orientada a la acción, contempla la relacionalidad de las identidades negras en una dimensión espacial. La marginalidad socioespacial asociada con el género y la raza se convierte en una postura que abre "la posibilidad de perspectivas radicales desde las que se puede ver e imaginar alternativas y nuevos mundos" (hooks 1990, 149).

Las concepciones del espacio están cambiando al igual que la gente que está llevando sus preocupaciones cotidianas a las calles. Tomar por asalto las calles públicas para protestar, declararse en huelga y mostrar resistencia históricamente se ha asociado con las masas trabajadoras. Sin embargo, las revueltas juveniles y ciudadanas en años recientes en Santiago de Chile, Nueva York, Ciudad de México, El Cairo, Londres, Madrid, Tel Aviv y Túnez han constado principalmente de jóvenes de clase media y con educación formal, incluidos artistas e intelectuales. La reclamación del espacio público que se puede observar en estas acciones de protesta –a las que con frecuencia se denomina "revoluciones de las redes sociales"– plantea la pregunta sobre cómo se está reimaginando el espacio público, cómo está diseñado éste física o digitalmente en cada caso y cuáles son los grupos de nuevos actores que participan (Leonardi 2017, 47-48).

Sin duda, el espacio público sigue siendo una presencia material real. Existe de manera tangible, más allá de los espacios de consumo cultural y la publicidad. Sin embargo, mediante las carteleras materiales y electrónicas, se ha instalado una cultura comercial internacional en el espacio público en muchas ciudades alrededor del mundo. El espacio público es el área donde se anuncia de manera más visible la cultura estadounidense y, ahora, la cultura de masas global, lo que crea el deseo, si no la demanda, para su consumo (Kroes 2008, 70-72). Con la llegada de los nuevos medios de comunicación y el ámbito digital como nuevo protagonista global en la reconceptualización del espacio público, uno podría preguntarse hasta qué punto el espacio público se ha abstraído como una metáfora que representa la interrelación para la gente que está esforzándose por comunicarse en público más allá de una mente solitaria, una casa particular y el espacio institucional cerrado.[1] Si es así, surgen nuevas preguntas como "¿qué aspecto de la comunicación atrae una atención especial?"; "¿qué nuevos lazos comunales se están imaginando?" y "¿qué papel desempeña el artista en la reconceptualización del espacio público?" Cuando el espacio público se considera cada vez más de manera metafórica, el papel del artista en la política del espacio público solo puede tornarse más importante. Más allá de la necesidad de repensar el espacio público como metáfora y como espacio material se desprenden más preguntas. ¿De quién es el espacio público? ¿Hasta dónde llega el espacio público? ¿Cuáles son las relaciones entre el espacio público material y el virtual? ¿Qué tan global puede ser el sitio específico de un lugar? Estas y muchas otras preguntas relacionadas con los espacios públicos y su importancia para la libertad de expresión, el espacio sin fronteras, las redes comunitarias y la política identitaria las han abordado artistas, intelectuales y escritores del siglo XX y XXI.

El papel de la práctica artística para los espacios urbanos

Cada día es más común en la actualidad para los arquitectos y los urbanizadores diseñar espacios públicos (o ilusiones de éstos) que se funden, en vez de contrastar, con sus alrededores hiperconsumistas. Esta tendencia marca un nuevo paso en la historia de la creación de entornos urbanos en el continente americano. En esta última

1 http://www.goethe.de/ges/prj/rue/pgm/enindex.htm.

concepción del espacio público, la ciudad ideal ya no da forma a la ciudad real. En lugar de ello, los centros comerciales, los complejos para el entretenimiento y los museos de arte representan intervenciones importantes en el espacio público mediante la creación de una ciudad ideal basada en el consumo (Orvell y Meikle 2009a, 9-10). Como consecuencia de estos acontecimientos, los símbolos comunes del espacio público son cada vez más un extracto del nexo de la exposición estética con la cultura comercial. La participación artística en este contexto significa un involucramiento directo en los circuitos comerciales de la producción cultural y del consumo. El hiperconsumismo en las metrópolis actuales es parte de una cultura del festival en expansión que abarca la cultura y el arte como mercancía y entretenimiento. George Yúdice afirma que “el papel de la cultura se ha expandido de una manera sin precedentes al ámbito político y económico” (2002, 21). La cultura, entonces, ya no funciona como un ámbito de legitimación sino, más bien, debe legitimarse por su utilidad política y económica. Mediante la apreciación de la cultura del festival y del espectáculo, la política urbana contemporánea también promueve una nueva estetización del espacio público. Sin duda, esta estetización crea nuevas oportunidades para que los artistas ayuden a remodelar el espacio urbano. Sin embargo, esto también ha sido criticado, en particular por los intelectuales izquierdistas y neomarxistas que consideran que la verdadera participación política en el espacio público está siendo amenazada por la espectacularización de los espacios urbanos (Debord 1995; Zukin 1995). Como argumentan estos autores, los terrenos de los espectáculos y festivales proporcionan espacios de encuentro comunales pero, al mismo tiempo, son sitios públicos vigilados para el entretenimiento de masas (Costa, Guerra y Soares 2017, 8-9).

El espacio urbano se convierte en una expresión de un uso del espacio orientado a la cultura en el capitalismo tardío, cuando la producción del espacio público festivo alienta el deseo urbano y facilita el consumo controlado. La práctica artística, entonces, está condenada potencialmente a ser sólo una parte de lo que Sharon

Zukins denomina "pacificación mediante el café capuchino" (Zukin 1995, 28) o lo que Herbert Marcuse llama "tolerancia represiva" (1969, 112). Yúdice señala los cambios radicales que implican estos desarrollos urbanos para nuestra comprensión de la cultura. La cultura no solo se multiplica, sino que se incrusta enérgicamente en las intersecciones entre la política y la economía. Existe un consenso general de que la cultura de los espectáculos mercantiliza todas las formas de vida social, cultural y política. No obstante, críticos como Goldstein y Gotham llegan a una visión más compleja de la cultura del espectáculo. Entre los evidentes intereses comerciales, ubican un potencial para la rebelión, la resistencia y la subversión en los espectáculos urbanos contemporáneos. Goldstein sostiene que "los espectáculos, al igual que otros actos públicos, son sistemas no sólo para las representaciones, sino también para la creación o transformación del orden social" (2004, 16). Refiriéndose al Mardi Gras de Nueva Orleans, Gotham mantiene que los espectáculos públicos tienen el potencial de crear "una crítica radical," particularmente con respecto a las "desigualdades de clase y raciales" (2005, 235).

Con un reconocimiento a Gotham, argumento que los espacios públicos mercantilizados todavía presentan a los artistas oportunidades para la crítica ideológica genuina. Los artistas son hábiles para adoptar nuevas versiones de "humanismo anti-autoritario" de la contracultura (Goffman 2004, 31). Por ello, el arte, mediante encargo o invasivo, interviene en el desarrollo urbano como parte de la cultura de consumo. Sin embargo, el arte también continúa prosperando como una expresión de la política urbana popular y como un agente para convertir los espacios comunitarios y públicos en foros para la convivencia, la comunidad ecologista, el diálogo, la participación y la resistencia. La práctica artística continúa rompiendo con la convención urbana, las normas sociales y las configuraciones espaciales y lo hace, incluso de manera más eficaz, en la alta visibilidad que le proporcionan los espacios públicos abiertos accesibles.

El(los) vanguardismo(s), la práctica artística, lo social

Para repensar las prácticas artísticas en relación con el espacio y el ámbito públicos, parece que vale la pena abordar la concepción del arte como punta de lanza social y estética, una noción que está estrechamente entrelazada con los debates sobre el vanguardismo en su dimensión política y estética. El término francés *l'avant-garde* originalmente tenía un significado militar específico (Calinescu 2002, 103-130); se refería a los soldados distinguidos del ejército que se encontraban en la primera línea de combate que dirigían los movimientos de las tropas. Después de la politización general de la vida como resultado de la Revolución francesa, se abrieron nuevos campos semánticos para la palabra, tras lo cual vanguardismo se llegó a considerar como un componente cultural de la sociedad moderna y su optimismo. No obstante, al mismo tiempo, "las contraculturas son movimientos transgresores y de vanguardia" (Goffman 2004, 33). La transferencia del *topos* vanguardia del ámbito militar al sector social añade al significado espacial del término un sentido del tiempo orientado teológicamente. Se consideran los acontecimientos históricos como procesos lineales en los que el tiempo avanza hacia adelante. Por consiguiente, la vanguardia, que representa una punta de lanza lateral, encarna la parte de la sociedad que impulsa los nuevos acontecimientos.

En la concepción social de los seguidores del sansimonismo, la vanguardia definida científica, política y estéticamente logró una posición de elite a través de su papel de liderazgo. La dispersión de los impulsos vanguardistas a diferentes áreas de la sociedad también ilustra que, en la Francia de principios del siglo XX, los discursos estéticos estaban separados de los políticos. Tratar de equiparar el principio de un movimiento artístico de vanguardia con la Revolución francesa es injustificable desde el punto de vista histórico desde la perspectiva actual. No obstante, el término ya aparece en la década de los años 1820 en conexión con el arte, la sociedad y la política. Olinde Rodrigues, un estudioso de Saint-Simon, conectó el término vanguardia con el arte en su diálogo *L'artiste, le savant et l'industriel* [El artista, el sabio y el industrial].

Saint-Simon mismo tenía la idea de que el arte es progresivo en el sentido de que forma el camino para un nuevo orden social. Al mismo tiempo, existe una asignación de funciones: los artistas deben ser revolucionarios filosóficos. Según la concepción de Saint-Simon, los artistas, los científicos y los líderes de la industria trabajan juntos para diseñar y llevar a cabo una nueva forma de gobierno. En la competencia entre estos grupos, los artistas asumen el papel de liderazgo, que se describe como la vanguardia. De esta manera, el arte se equipara con una vanguardia social; su propósito primordial consiste en promover el nuevo diseño social mediante la difusión de nuevas ideas importantes. Este posicionamiento social del arte muestra que el concepto de vanguardia originalmente no incluía un papel pionero en el desarrollo del arte. A mitad del siglo XIX esta frase siempre se usaba principalmente en un sentido político y logró propagarse de manera particular en los círculos socialistas utópicos. En las obras de Fourier y Laverdant, se sostiene la idea del arte como un desarrollo social vanguardista para llegar a la sociedad de ideas.

La transformación de "vanguardia" de ser un término del discurso social a un término de la estética solo se lleva a cabo de manera gradual. Como afirmó Francis Haskell, las metáforas políticas y sociales, por lo general, no se usan antes de la segunda mitad del siglo XIX (1990, 124-127) en las críticas de arte. En las críticas acerca de la poesía de Rimbaud, los primeros impresionistas como Manet emplearon el término en relación con el arte y la literatura. Al mismo tiempo, se estaba presentando con frecuencia un desdibujamiento de los discursos en los que el radicalismo artístico automáticamente se equiparaba con su contraparte (133). Como término de la historia del arte y de la crítica del arte, el término vanguardia no se estableció hasta principios del siglo XX y señalaba principalmente que encabezaba el desarrollo artístico.

La historiografía consiguiente del *topos* vanguardia distingue tres fases de uso del término. En el siglo XIX, el arte actúa como una vanguardia social y no posee ningún status autónomo en las visiones utópicas de Saint-Simon y Rodrigues. La segunda fase del modernismo temprano en el siglo XX está caracterizada por el surgimiento de una vanguardia artística que busca la forma y el contenido innovadores y encuentra la manifestación más radical en el nacimiento del dadaísmo y el surrealista en las primeras décadas del siglo XX. Estos artistas se rebelaron, no solo contra las prácticas tradicionales en el arte y la literatura, sino que intentaron liberar al arte de su aislamiento prístino y regresarlo a la práctica en la vida real (Bürger 2000). Los desplazamientos geográficos y culturales de Europa al continente americano contribuyeron al lanzamiento de la tercera fase que se ha caracterizado por una descentralización dentro del arte. La vanguardia se ha convertido en un fenómeno heterogéneo (Crane 1987, 14-15; Hadjinicolaou 1978, 56).[2] Además de los aspectos individualistas de la vanguardia contemporánea, Christopher Butler pone énfasis en la naturaleza pluralista y las prácticas eclécticas de la vanguardia. En contraste con la vanguardia histórica (Bürger 2000), que se definió claramente a sí misma como una contracultura, el arte vanguardista de la actualidad se muestra diverso. Dentro de esta dispersión/diversidad, el vanguardismo aparece en el debate contemporáneo como una forma sancionada de la estética y una práctica artística que está esforzándose por lograr una renovación a través de la sociedad así como de manera individual y estética (Russell 1981, 3-5). Desde la perspectiva actual, parece razonable usar el término "vanguardia" para identificar "la tradición crítica y canónica de clasificación," al mismo tiempo que se aplica el término "vanguardia" "para ubicar el radicalismo cultural y político de la práctica artística en contexto" (Filewood 2001, 144). Esta distinción es importante, porque las ideas adquieren un nuevo significado conforme se mueven de un contexto a otro. Lo que sucede como innovación en un contexto puede considerarse una reiteración de la tradición en otro. Por ejemplo, el programa aparentemente progresista de mover el arte al espacio público en un contexto, podría

2 Köhne hace hincapié en que las fronteras entre el vanguardismo, la cultura de masas y la cultura popular están desdibujadas (2000, 49).

convertirse en una práctica neocolonial en un contexto diferente. Como hace hincapié Harding en lo que se refiere a la práctica artística radical, "la innovación siempre está ligada con lo experimental, lo que, a su vez, está ligado al éxito y al fracaso potenciales" (2011, 19). En relación con las prácticas artísticas en el espacio público, el resultado depende de la relación de poder entre el espacio real habitado y el poder transformador de la práctica artística.

Los artistas con el impulso para el cambio y la renovación social provienen de orígenes diferentes y siguen diferentes rutas. Los movimientos sociales de base desarrollan prácticas artísticas radicales, al igual que los grupos vanguardistas que surgen de círculos artísticos bien establecidos. A veces se fusionan sus proyectos e ideas; otras veces chocan. No solo son múltiples los acercamientos artísticos al espacio público; también lo son las construcciones metafóricas de éste. Con frecuencia, las metáforas del espacio público impulsadas de manera artística se remontan a significados del espacio individual y comunitario definidos culturalmente. Con respecto al continente americano, es significativo que el espacio público en muchas comunidades amerindias haya sido considerado propiedad comunal. Para otras comunidades amerindias basadas en estilos de vida nómadas, el espacio ha sido considerado como algo temporal y en tránsito. Las asociaciones que hacen los europeos de la propiedad con la identidad han llevado a la distribución de la tierra y a distinciones entre los usos privados y los públicos, los agropecuarios y los industriales. Los procesos resultantes de institucionalización y mercantilización han llevado a producir una división entre el arte y la vida en muchas partes del mundo occidental. Las culturas amerindias han tendido a favorecer un acercamiento holístico a la vida cultural. Sus tradiciones también marcan diferentes acercamientos a la conceptualización artística del espacio público. Por ejemplo, los rituales tribales públicos siguen siendo un baluarte en las culturas amerindias.

Debido a que las prácticas artísticas pueden cruzar fronteras, entrelazar el tiempo y el espacio, y hacer de nuevo un "collage" de mundos, pueden anticipar el cambio social, responder rápidamente a la crisis social y exponer la fluidez y la ambigüedad del espacio público más rápido de lo que la planeación urbana oficial puede visualizar nuevos sitios y espacios para la expresión creativa y crítica. Si bien no debe tenerse una visión romántica del poder de las prácticas artísticas, es seguro afirmar que el arte continúa desempeñando un papel fundamental y diseñando el espacio público, interviniendo de esta manera en los debates sobre el ámbito público. La importancia del arte ocupa un lugar preponderante detrás de las reflexiones de Richard Sennett para quien el cosmopolitismo es una de las pruebas clave de la condición de una ciudad. Carecer de diferencia y diversidad disminuye la calidad del espacio público urbano (Sennett 1977). O, como afirma Simon Parker, "Sin la diferencia religiosa, étnica o cultural, la ciudad carece de la diversidad ecológica para recombinarse en formas nuevas y sorprendentes" (2004, 156). Las prácticas artísticas tienden a dar voz precisamente a eso: a la diferencia y la diversidad.

Si bien el arte florece dentro de esos nuevos espacios urbanos cosificados como mercancía, no obstante puede desafiar la vigilancia y el control de los espacios urbanos espectacularizados. Esto suena verdadero porque la imaginación y el arte, en última instancia, no se pueden controlar. Por ello, incluso dentro del contexto de los proyectos de arte encomendados, ya sea que los encarguen urbanistas, funcionarios del gobierno o empresarios, siempre existe la posibilidad de la acción y la expresión incontroladas. Y el arte, con regularidad, defiende sus demandas al proporcionar el espacio individual y público para el juego, la improvisación, la experimentación y la creación. Su alto grado de performatividad en particular resalta el potencial expresivo del arte para influir en la construcción de los lugares y del espacio.

El arte público: ¿qué es?

Con el fin de ahondar en la relación entre las prácticas artísticas y el espacio público, es útil idear una definición tentativa de lo que puede ser el arte público. En su nivel más básico, el arte público es solo eso:

arte en espacios públicos. Sin embargo, más allá de ello puede ser muchas otras cosas. Puede consolidar el orden social establecido o instar a la resistencia. Puede tomar la forma de estatuas históricas de monarcas o soldados a caballo en plazas o parques. De manera alternativa, pueden ser eventos, *performances* e instalaciones que despierten la conciencia pública y expresen la crítica social de temas contemporáneos, como los que pertenecen a los derechos humanos o el medio ambiente. Con el surgimiento de la nueva era mediática, el arte público se ha vuelto incluso más diversificado. Puede adoptar una amplia variedad de formas, tamaños y escalas. Puede ser permanente o jugar con una presencia transitoria. El arte público incluye murales, graffiti, esculturas humanas, monumentos conmemorativos, obras arquitectónicas integradas o arquitectura paisajista, arte comunitario, nuevos medios de comunicación digitales, proyecciones de luz y sonido en edificios públicos y desde éstos, *performances* en las calles y festivales.

El arte público es particularmente esencial para la creatividad social, porque a menudo es hecho ex profeso para un sitio, en el sentido de que se crea en respuesta al lugar y la comunidad en la que reside. En su forma más convencional o histórica, a menudo interpreta la historia del lugar y su gente, y en su manera más crítica aborda asuntos sociales, políticos y ambientales. La obra puede haber sido creada de manera individual o en grupos y, más recientemente, en colaboración con la comunidad reflejando las ideas y valores de aquéllos a los que se dirige. Por ser público, idealmente el arte es gratuito, abierto y accesible para todos. El arte público crea una mayor conciencia en el espectador del sitio, de la gente y del ambiente social y cultural más amplio en torno a ellos.

El arte público ocupa un papel central en la conexión de diferentes sitios, espacios y ámbitos públicos. En especial en el siglo XXI hemos sido testigos de una reconfiguración de las prácticas artísticas en público. La cultura de la participación permite a los artistas y a los espectadores difundir la instalación o *performances* hechos ex profeso para un sitio, gracias a los teléfonos móviles y plataformas de transmisión. Dicha difusión mediante los nuevos medios de comunicación moviliza el arte hecho expreso para un sitio y lo envía a cualquier parte del mundo, lo que crea nuevos espacios públicos y comunidades virtuales. Y es cada vez más común que las instalaciones mediáticas estén diseñadas desde el principio mismo para tener un alcance nómada. Cualquiera que sea su forma, el arte público inculca y refleja un significado, y crea una sensación de lugar donde la gente vive, trabaja, lucha y visita.

Lo que nos interesa más aquí es el papel del arte en los espacios públicos del continente americano, sus flujos interamericanos, redes y significado social. El arte en las calles posee una larga historia en el continente americano. Y Norteamérica y Sudamérica, con loci de enunciación alternos, han sido los actores globales clave cuando se trata de expandir los horizontes de las prácticas artísticas que definen el espacio público, como puede observarse en el muralismo, los *happenings*, el graffiti y las culturas del hip hop. Desde Brasil pasando por el Caribe hasta Norteamérica, las prácticas artísticas individuales y en colaboración han resaltado la función del arte como un sismógrafo de la crisis y un laboratorio para el cambio social y político. Las prácticas artísticas fuera de las escuelas, instituciones, museos y galerías han proporcionado el espacio entre bastidores y la fachada para repensar y reconstruir el espacio público en formas experimentales, provocadoras e innovadoras. Esto es cierto por igual para el arte radical elitista y la práctica artística popular. Y, en particular, mediante las artes escénicas tecnologizadas y amplificadas y la difusión digital, el arte público ha cobrado un nuevo impulso en la creación de comunidades interamericanas y globales para repensar lo social y el medio ambiente. La distribución virtual a grandes velocidades ha remplazado al vagón de tren para dar al arte público un poder sin precedentes para difundir sus visiones, estética y crítica. Al igual que las salas de concierto, las galerías y los museos todavía separan el arte de la vida, las prácticas artísticas en espacios públicos muestran que el arte es parte de lo social dándole forma, cambiándolo y consolidándolo.

El enfoque interamericano

Más allá de la idea de una "América hemisférica" y, sin duda, desde el colapso de las exigencias imperiales españolas en 1898, dinámicas culturales, políticas y económicas concretas dentro del continente americano han creado cada vez más redes interamericanas que manifiestan entrelazamientos mutuos entre localidades, regiones y naciones más allá de una división norte-sur (Raussert 2017, 3). El desarrollo de dicha interconectividad internacional se refleja en las aspiraciones estéticas y políticas del arte público en la actualidad. Explorar las formas en las que "*America*/América" como manifestación geopolítica, cultural y social debe considerarse como el "continente americano entrelazado" más allá de espacios nacionales cerrados es uno de los objetivos de estudiar la relación entre la práctica artística y el espacio público.

Si el panamericanismo fue la prueba para una visión específicamente estadounidense de gobernanza global, igualmente es cierto que los ideales liberales tienen fuertes raíces en las luchas latinoamericanas por la independencia. Esto podría explicar la historia de respuestas positivas a las propuestas estadounidenses para una cooperación continental más intensa. Intelectuales tales como Oswald de Andrade de Brasil, Gabriela Mistral de Chile, Carlos Pellicer de México, Pedro Henríquez Ureña de la República Dominicana y José Enrique Rodó de Uruguay, expresaron de manera retórica una "ideal americano." Si bien estos pensadores sentían que las aspiraciones hegemónicas de Estados Unidos socavaban ese ideal, no obstante, compartían una mayor comprensión de la misión de *America*/América en el mundo. Aunque muchos estadounidenses podrían haber tomado de manera errónea valores como la libertad, la individualidad y el autogobierno como una parte exclusiva de su estructura nacional, éstos también eran aspiraciones latinoamericanas cuando esta región pretendía escapar de ser un Viejo Mundo que pasara de una guerra a otra, de una crisis a otra, particularmente tras la Segunda Guerra Mundial. Los americanismos han fundamentado la base y la promoción de "valores universales" desde diferentes posicionamientos locales y nacionales en todo el continente americano (Smith 2017, 6-7).

Desde finales del siglo XIX hasta la mitad del siglo XX, el panamericanismo actuó repetidas veces como un "horizonte de expectativa" (Koselleck 2014) dentro del cual chocaron las esperanzas y las ansiedades al crear los intelectuales y los artistas de diversas partes del continente americano sus visiones de futuros modelos de comunidad y coexistencia. Los conflictos y contradicciones inherentes al surgimiento del panamericanismo encontraron su explicación en la definición política de desarrollo comunitario de Hannah Arendt escrita en *La Condición Humana* (2009). Dicha autora sostenía que las comunidades políticas adquieren forma mediante la contienda de diferentes grupos e individuos que intentan recrear el mundo en torno de un "dominio de la soberanía" (23). El poder y el posicionamiento desempeñan un papel fundamental en lo que se refiere a cuál es la visión que va a ganar el dominio. La interpretación de Arendt de lo que es la comunidad política está basada en el conflicto, y el arte y las obras culturales adoptan un papel importante dentro de este proceso de desarrollo comunitario. En la visión de Arendt éstos actúan como mundos "posibles" y proporcionan espacios exploratorios para las ideas, los desafíos y las visiones (23). En el continente americano, la práctica artística que reclama el espacio público está bastante presente, lo que otorga mayor urgencia a las visiones de Arendt así como relevancia a los procesos de la crítica y el cambio sociales.

La práctica artística, como otras prácticas sociales en el continente americano, está fuertemente integrada en un continuo espacio-comunidad que constantemente se está renegociando y que está marcado por la historia colonial y neocolonial, y por luchas de poder locales, regionales y hemisféricas relacionadas. Un ejemplo de esto se puede observar en las aspiraciones sociales utópicas que históricamente han sustentado a las sociedades latinoamericanas y estadounidenses. Por otra parte, la colectivización de las exigencias de "convivencia" entre los grupos latinoamericanos y la política "comunitaria" en Norteamérica históricamente han ayudado a redefinir la coexistencia social (Berkovitch 1978; Slotkin 2000; Quijano 2014) en el continente americano. Un enfoque en la conectividad interamericana abre espacios para observar la política, las producciones culturales y los sistemas de pensamiento, por ejemplo, entre las culturas indígenas y las culturas afrocaribeñas, afroamericanas estadounidenses y afroamericanas latinas y las culturas de la diáspora dentro del continente americano, o que proporciona discursos opcionales para comprender el conjunto de naciones del continente americano como un grupo relacionado hemisféricamente más allá del eje Viejo Mundo-Nuevo Mundo y también fuera de él. En ese sentido, una perspectiva interamericana no solo proporciona nuevas percepciones sobre el continente americano, como algo definido regional o nacionalmente, en estudios transatlánticos y transpacíficos del continente americano, sino que además nos ayuda a abordar uno de los puntos débiles de los estudios de área, es decir, su carencia de construcción de teorías. El área, primero que todo, debe visualizarse en versión plural relacionada con un "sentido progresivo de lugar" (Massey 2001, 156) que está conectado de manera intrínseca a temporalidades tanto sincrónicas como desiguales. De esta manera, la simultaneidad y la investigación de relaciones verticales así como horizontales con respecto al saber y los sistemas de poder dan forma al marco teórico general. El análisis crítico se dirige a cuestiones de proceso, relación e interacción para aceptar las áreas como espacios de entrelazamiento político, económico y cultural (Raussert 2014).

El presente libro parte de una definición desterritorializada del arte, lo social y el espacio público; términos que no deben reducirse a estado, nación o sociedad. Sus capítulos se basan en investigaciones contemporáneas del espacio (Lefèbvre 1991; Löw 2016; Massey 2001; Soja 1989; Canclini 1990) con el fin de investigar cuáles espacionalizaciones de la vida cotidiana imaginativas, conceptuales y prácticas y cuáles usos del espacio público han surgido en las representaciones y *performances* artísticos. Las unidades espaciales continúan cambiando con el tiempo, y dicha evolución nos puede ayudar a considerar la interconectividad entre las localidades, las regiones y las naciones dentro del continente americano de una manera diacrónica así como sincrónica. La conceptualización del espacio como algo permeable, fluido, móvil, enmarcado, controlado y canalizado dialécticamente nos permite estudiar los flujos transversales que han dado forma a los procesos culturales, económicos y políticos dentro del continente americano sin perder la conciencia de las jerarquías y las estructuras de poder implicadas. Al unir la movilidad espacial con el tiempo, se empiezan a descubrir nuevos vínculos y conexiones así como los vacíos y límites que caracterizan a la difusión compleja, multidireccional y multirelacional de las culturas en el continente americano.

Tres periodos de crisis y cambio

Mediante el examen de tres coyunturas históricamente distintas de la práctica artística, el presente libro reivindica el espacio público para renegociar el arte y la comunidad, el arte y la política, y el arte y la economía. Dicho planteamiento es selectivo y corre el riesgo de ser presa de narrativas de la historia potencialmente cerradas al evadir los acontecimientos que ocurrieron fuera de los marcos temporales seleccionados. Sin embargo, su ventaja reside en su potencial para resaltar ciertas épocas, afirmar rupturas importantes y hacer hincapié en la relacionalidad de las manifestaciones y acontecimientos históricos y culturales. Con esto en mente, el presente libro investiga las relaciones cambiantes entre la práctica artística y el espacio público, el arte y la comunidad, el arte y la resistencia en los periodos seleccionados, también sugiere que releer la historia del arte a través de la perspectiva de la práctica artística en el espacio público revela nuevos puntos de vista sobre la estrecha relación que existe entre el arte y el desarrollo comunitario en el continente americano, y revela flujos de prácticas artísticas dentro de entrelazamientos culturales y sociales interamericanos.

Los tres periodos de crisis y cambio históricos que el libro aborda se tratan como eras de renovado debate intelectual crítico sobre la nación, sobre nuevas visiones de la cultura, la comunidad y el espacio público en Estados Unidos y Latinoamérica. Estas eras se definen además como el apogeo de la innovación artística y la provocación, que van desde las prácticas populares hasta las vanguardistas, y de las prácticas artísticas que reivindicaron los espacios públicos. Los tres periodos elegidos están marcados por movimientos culturales, sociales y políticos que han privilegiado la calle y otros espacios públicos como sitios eficaces para la comunicación política.

En pocas palabras, el periodo de las décadas de los años veinte y treinta fue testigo de un intenso desafío al modernismo y la modernidad. Ambos conceptos encontraron numerosas dificultades en el continente americano. Los movimientos indígenas y de la comunidad negra en particular desafiaron las concepciones ortodoxas de comunidad, cultura y espacio público mediante prácticas artísticas cuyo objetivo era la renovación estética y política. Los movimientos indígenas, los grupos de inmigrantes y los grupos afrodescendientes lucharon por la visibilidad e inclusión en todo el continente americano. A medida que viajaba por dicho continente, Marcus Garvey promovió las prácticas artísticas con conciencia cultural y política en el espacio público como una manera de promover su visión panafricana. En Estados Unidos, en particular, los artistas e intelectuales afroamericanos desafiaron los programas nativistas anglosajones de la sociedad y la cultura. Para Alain Locke, el arte representaba el vínculo entre las culturas, razas y grupos étnicos. Creía que éste sería el motor de una nueva conceptualización de "Estados Unidos" y la sociedad estadounidense, y que necesitaba la visibilidad del espacio. Este autor combinó de manera explícita su noción de arte con la vanguardia en su introducción a la antología *The New Negro* [El nuevo negro] (1970 [1925]). Señaló a Harlem como un centro afroamericano en el Nueva York multicultural y argumentó que la música, la literatura y el arte del Renacimiento de Harlem eran una expresión de la renovación afroamericana, lo que significaba la disposición de establecer una nueva conciencia social.[3] Locke definió esta conciencia como "la conciencia de actuar como la vanguardia de los pueblos africanos en su contacto con la civilización del siglo XX" (1970, 14). Como sugiere la definición de Locke, a pesar de la discriminación racial, muchos autores y artistas del Renacimiento de Harlem se consideraban no solo como una pieza de la sociedad estadounidense, sino también como una punta de lanza de la literatura moderna estadounidense y una conciencia cultural multiétnica que abarcaba diversas culturas en el continente americano. Esta opinión concordaba con otras corrientes del pensamiento estadounidense, específicamente con visión pluralista de sociedad de William James, la crítica de John Dewey sobre las estructuras de pensamiento dualistas y la renegociación de Franz Boas de los conceptos tradicionales de raza y cultura (cf. Hutchinson 1995, 30-31). Al reconocer que sus convicciones estaban en concordancia con el pensamiento modernista, los escritores e intelectuales del Renacimiento de Harlem alimentaron la esperanza de que el arte pudiera transformar a la sociedad. Los intelectuales afroamericanos, como Alain Locke y W.E.B. Dubois, pretendieron establecer un diálogo dentro del pragmatismo para promover el cambio hacia una forma social verdaderamente multicultural.[4]

De manera similar al Renacimiento de Harlem y su crítica artística y cultural de un modernismo centrado en los blancos en el norte, el modernismo latinoamericano, que con frecuencia fue reducido a una postura estética y antipolítica, también suscitó duras críticas sobre el statu quo social y las injusticias coloniales contra los pueblos indígenas en Latinoamérica. El inicio del siglo XX fue testigo del nacimiento de un movimiento dedicado a representar a las culturas indígenas y a promover su lucha contra la opresión colonial. Los intelectuales y escritores, como el peruano José María Arguedas

---

3 Ann Douglas pone énfasis en que el patrocinio financiero del arte y la cultura afroamericanas contribuyó al tono optimista (1995, 90).

4 En relación con el pragmatismo y el Renacimiento de Harlem, véase también Hutchinson (1995, 42-52).

y la mexicana Rosario Castellanos, introdujeron un fuerte discurso político al modernismo. En "Nuestra América," el poeta cubano Martí desafió las estructuras coloniales y sus injusticias contra las culturas indígenas en el continente americano. Los artistas visuales del México posrevolucionario, como Diego Rivera, se consagraron a una nueva visión nacional mediante la adopción de una modernidad "mexicanizada" e "indigenizada." Esta defensa de las culturas indígenas y negras abrió el camino a las visiones panamericanas que intentaban vencer la división más amplia de norte y sur en el continente americano. La inclinación de Rivera por visiones utópicas lo dejó cautivado simultáneamente por el sueño de un acaudalado capitalismo de producción en masa en ciernes y por la afirmación del socialismo sobre la viabilidad de una nueva sociedad revolucionaria (Rochfort 1998, 123). Una década más tarde el movimiento de la *Négritude* de Aimé Césaire, que se inspiró en los pensadores africanos, cimbró al gobierno colonial en el Caribe francés.

El segundo periodo lo constituyen las turbulentas décadas de los años sesenta y setenta en las que las prácticas artísticas impulsadas por los movimientos anticoloniales, antibélicos y a favor de los derechos civiles redefinieron los espacios públicos en función de nuevas formas de desarrollo comunitario, de protesta política contra las estructuras autoritarias y totalitarias, y como una crítica a las utopías de las aldeas globales tecnocráticas (Roszak 1981). Las décadas de los años sesenta y setenta marcaron un intenso desafío a las jerarquías sociales y políticas en todo el mundo. La crisis de los misiles en Cuba marcó el epítome de los conflictos de la Guerra Fría. El movimiento de protesta contra la guerra de Vietnam se expandió a nivel mundial. Los movimientos anticoloniales en África y en Asia, los movimientos indígenas en todo el continente americano, las protestas antitotalitarias en países de América Latina y los movimientos a favor de los derechos civiles y nacionalistas negros en Estados Unidos –que influyeron en otros movimientos culturales y políticos de afrodescendientes en Latinoamérica y Brasil– ayudaron a crear el que comúnmente se considera el periodo más turbulento y contracultural de la historia del siglo XX. En Estados Unidos, los nativos norteamericanos, los hispanos y los estadounidenses asiáticos siguieron el ejemplo de las protestas afroamericanas contra la discriminación racial y la política. Las demandas y derechos de las minorías fueron recibidas por la población en general con una atención y comprensión cada vez mayores. Los conflictos y tensiones interculturales e interétnicos dentro de Estados Unidos y las tendencias anticoloniales, como las que se observaron en Latinoamérica, Asia y África, suscitaron una amplia sensibilidad pública hacia las formas de discriminación étnica y desventaja social a nivel mundial. Esto también explica por qué el Movimiento por los Derechos Civiles en Estados Unidos y sus formas radicales de Nacionalismo Negro inspiraron protestas contra los órdenes del estado y sociales existentes en todo el continente americano y en todo el mundo.

Si bien la expresión artística postmodernista frecuentemente le dio forma a la práctica artística, esta última logró una nueva importancia como una manera de crear nuevas visiones sociales y culturales. Desde finales de la década de los años sesenta, los regímenes del espacio público en la mayoría de las ciudades se han desarrollado en torno a la necesidad de tener formas de interacción más democráticas, incluyentes y tolerantes. Las manifestaciones políticas, los *performances* y los festivales han hecho a los espacios públicos más dinámicos, más atractivos y más abiertos a diferentes grupos sociales. Sin embargo, los espacios públicos también han atraído a la gente que alguna vez estuvo limitada a zonas reducidas de la ciudad, incluidos los drogadictos, los proveedores de bienes ilegales y los indigentes (Orvell y Meikle 2009b). A principios de la década de los años setenta en Estados Unidos y, unas cuantas décadas después, en las ciudades latinoamericanas, el apoyo para la preservación de edificios históricos, los procesos de gentrificación y los movimientos de artistas y profesionales en distritos antiguos, y la inversión de capital en nuevas culturas de festival y de centros comerciales como parques temáticos cambiaron radicalmente la apariencia y la vida urbanas. Los nuevos acontecimientos ocasionaron una revalorización de los mercados callejeros, la instalación del arte público y la construcción de museos de arte, y una nueva apreciación de las identidades urbanas históricas en combinación con las prácticas artísticas públicas (2009b). La década de los años sesenta y el principio de la década de los años setenta marcaron un periodo crucial en la historia del espacio público conforme el arte para el desarrollo comunitario ayudó a crear nuevas posibilidades para lo que podría ser el espacio y cómo podría ser usado.

El tercer periodo es el mundo neoliberal de globalización posterior a la Guerra Fría y posterior al muro de Berlín, en el que las prácticas artísticas florecen como una parte integral de los espacios metropolitanos de consumo mercantilizados y disneyficados. No obstante, al mismo tiempo, éstas ocupan los espacios públicos en la forma del arte callejero y las prácticas escénicas radicales que desafían la vigilancia, el control y la censura en el espacio público. Con el final de la Guerra Fría y la propagación de programas neoliberales y neocapitalistas en la política, la economía y la política cultural, surgieron nuevas escisiones que hicieron incluso más visibles las divisiones entre un norte global próspero y un sur global frecuentemente explotado y marginado en nuevas olas de globalización. La división social entre ricos y pobres ha seguido creciendo, y la resistencia local y comunitaria a la amenaza de la homogenización global ha ocasionado numerosos movimientos de base, organizaciones por los derechos humanos, movimientos ecológicos y movimientos de independencia regional en todo el mundo. La afirmación de Huntington de que había una nueva guerra de culturas, especialmente entre el mundo cristiano y el musulmán, tristemente se ha cumplido en las prácticas neocoloniales y las amenazas terroristas globales.

Una nueva variedad de revueltas juveniles y ciudadanas han caracterizado al primer periodo del siglo XXI. Desde Cairo, Londres, Madrid, Moscú y Nueva York hasta Tel Aviv y Túnez, gente primordialmente joven y con educación formal ha tomado las calles. La reclamación del espacio público que se puede observar en estas protestas –a las que con frecuencia se les llama revoluciones de redes sociales– plantea la cuestión sobre cómo se han alterado las opiniones sobre la función del espacio público, y cómo dicho espacio está disenado física o digitalmente en cada caso.

Como respuesta a la nueva crisis, la práctica artística ha entrado en una nueva fase intensificada de reivindicación del espacio público. En la intersección de la expresión artística, el comentario político y el anuncio comercial, el graffiti, la pintura en aerosol, los carteles y los murales imbuyen a la vida urbana contemporánea una nueva semiótica visual. De manera creciente, artistas y activistas vienen ejerciendo una apropiación simbólica de los movimientos de base en los espacios públicos de la ciudad (Youkhana y Förster 2015, 5-8). Con seguridad se puede decir que en los centros urbanos del continente americano, como en otras partes del mundo, el arte callejero y el graffiti funcionan como un medio para la comunicación, la resistencia y la comercialización. Para la década de los años noventa, la reestetización del espacio público dependía de una enorme economía simbólica que aún está en expansión: por una parte, en Planet Hollywood, los cines Imax y las tiendas Disney –todos ellos se pueden encontrar en la actualidad en Los Ángeles y muchas otras ciudades alrededor del mundo– y, por otra parte, en nuevas culturas elitistas de los museos de arte contemporáneos que representan marcas tales como "Frank Gehry." En Estados Unidos, este modelo de reestetización del espacio público ha llegado a un extremo consumista al promover el espacio comercial –cafeterías, restaurantes, tiendas– como espacio público. De igual manera, se diseñan la calle, los parques y las áreas recreativas como si fueran espacios de consumo (Orvell y Meikle 2009b). En la actualidad, las prácticas artísticas en el espacio público dan forma a la disidencia política y a las estrategias de mercado para el consumismo, y éstas últimas moldean a su vez dichas prácticas artísticas, lo que hace que caminen en la cuerda floja entre el activismo de base y la participación en la cultura de consumo. Al mismo tiempo que responden a la crisis social, política y económica actual, también moldean los cambiantes imaginarios urbanos de expresión individual, visión comunitaria y disenso.

La práctica pública, el espacio público y lo social

El espacio público en sus facetas reales y virtuales se manifiesta como una zona en conflicto, productiva e interactiva. Bourdieu ve en el espacio social una primera y última realidad que produce diferencias y jerarquías, y que también da forma a los imaginarios de lo social de los actores sociales (2006, 365-367). Los artistas y los activistas crean lo social, responden a éste y lo repiensan en relación con el espacio público. La gran importancia que tienen en la actualidad las narrativas sociales está firmemente respaldada por dos acontecimientos sociales que están estrechamente vinculados: el primero, el rápido surgimiento actual de los movimientos de base, y el segundo, el surgimiento de otros movimientos sociales que hacen frente a la globalización neoliberal –desde Ocupa Wallstreet hasta los movimientos populares contemporáneos que desde principios del siglo XXI han apoyado a los gobiernos izquierdistas latinoamericanos. Estos movimientos han intentado desafiar de manera crítica el statu quo social de los sistemas de dominación. Los movimientos de protesta contra la elección presidencial de Donald Trump y su presidencia en Estados Unidos, y el movimiento La Vida de los Negros Importa, así como movimientos indígenas en Latinoamérica y Canadá que protestan contra la exclusión y marchan por el reconocimiento de sus derechos y la redistribución de la tierra continúan desafiando el poder de la nueva política del ala derecha. Estas dinámicas complejas demuestran la alta volatilidad sociopolítica de lo social tambaleándose entre la utopía y la distopía (Kaltmeier y Raussert 2019, 8-10). Estos acontecimientos culturales, sociales y políticos requieren que se realicen más análisis tanto desde perspectivas sincrónicas como diacrónicas. Los siguientes capítulos examinan la interconexión de la práctica artística, el espacio público y la visión comunitaria en diferentes periodos históricos.

Mediante el análisis de manifestaciones, acontecimientos y entrelazamientos de las prácticas artísticas públicas, el presente libro revisa la contribución del arte público a la creación, cambio y simulación de lo social. Como Baudrillard afirma, “lo social no es un proceso claro e inequívoco" (2007, 65). El planteamiento que presentamos aquí abriga una comprensión relacional de lo social al mismo tiempo que examina las prácticas artísticas en el espacio público. Contrariamente a las tendencias en las ciencias sociales y políticas de cosificar y de fijar el orden social, la presente obra tiene como objetivo señalar la fluidez (Bauman 2000) y la contingencia de lo social, y de qué maneras lo negocian las prácticas artísticas que reocupan y redefinen el espacio público. Como cree Castoriadis (1997), los órdenes sociales y las imaginaciones sociales pueden surgir de lo social. Sin embargo, siempre están sujetos a procesos de transformación. El interés central de los siguientes capítulos es el poder del arte para la creatividad social. A este respecto, la cuestión sobre cuáles procesos autorreflexivos rompen con las formas sociales convencionales y dan lugar, mediante su realización en los espacios públicos, a nuevas formas e imaginaciones de lo social es de especial interés para los estudiosos del arte radical de los siglos XX y XXI. El presente libro aborda la creatividad y la performatividad de lo social en el espacio público como categorías centrales. De conformidad con los debates actuales entre las ciencias culturales, históricas y sociales, la presente obra identifica las prácticas artísticas de artistas y colectivos vanguardistas, radicales y de base como un campo heurístico que representa particularmente una (nueva) realización creativa y autorreflexiva de lo social.

La presente obra busca el acercamiento relacional a la triada del actor artístico, el espacio público y lo social (en la medida en que la alteridad se convierte en una categoría central de lo social). El filósofo social Bernhard Waldenfels afirma que el individuo puede ser considerado un *homo respondens* (2015, 5) que repiensa lo social como respuesta a la presencia y actividad de los otros. Por ello, no hay mejor lugar que un sitio público para estimular que se repiense y se monte de nuevo lo social mediante la práctica artística. En las creaciones e interpretaciones artísticas de lo social, siempre deben incluirse y realizarse la interdependencia y la interacción con los otros. Este estar en contacto con el otro es esencial para las prácticas artísticas que representan y realizan lo social en el espacio público, prácticas que tienen como objetivo proporcionar conectividad, coalición, resistencia y hegemonía.

Obras citadas

Arendt, Hannah. 2009. *La condición humana*. Traducción: Ramón Gil Novales. Buenos Aires: Paidós.

Baudrillard, Jean. 2007 [1978]. *En the Shadow of the Silent Majorities, or The End of the Social*. Los Ángeles: Semiotext(e)/Foreign Agents.

Bauman, Zygmunt. 2000. *Liquid Modernity*. Cambridge: Polity Press.

Benjamin, Walter. *El autor como productor*. 2004. Traducción Bolívar Echeverría en Seminario Modernidad. México, D.F: Editorial Ithaca.

Berkovitch, Sacvan. 1978. *The American Jeremiad.* Madison: Universidad de Wisconsin Press, Madison.

Bourdieu, Pierre. 2006. "Sozialer Raum, symbolischer Raum." En *Raumtheorie: Grundlagentexte aus Philosophie und Kulturwissenschaften*, ed. Jörg Dünne y Stephan Günzel, 354-374. Fráncfort del Meno: Suhrkamp.

Bürger, Peter. 2004. *Teoría de la vanguardia*. Traducción: Jorge García. Barcelona: Ediciones Península.

Butler, Christopher. 1980. *After the Wake: An Essay on Contemporary Avant-garde*. Oxford: Clarendon Press.

Canclini, Néstor García. 1990. *Culturas híbridas: Estrategias para entrary salir de la modernidad*. México: Grijalbo.

Calinescu, Matei. 2002. *Cinco caras de la Modernidad: Modernismo. Vanguardia. Decadencia.* Kitsch. Posmodernismo. Traducción: Francisco Rodríguez Martín. Madrid: Tecnos.

Castoriadis, Cornelius. 1997. *The Imaginary Institution of Society*. Cambridge: MIT Press.

Costa, Pedro, Paula Guerra y Pedro Soares Neves. 2017. *Urban Interventions, Street Art, and Public Space.* Lissabon: Urban Creativeorg.

Crane, Diane. 1987. *The Transformations of the Avant-Garde: The Nueva York Art World 1940-1985*. Chicago: Universidad de Chicago.

De la Barre, Jorge, y Blagoveste Momchedjikova. 2016. "Between Spectacle and Resistance: Some Thoughts on Public Space Today." En *Street Notes* 25: 1-12.

Debord, Guy. 1995. *La sociedad del espectáculo*. Traducción Rodrigo Vicuña Navarro. Santiago de Chile: Ediciones Naufragio.

Douglas, Ann. 1995. *Terrible Honesty: Mongrel Manhattan in the 1920s.* Nueva York: Farrar, Strauss y Giroux.

Filewood, Alan. 2011. "Maoist Performativities: Milton Acorn and the Canadian Liberation Movement." En *Avant-Garde Performance and Material Exchange: Vectors of the Radical*, ed. Mike Sell, 122-139. Nueva York: Palgrave Macmillan.

Fourier, Charles. 1829. *Le nouveau monde indstriel et sociétaire*. París.

Franck, Karen A., y Quentin Stevens, eds. 2007. *Loose Space: Possibility and Diversity in Urban Life*. Londres/Nueva York: Routledge.

Goffman, Ken. 2006. *La contracultura a través de los tiempos. De Abraham al acid-house.* Traducción Fernando González Corugedo. Barcelona: Anagrama.

Goffman, Ken. 2004. *Counterculture through the Ages. From Abraham to Acid House*. Nueva York: Villard Books. Print.

Goldstein, Daniel. 2004. *The Spectacular City: Violence and Performance in Urban Bolivia.* Durham: Universidad Duke.

Gotham, Kevin Fox. 2005. "Theorizing Urban Spectacles: Festivals, Tourism and the Transformation of Urban Space." *City* 9.2: 225-246.

Habermas, Jürgen. 1989. *The Structural Transformation of the Public Sphere: An Inquiry into a Category of Bourgeois Society*. Cambridge: The MIT Press.

Hadjinicolaou, Nicos. 1978. "Sur l'ideologie de l'avantgardisme." En *Histoire et Critique des Arts* 6.2: 50-73.

Harding, James A. 2011. "Introduction to Intersections." En *Avant-Garde Performance and Material Exchange: Vectors of the Radical*, ed. Mike Sell, 17-22. Nueva York: Palgrave Macmillan.

Harvey, David. 1989. *The Condition of Postmodernity*. Londres: Sage Publishers.

Haskell, Francis. 1990. "Die Kunst und die Sprache der Politik." En *Wandel der Kunst in Stil und Geschmack: Ausgewählte Schriften*, ed. Francis Haskell, 122-138. Colonia: DuMont, 1990.

hooks, bell. 1990. *Yearning: Race, Gender, and Cultural Politics*. Boston: South End Press.

Hou, Jeffrey. 2010. *Insurgent Public Space: Guerilla Urbanism and the Remaking of Contemporary Cities*. Londres/Nueva York: Routledge.

Hutchinson, George. 1995. *The Harlem Renaissance in Black and White*. Cambridge: The Belknap Press of Harvard University Press.

Kaltmeier, Olaf, y Wilfried Raussert. "Introduction." 2019. En *Sonic Politics. Music and Social Movements*, ed. Olaf Kaltmeier y Wilfried Raussert, 1-14. Londres/Nueva York: Routledge.

Köhne, Karen. 2000. *La vie est d'hommage: Autobiographie und Fiktion, Tradition und Avantgarde im Erzählwerk Jack Kerouacs*. Würzburg: Königshausen & Neumann.

Kosselleck, Reinhart. 2000. *Zeitgeschichten: Studien zur Historik*. Fráncfort del Meno: Suhrkamp.

Kroes, Rob. 2008. "Imaginary Americas in Europe's Public Space." En *Transcultural Visions of Identities in Images and Texts. Transatlantic American Studies*, ed. Wilfried Raussert y Reinhard Isensee, 69-94. Heidelberg: Winter.

Laverdant, Gabriel-Désiré. 1846. *De la mission de l'art et du rôle des artistes: Salon de 1845*. París.

Lefèbrve, Henri. 1991. *The Production of Space*. Hoboken: Wiley-Blackwell.

Leonardi, Paul. 2017. "The Social Media Revolution: Sharing and Learning in the Age of Leaky Knowledge." *ScienceDirect* 27.1: 47-59.

Locke, Alain. 1970 [1925]. "The New Negro." *The New Negro*, ed. Alain Locke, 3-16. Nueva York: Atheneum.

Löw, Martina. 2016. *The Sociology of Space. Materiality, Social Structures, and Action*. Nueva York: Palgrave.

Low, Setha, y Neil Smith, ed. 2005. *The Politics of Public Space*. Londres/Nueva York: Routledge.

Marcuse, Herbert. 1969. "Repressive Tolerance." En *Critique of Pure Tolerance*, ed. R. Barrington Moore y Herbert Marcuse, 95-137. Boston: Beacon Press.

Massey, Doreen. 2001. "A Global Sense of Place." *Space, Place and Gender*, ed. Doreen Massey, 146-156. Minneapolis: Universidad Minnesota.

Minton, Anna. 2012. *Ground Control: Fear and Happiness in the Twenty-First Century City*. Nueva York: Penguin Books.

Murphy, Richard. 1999. *Theorizing the Avant-Garde: Modernism,Expressionism, and the Problems of Postmodernity*. Cambridge: Universidad de Cambridge.

Nancy, Jean-Luc. 1991. *The Inoperative Community*. Minneapolis: Universidad de Minnesota.

Orvell, Miles, y Jeffrey L. Meikle. 2009a. "Introduction." En *Public Space and the Ideology of Place in American Culture*, ed. Miles Orvell y Jeffrey L. Meikle, 9-17. Amsterdam: Rodopi.

———, eds. 2009b. *Public Space and the Ideology of Place in American Culture*. Amsterdam: Rodopi.

Parker, Simon. 2004. *Urban Theory and the Urban Experience. Encountering the City*. Londres, Nueva York: Routledge.

Quijano, Aníbal. 2014. *Colonialidad del poder, eurocentrismo y América Latina.* Lima: Clacso.

Raussert, Wilfried. "Introduction." 2017. En *The Routledge Companion to Inter-American Studies*, ed. Wilfried Raussert, 1-12. Londres/Nueva York: Routledge.

———. 2014. "Mobilizing 'America/América': Toward Entangled Americas and a Blueprint for Inter-American 'Area Studies.'" *Forum for Inter-American Research* 7.3: 59-97. www.-interamericana.de.

———. 2003. *Avantgarden in den USA 1940-70: Zwischen Mainstream und Erneuerung.* Nueva York/Fráncfort del Meno: Campus.

Rochfort, Desmond. 1998. *Mexican Muralists: Orozco, Rivera, Siquieros*. San Francisco: Chronicle Books.

Roszak, Theodore. 1981. *El nacimiento de una contracultura. Reflexiones sobre la sociedad tecnocrática y su oposición juvenil*. Traducción: Angel Abad. Barcelona: editorial Cairos.

Russell, Charles, ed. 1981. *The Avant-Garde Today: An Anthology*. Urbana: Universidad de Illinois.

Sennett, Richard. 1977. *The Fall of Public Man*. Nueva York: Knopf.

———. 1990. *The Conscience of the Eye: The Design and Social Life of Cities*. Nueva York/Londres: W.W. Norton & Company.

Slotkin, Richard. 2000. *Regeneration Through Violence: The Mythology of the American Frontier, 1600-1860*. Oklahoma City: Universidad de Oklahoma.

Smith, Richard Cándida. 2017. *Improvised Continent. Pan-Americanism and Cultural Exchange*. Philadelphia: Universidad de Pennsylvania.

Soja, Edward. 1989. *Postmodern Geographies: The Reassertion of Space in Critical Social Theory*. Nueva York: Verso.

Sorkin, Michael. 1992. *Variations on a Theme Park: The New American City and the End of Public Space*. París: Farrar, Straus, y Giroux.

The Guardian. 2016. "North Dakota Pipeline: 141 Arrests as Protesters Pushed Back From Site." https://www.theguardian.-com/us-news/2016/oct/27/north-dakota-access-pipeline-protest-arrests-pepper-spray.

Tornaghi, Chiara, y Sabine Knierbein, eds. 2014. *Public Spaces and Relational Perspectives: New Challenges for Architectural Planning*. Nueva York/Londres: Routledge.

Waldenfels, Bernhard. 2015. *Sozialität und Alterität*. Fráncfort del Meno: Suhrkamp.

Watson, Sophia. 2006. *City Publics*. Londres/Nueva York: Routledge.

Youkhana, Eva, y Larissa Förster, eds. 2015. *Grafficity: Visual Practices and Contestations in Urban Space*. Colonia: Morphomata.

Zukin, Sharon. 1995. *The Cultures of Cities*. Malden: Blackwell Publishers.

Yúdice, George. 2002. *El recurso de la cultura. Usos de la cultura en la era global*. Traducción Gabriela Ventureira y Desiderio Navarro. Barcelona: Gedisa, 2002.

Capítulo I
Desfilar y actuar en las calles: las prácticas culturales y artísticas en el garveyismo y el renacimiento de Harlem

La Ciudad de México y Nueva York se convirtieron en sitios centrales para las prácticas artísticas para revisar y redefinir el espacio público en las primeras décadas del siglo XX. Asimismo, se convirtieron en importantes zonas de contacto para artistas, intelectuales y movimientos de base. Al mismo tiempo, funcionaron como centros de práctica artística con una fuerte proyección interamericana que introdujo nuevas formas de arte y expresión modernistas, lo que redefinió la modernidad en su dimensión social y artística. Para entender cómo el arte interpretó y moldeó el espacio público estética, social y políticamente se debe observar las prácticas artísticas y culturales llevadas a cabo por los trabajadores culturales, intelectuales y artistas afrodescendientes que llegaron del Caribe, Latinoamérica y diferentes áreas de Estados Unidos para participar en colaboraciones e intercambios fructíferos en Harlem, la meca de la cultura negra en Nueva York en la década de los años veinte. Igualmente importante es revisar las vanguardias literarias y principalmente visuales de la Ciudad de México que no solo dieron forma a la sociedad mexicana posrevolucionaria y a la expresión cultural, sino que se convirtieron en un imán para atraer el intercambio cultural interamericano, en particular en el contexto de la pintura muralista mexicana, la cual reivindicó enérgicamente los sitios públicos y tuvo un alcance transcultural, a veces panamericano. Ambos ejemplos muestran que la práctica artística en el espacio público fue central para reinventar lo social de acuerdo con nuevos imaginarios comunitarios y nacionales en el continente americano.

El contexto histórico y el surgimiento del 'nuevo negro'

A principios del siglo XX, una convocatoria para que se reunieran intelectuales en Londres con el fin de explorar la situación de los pueblos de ascendencia africana que vivían en África, Norteamérica,

Latinoamérica, y el Caribe llamó la atención de activistas, artistas e intelectuales negros. Junto con la esperanza de superar las acusaciones de 'inferioridad de los negros' en círculos científicos, surgió un movimiento panafricano para confrontar temas globales de discriminación colonial contra los pueblos afrodescendientes. Los pensadores que participaron, provenientes de diferentes pueblos de origen africano, compartían la creencia de que su experiencia histórica, valores culturales, ansiedades sociales y fuertes esperanzas unían a muchas culturas negras en todo el mundo. La conferencia panafricana de Londres hizo eco del impacto de la "Exhibición de los negros americanos" que se había llevado a cabo unos cuantos meses antes en la *Rue des Nations* en París. Esta exhibición combinó libros, fotografía y productos visuales, industriales y de artes plásticas para celebrar la producción cultural e industrial de afrodescendientes en el periodo posterior a la esclavitud de Estados Unidos, y para documentar la presencia negra en el ámbito público del mundo occidental. La intención común entre intelectuales negros fue celebrar la evidencia de la igualdad y productividad de los afrodescendientes "una vez que se hubo levantado el velo de la esclavitud" (Powell 2002, 24). Las ideas panafricanas cobraron impulso y encontraron una nueva fascinación exótica con el continente negro y su descendencia diaspórica en la llamada "manía africana." Esto abrió espacios para que las prácticas culturales y artísticas negras ingresaran al espacio público. Durante la década de los años veinte, los canales mediante los cuales el blues y el jazz llegaron al público se multiplicaron rápidamente. El fonógrafo, la radio y las películas sonoras tomaron por asalto el mercado y ayudaron a difundir diversas formas de música interpretada por afrodescendientes del continente americano (Raussert 2000, 29; cf. también Ogren 1989a). La aceptación algo ambigua y la representación estereotipada de la expresión cultural africana impulsaron a nuevos horizontes la expresión artística en la música, el cabaret, las artes visuales y la literatura. De este modo, Estados Unidos comenzó una reinvención de la modernidad, alimentada por el deseo de una estética y una lengua vernácula verdaderamente "estadounidenses."

Diversos factores sociales influyeron y dieron forma al papel único de Harlem en el desarrollo del arte, música y literatura afroamericanos en la década de los años veinte. Tras un breve periodo de declive después de la guerra, la economía estadounidense mejoró vertiginosamente debido a las tremendas ganancias obtenidas por la Primera Guerra Mundial. Los afroamericanos que vivían en las ciudades del norte también se beneficiaron con este auge económico. En años de prosperidad general, los artistas afroamericanos encontraron una forma de entrar a la industria de las empresas culturales. Mecenas acaudalados patrocinaron a artistas negros invitaron a estos últimos a reuniones de salón de artistas y mecenas. Harlem era un área de la ciudad de Nueva York que prosperaba económicamente y un lugar donde el optimismo creció en la comunidad afroamericana. James De Jongh señala que Harlem proporcionó la matriz para el crecimiento de nuevas ideas y nuevos conceptos de raza: "pudieron prosperar nuevos tipos de negros, con nuevas formas de pensar" (1990, 9). Las primeras décadas del siglo XX marcaron un periodo de tremendo cambio social y geográfico dentro de las comunidades afroamericanas. La gran migración del sur al norte entre 1914 y 1918 y el surgimiento de la Primera Guerra Mundial tuvieron gran importancia para los afroamericanos en Estados Unidos (Drake y Cayton 1945, 55-64).

El estallido de la Primera Guerra Mundial inició una inversión de la migración europea. A principios de la guerra, la inmigración en realidad llegó a un punto muerto. Muchos de los ciudadanos que habían nacido en el extranjero regresaron a su país de origen en Europa para unirse a las tropas en combate. Si bien la industria estadounidense experimentó un aumento en la producción durante los años que duró la guerra, también tuvo que enfrentarse a una escasez de mano de obra. Muchos agentes de empresas de contratación viajaron al sur para atraer a los afrodescendientes hacia los centros urbanos del norte. El cultivo de algodón se había retrasado repetidas veces a causa de inundaciones, hambruna y una plaga del gorgojo del algodón (Raussert 2000, 19). Debido a las duras condiciones sociales y económicas –para no hablar de los problemas raciales locales– muchos afroamericanos se mudaron a las grandes ciudades del norte del país.

Si bien los centros industriales en el norte se enfrentaron a una ola de migrantes afroamericanos provenientes del sur que aumentaba constantemente, Harlem presenció la llegada de muchos artistas e intelectuales negros provenientes de diferentes naciones. Llegaron del Caribe, Latinoamérica y África. A pesar de sus diferencias individuales en cuestión de política y ética, la mayoría de los intelectuales negros de ese tiempo tenían como objetivo establecer una estética alternativa a las formas modernistas del arte euroamericano. Esta estética estaba "vinculada a un sentido del mito, geografía, historia y cultura que era verdaderamente autóctona de los países, en vez de meramente reflejar las tendencias europeas, ya sea conservadoras o vanguardistas" (Rampersad 1989, 67). Como sugiere la estructura de la escena artística y literaria de Harlem, acercamientos múltiples a la estética, la política y la historia lograron tener acceso al discurso cultural. En una época en la que aún eran populares los linchamientos rituales en el sur y los disturbios raciales contra los afroamericanos en el norte, se tomó a Harlem como un enclave de cambio. Mientras la política colonial continuaba con la supresión de afrodescendientes en todo el mundo, Harlem aprovechaba la manía africana que acompañó al periodo modernista y el tremendo intercambio intelectual y artístico entre diversas tradiciones culturales negras. Probablemente el vínculo interamericano más fuerte durante las primeras décadas del siglo XX se desarrolló entre los escritores y los intelectuales de Jamaica y sus homólogos afroamericanos de Harlem. Este vínculo es especialmente significativo porque aumentó la reapropiación artística del espacio público por parte de agentes literarios, musicales y artísticos negros. Las artes escénicas, como el jazz, las lecturas públicas de poesía, los *performances* en la calle, los desfiles y los espectáculos de cabaret, alimentaron la imaginación literaria y artística (Ogren 1989b, 162), y se desarrollaron mediante un intercambio interamericano entre actores y sitios en Harlem y Kingston, Jamaica. Estas prácticas artísticas pusieron de relieve la importancia de la conexión entre el *performance* y el espacio público para repensar la estética y la política modernista desde las perspectivas de las personas con ancestros africanos.

Como viajero frecuente entre Jamaica y Estados Unidos, Marcus Garvey acogió ideas del panafricanismo, ideas influidas por sus conocimientos sobre las tradiciones culturales jamaiquinas y del sur estadounidense. Garvey es la figura intelectual entre pensadores radicales negros que más resaltó la importancia del espacio público y la visibilidad en éste para el avance de los afrodescendientes. Actuar en el espacio público era crucial para su política y estética del cambio. En desfiles, representaciones teatrales públicas y programas de variedades, Garvey demostró su estilo performativo de exceso y su habilidad para "explotar el potencial subversivo de múltiples sitios de producción cultural" (Ford-Smith 2004, 20).

La Asociación Universal para la Promoción de la Negritud (UNIA) de Garvey fue probablemente la organización anticolonial más influyente en Jamaica en las primeras décadas del siglo XX. El legado de Garvey incluyó su dominio de lenguajes escénicos heterogéneos. Integró desfiles espectaculares, competencias de elocución, conciertos de variedades, concursos de belleza, ritos ceremoniales, coros, bailes, obras de teatro, debates y discursos públicos en sus programas con el fin de movilizar, educar, informar y transformar a sus seguidores. Como señala Ford-Smith, "los *performances* de la UNIA fueron tan cruciales para formar la identidad jamaiquina como lo fueron para la resistencia anticolonial" (2004, 18-19). Garvey empleó los *performances* para crear una nación anticolonial imaginada (McClintock 1995). Mediante los *performances* en el espacio público pudo llegar a públicos numerosos, incluidos los que no tenían los recursos para alfabetizarse. Las habilidades escénicas para Garvey y sus seguidores abrieron las puertas al saber no autorizado por los sistemas dominantes del conocimiento. Garvey usó los *performances* en las calles y sitios públicos con el fin de visualizar comunidades de resistencia al desencadenar la memoria y formas alternativas del conocimiento codificadas en el cuerpo, el movimiento, el vestuario y la voz (cf. Hamilton 1987; Gaines 1996). Con las miles de personas que participaron en sus desfiles y muchos miles más presenciándolos, Garvey estableció el espacio público como un campo para el espectáculo y la afirmación cultural y política negros.

Los espectaculares desfiles de la UNIA de Garvey surgieron de una tradición más grande sobre la cultura de desfiles que se había desarrollado en Harlem a principios del siglo XX. James Weldon Johnson describe la cultura de los desfiles de Harlem en su libro *Black Manhattan*:

> Harlem es también un lugar de desfiles. Durante los meses más cálidos del año no pasa un domingo sin que haya varios desfiles. Hay bandas de metal, manifestantes con ropajes resplandecientes y altos dignatarios con hermosas insignias viajando en automóviles. Casi cualquier excusa para desfilar es suficiente: el funeral de un miembro de la logia, la colocación de una primera piedra, el sermón anual para la orden o solo un deseo general de aparecer .... [G]eneralmente estos desfiles son animados y aumentan enormemente el movimiento, color y alegría de Harlem. (1930, 168)

Los desfiles trajeron la música, la religión, el *performance* y la protesta a las calles. Parece ser que la primera protesta pública afroamericana masiva se llevó a cabo el 28 de julio de 1917 en la ciudad de Nueva York. Entre los manifestantes estaban muchos niños que participaron en el Desfile Silencioso de protesta contra los disturbios en el este de San Luis, Missouri. Según los comunicados de prensa, marcharon entre 8,000 y 10,000 afroamericanos en protesta al linchamiento y la violencia contra las comunidades negras. La marcha fue provocada por los disturbios en el este de San Luis de mayo y julio de ese año, que fueron un brote de violencia relacionada con el trabajo, la clase social y la raza.[5]

5 http://newyorknatives.com/black-new-yorkers-rose-up-on-this-day-in-nycs-history/.

Sin embargo, fue otro desfile el que anunció el comienzo de una nueva era para los afroamericanos en el periodo posterior a la Primera Guerra Mundial: el regreso del regimiento 369 en 1919. Ese desfile literalmente marchó por Harlem, comenzando en la calle 61 y procediendo por la 5a avenida, a través del la calle 110 y hasta la avenida Lenox. Cuando el desfile de la UNIA para la convención de 1922 transgredió el área ocupada por los blancos, según un informe en el *Nueva York World*, aparecieron pancartas que decían, "El hombre blanco gobierna América, el hombre negro debería gobernar África," "Queremos una civilización de personas negras" y "Dios y los negros deben triunfar" (Robertson 2011, s.n.). Muchos miles de afrodescendientes, provenientes de las Antillas y el sur estadounidense, estaban migrando a Nueva York entre 1910 y 1920, particularmente durante la escasez de mano de obra por la guerra, y el mensaje de Marcus Garvey y la UNIA de unidad, orgullo y autosuficiencia económica de los afroamericanos rápidamente echó raíces y floreció entre un pueblo descontento.[6]

Para la comunidad afroamericana, que repetidas veces se había enfrentado a la segregación, la exclusión, la violencia y el linchamiento en espacios públicos, la ocupación de los sitios públicos significaba un acto de empoderamiento cultural y político. Asimismo, como respuesta a las situaciones de las viviendas en Harlem, una gran parte de la vida comunitaria afroamericana salió a las calles, pórticos y aceras.

---

6 http://www.nydailynews.com/new-york/marcus-garvey-powerful-man-harlem-article-1.796006.

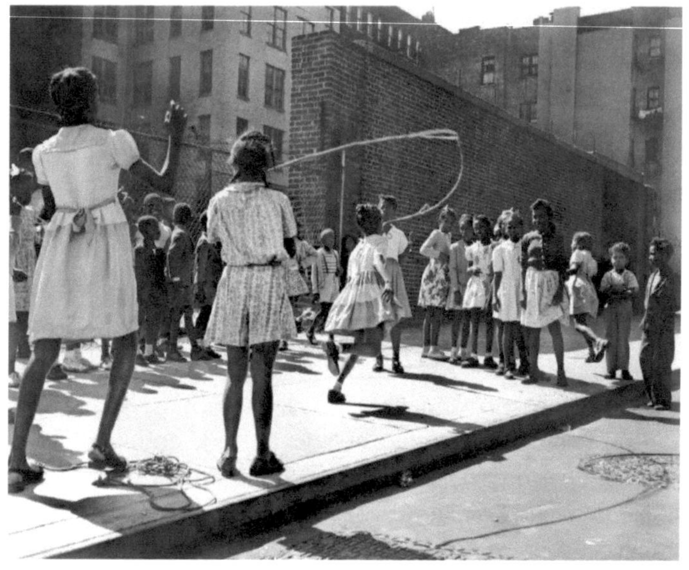

Niños jugando en la acera (1939), fotografía.[7]

De ahí que cantar en grupos, predicar en público, pronunciar un discurso político en tribunas improvisadas y disfrutar los juegos verbales como "*playing the dozens*" [juego de palabras consistente en insultos recíprocos] formaron una parte crucial de la vida social y el desarrollo comunitario durante los meses de primavera y verano en Harlem. En parte como un escape a los límites que imponían las atestadas casas de departamentos, estas reuniones en público crearon un ambiente para compartir ideas, desarrollar la comunidad y practicar el arte en público (cf. Compton 2017, 60). Con la llegada de los migrantes provenientes del Caribe, Latinoamérica y África, cobró forma una mayor criollización de la vida cultural y política de los afrodescendientes en las calles, los mercados y las zonas comerciales.

7 Fuente: Sid Grossman. División de Fotografías e impresiones, Centro Schomburg para la Investigación sobre la Cultura Negra, Biblioteca Pública de Nueva York, Fundaciones Astor, Lenox y Tilden.

Los espacios en Harlem que sirvieron para educar y fortalecerse fueron "la calle para jugar, la esquina del orador, la ruta del desfile." Éstos "proporcionaron una seguridad precaria y tuvieron un doble papel como el crisol en el que se fomentaron los movimientos de resistencia" (Reid 2018, 7). En cierta forma, estos sitios públicos se convirtieron en "hogares," a los que a menudo le daban forma las mujeres, y propiciaron el crecimiento de la comunidad desde el hogar hasta el público más grande de Harlem (hooks 1991, 72). Como nos recuerda Reid, Harlem era rico en espacios públicos pequeños "para empoderar el enriquecimiento de la comunidad mediante el *performance* y la expresión de la cultura" (Reid 2018, 7). El desarrollo de Harlem como un enclave urbano para la población negra ocasionó la producción y reestructuración del espacio: las condiciones sociales y económicas externas, las estrategias de poder culturales y políticas, y el confinamiento social mediante la exclusión llevaron al surgimiento de estos "hogares," aunque éstos solo fueran de una naturaleza frágil. Dichos hogares dieron lugar a una época intensa de organización social y producción cultural en Harlem. Entre la abundancia de habilidad artística en los clubes de música, teatros (por ejemplo, el *National Black Theater*, el *Harlem Suitcase Theater* y el *American Negro Theater*), y los recitales de poesías en salones literarios, los espacios para actuaciones sociales y culturales variaban "desde la acera hasta el salón de baile, hasta la fiesta en el cuarto de atrás para conseguir dinero para pagar la renta" (44-45). Fueron las prácticas artísticas en las aceras y las comunidades de Harlem, en particular, las que crearon un sentimiento de orgullo de pertenecer a la raza negra y su comunidad. El desarrollo de Harlem mostró que la expresión creativa de las bases en el espacio público podía hacer una diferencia significativa en las condiciones de vida de las comunidades desfavorecidas. Los rituales populares y las prácticas artísticas públicas situados en espacios comunitarios durante el Renacimiento de Harlem fomentaron el desarrollo dialógico y comunitario de expresión cultural que dio forma enormemente a la vida social en Harlem.

Para una población que se enfrentaba a una opresión constante, los sitios públicos en el enclave de Harlem proporcionaron espacios para la expresión artística libre así como para el empoderamiento individual y comunitario. Un *performance* sorprendente del yo lo representaba la práctica de hablar "en una tribuna improvisada o en la esquina de una calle" (Reid 2018, 56). Esta expresión de cultura oral incluía poesía, lecciones de historia, intercambios sobre la cultura y la promoción de nuevos conceptos de la negritud, todos los cuales se llevaron a cabo en parques, calles y aceras accesibles a todo aquel que se tomara el tiempo para escuchar. La agencia de los afrodescendientes tomó plena fuerza en el acto de la asamblea pública y los desfiles. En lo que se refiere a éstos últimos, la preparación del espectáculo era tan importante como la práctica del desfile mismo. Ambos eran actos de autoempoderamiento que crearon un espíritu de solidaridad grupal para dar voz a lo que Locke había denominado la conciencia del "nuevo negro." El espectáculo proporcionaba un espacio para reinventar el yo mediante el vestuario y el bombo. Si bien era lúdico, contenía el poder para subvertir y resistir las prácticas coloniales de dominación. No se trataba de simple mímica y burla, incluía un sentido profundo de autorreflexividad sobre el autoposicionamiento, el condicionamiento social y el cambio histórico. Reid lo resume bien:

> En Harlem, la urbanidad se mostraba mediante desfiles, los que utilizaban el espacio como un foro para pavonearse y para la pompa, y proporcionaban una salida para el arte; usar las calles como recipientes seguros para las obras creativas; los espacios artísticos comunitarios como sitios para educar y alimentar el cuerpo para prepararse para la acción política; y las esquinas de los oradores como espacios de ámbito público que servían como incubadoras para los movimientos de resistencia incipientes que, a la larga, fomentaron los derechos civiles. (2018, 66)

Este rico mosaico del yo que actúa, la cultura y la política es inconcebible sin el tremendo intercambio que tuvo lugar entre las diferentes culturas negras en Harlem. En la práctica, el garveyismo fue una serie de primeros *performances* de poder negro. Como en la mayoría de los escenarios anticoloniales caribeños, en Jamaica los *performances* desempeñaron un papel clave en lo concerniente a labrar narrativas de identidad y comunidad. Los desfiles espectaculares de Garvey pudieron basarse en una tradición caribeña que tenía mucho tiempo de establecida y representaron una herramienta educativa ejemplar para enseñar la historia negra a las masas. Si bien los desfiles recreaban narrativas de historia colonial negra, también proporcionaban un espacio para la protesta contemporánea y la militancia. Las obras de teatro de Garvey, tales como "*Slavery from Hut to Mansion*" [La esclavitud de la cabaña a la mansión], que con frecuencia se presentaron en teatros así como en sitios públicos abiertos, realizaban un trabajo de recuperación de la memoria cultural que desentrañaba el dolor y la aflicción de la esclavitud. Al mismo tiempo, sirvieron como provocaciones eficaces para la acción social y política.

Más poderosos, sin embargo, fueron los desfiles de la UNIA de Garvey para la propagación del nacionalismo negro tanto en Jamaica como en Harlem (Ford-Smith 2004, 20). Los desfiles en ambos sitios representaron la visión panafricana de vinculación afectiva comunitaria. Se podía identificar a los participantes por sus colores de liberación africanos y, en los ceremoniales, por sus elegantes uniformes militares. Los participantes llevaban pancartas y banderas con imágenes simbólicas que habían tomado prestadas de la historia egipcia. Asimismo, integraban espadas, armamento y otros distintivos en "una puesta en escena completa" (24). En suma, una gran cantidad de afrodescendientes ocupó el espacio público transmitiendo el mensaje de la UNIA de orgullo y nacionalismos negros durante los desfiles. Además, estas prácticas se ampliaron, para los integrantes de la UNIA, mediante ejercicios intensos de oratoria controlada y retórica eficaz. En los rituales y espectáculos reales también se profundizaba en las prácticas organizativas. El dominio del *performance* que tenía Garvey destaca en los desfiles más impresionantes de la UNIA de agosto de 1920 y agosto de 1922 en Nueva York; este último inició la Tercera Convención Internacional de los Pueblos Negros del Mundo.

Como parte de una puesta en escena espectacular, cientos de personas marcharon por las calles de la ciudad de Nueva York en todo su esplendor. Como señala Ford-Smith, estos desfiles fueron "a la vez una ficción y una amenaza" y abrieron espacios performativos que "permitieron múltiples maniobras entre los sujetos del movimiento" (Ford-Smith 2004, 25).

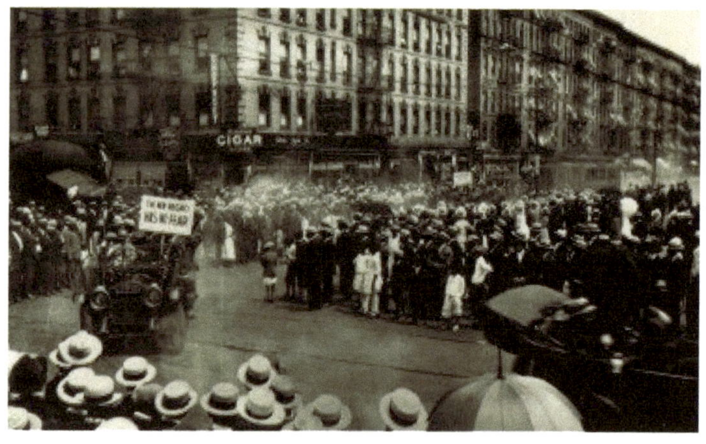

Desfile de la UNIA, organizado en Harlem, década de los años veinte.[8]

Una mezcla de entretenimiento y política en el espacio público también caracterizó a las prácticas culturales de Garvey en Jamaica. Inspirado por el rico escenario del entretenimiento afroamericano del Renacimiento de Harlem, Garvey fundó la Compañía del Entretenimiento del Parque Edelweiss en 57 Slipe Road en Kingston en 1931. Los flujos interamericanos llevaron espectáculos de variedades al estilo de Harlem a esta isla caribeña. Las prácticas de *performances*, los estilos de la variedad y los nombres, tales como el club nocturno *Dreamland,* fueron préstamos tomados de la vida

8 Centro Schomburg para la Investigación sobre la Cultura Negra, División de Grabados y Fotografías, Biblioteca Pública de Nueva York.

nocturna de Harlem. El concepto que tenía Garvey de la agencia negra acogía por completo la producción cultural como una herramienta política importante. La misión de la Compañía del Entretenimiento consistió en impulsar la producción cultural negra en la isla. La tarea de la compañía incluyó la administración de las instalaciones y de las secciones culturales de la UNIA, presentar la obra artística y buscar talento local (Hamilton 1988, 92). El Parque Edelweiss fue el sitio donde se llevó a cabo una gran parte de la obra cultural de Kingston. Consistía en una casa de dos pisos, una serie de edificios anexos, un espacioso patio adjunto y, lo que es más importante, un anfiteatro al aire libre que podía acoger a un público de varios miles de personas, que fue restaurado para la convención de la UNIA de 1929 en Jamaica.

El proyecto de la Compañía de Diversión fue verdaderamente transcultural al combinar el parque de diversiones con espectáculos de variedades. Las industrias culturales populares americanas, a menudo al estilo de los *performances* del Renacimiento de Harlem, separaron los espectáculos de variedades de las tradiciones teatrales establecidas en el Caribe. Los espectáculos de blancos con las caras pintadas de negro (*minstrel shows*) que habían surgido en el norte de Estados Unidos en los años de la preguerra, las prácticas de vodevil y los bailes con coristas escenificados de manera elegante al estilo del cabaret musical de los afroamericanos de Harlem se introdujeron fácilmente al entretenimiento jamaiquino (Reid 2018, 37-38).

Como señala Reid, “Al basarse en el glamour y el espectáculo, por una parte, y en la sátira social, la comedia, la exageración y la repetición, por otra, los intérpretes de variedades atraían múltiples influencias provenientes tanto de la ‘alta’ como de la ‘baja’ cultura y las transformaban” (2018, 37-38). Los actos comprendían una amplia variedad de prácticas culturales y artísticas, que incluían recitales, danzas (acrobáticas, clásicas y jazzísticas), revistas musicales, *minstrel shows*, espectáculos de comedia, carnavales, obras de teatro, fiestas en los jardines, conciertos corales de espirituales, servicios religiosos, recitales clásicos y conciertos con orquestra. La idea era llegar a un público numeroso y, con ello, dar forma al ámbito público mediante prácticas culturales en el espacio al aire libre. Para que hubiera una mayor transmisión de programas de variedad, se instalaron "emisiones de radio" amplificadas para llegar a aquellos que no podían estar presentes. Un panorama de géneros musicales y estilos en su mayor parte, pero no exclusivamente, descendientes de africanos, dieron forma a un programa de variedades que sincretizaba el jazz, el mento y glamorosas rutinas con canciones y baile. El charleston, el *black bottom*, la rumba y el tap formaron parte del programa habitual (33-34).

En desfiles y espectáculos de variedades, la UNIA brindaba a los artistas una serie de modos de producción y distribución. La UNIA facilitaba oportunidades para ocupar y redefinir el espacio público a través de la práctica cultural y para comunicarse con un público numeroso con el fin de promover la lucha anticolonial. Si bien los desfiles, por lo general, siguieron un patrón militar más rígido, con los hombres en uniforme militar y las mujeres luciendo trajes de enfermeras, los artistas de los espectáculos de variedades añadieron la diversidad y el género así como la conciencia de clase a la lucha anticolonial. Muchos *performances* socavaron los gustos culturales coloniales con el fin de crear otros basados en nuevas evaluaciones de clase y género.

Mediante los procesos interamericanos, a menudo contradictorios, de tomar prestado y transformar las influencias provenientes de la tradición de los festivales caribeños y la cultura popular estadounidense, los artistas negros y los que se identificaban con ellos se reapropiaron del espacio público para crear un rico espectro de narrativas populares y nuevos espectáculos con visiones sociales que estaban más allá del control de la colonialidad blanca, e incluso fuera de las ortodoxias del nacionalismo negro primordialmente patriarcal de la UNIA. Los *performances* abrieron espacios para las mujeres en la política del mundo real. Por ejemplo, diferentes mujeres ocuparon un lugar central en el movimiento de la UNIA, como Amy Jacques Garvey, la segunda esposa de Garvey, que participó en el liderazgo internacional y nacional de la UNIA. Ella ayudó a construir y ampliar el movimiento al mismo tiempo en que adoptaba una postura firme contra la dominación masculina del movimiento. Louise Little, la esposa inmigrante obrera, que había nacido en Trinidad, del ministro afroamericano y miembro de la UNIA Earl Little, se unió a la UNIA y creó secciones de ésta en toda la región centro-occidental de Estados Unidos. La Sra. Little desempeñó un papel activo en la UNIA como partidaria de base, miembro, organizadora y líder, y escribió informes de las reuniones y las actividades organizativas para el periódico *The Negro World* (Walton 2008, 8).

Los *performances* del movimiento de la UNIA se caracterizaron por su flexibilidad, parodia y exceso. Mediante la exploración y el empleo de la efervescencia del *performance* en el espacio público, Garvey y sus seguidores lograron expandir el poder subversivo de la producción cultural. Una multitud de estilos de *performances* en los desfiles, pero aun más en los espectáculos de variedades, crearon un sentido de posibilidad (cf. Burton 1997). La combinación de crítica, parodia, aculturación y asimilación estaba cambiando constantemente y estaba destinada a cambiar de contexto en contexto. La alta visibilidad en el espacio público proporcionó agencia cultural para "proyectos plurales de resistencia en toda una variedad de sitios y posiciones de sujetos" (Reid 2018, 41).

El surgimiento del "nuevo movimiento negro" y repensar el "yo negro" en relación con el espacio público

La atención a la relación del yo con la hegemonía, el espacio público y el ámbito público en la obra cultural de Garvey y la UNIA también caracterizó la obra artística e intelectual del Renacimiento de Harlem en general. El Renacimiento de Harlem, también llamado el Nuevo Movimiento Negro, formó una contribución importante de los afroamericanos a la nueva estética estadounidense. El "nuevo negro" parecía ser la metáfora perfecta para una sociedad y cultura en un momento de ruptura, cambio y transición. Si bien el Renacimiento de Harlem apreció muchas colaboraciones artísticas entre poetas, pintores, fotógrafos, músicos y movimientos de base comunitarios, para muchos la entidad del "nuevo negro" era, primero que nada, un "estado de ánimo o un sentimiento" en el que se reconocía a los trabajadores culturales negros como socios en condiciones de igualdad en el mundo de la producción cultural (Powell 2002, 42). Fue una parte importante de un proceso de intensificación de la autorreflexión, y una fuerza impulsora para la expresión creativa individual y comunitaria en escenarios más pequeños y más grandes.

El nivel de autorreflexividad de Garvey se mostró primordialmente en su uso de lo espectacular en el espacio público. Sus desfiles se basaron en la importancia tanto de la máscara como de la performatividad en las culturas negras. Lo que es importante es que las apropiaciones que efectuó del espacio público sucedieron estando él y sus seguidores profundamente conscientes de la historia colonial y del trauma de la opresión y exclusión que ésta implicaba. Al mismo tiempo, el uso que hizo Garvey del espacio público y del *performance* en éste denotó una muestra espectacular de orgullo y fortaleza. Establecido en la modernidad como un término para describir la relación del yo con lo social, la "reflexividad" adquirió gran importancia en las expresiones literarias y artísticas elaboradas por escritores e intelectuales negros. El pragmatismo estadounidense dio forma a la comprensión de este concepto en las décadas de los años veinte y treinta, cuando la reflexividad fue definida ampliamente por George H. Mead como "el regreso de la experiencia del individuo [a sí mismo]" (1934, 134). En la modernidad tardía, Sara Delamont explicó la reflexividad como "una variedad socialmente científica de la autoconciencia" (8). Críticos como Margaret Archer han desarrollado aún más el concepto al introducir la idea de la "conversación interior" (2007, 8; 2003). Esta última noción refleja teóricamente la auto-confrontación permanente del individuo y su interacción dialógica con un ambiente social y cultural siempre cambiante.

Si bien la teoría de Anthony Giddens sobre la modernidad reflexiva sigue siendo actual en los estudios del yo, lo social y las interrelaciones (Giddens 1991), pensadores poscoloniales y decoloniales más recientes se oponen a la conceptualización occidental y eurocéntrica del yo racional así como a la definición centrada en la cultura occidental de la experiencia social en el discurso de Giddens. En teorías como las de la reflexividad apofática de Nicos Mouzelis (Mouzelis 2010), se pone especial atención al aspecto emocional, espiritual y terapéutico de la autorreflexividad. Como dice Eugene Halton, "(s)er humano implica sentir, soñar, experimentar, recordar y olvidar, no simplemente saber" (1995, 273). Hortense Spillers es quien presionó para que hubiera nuevos planteamientos de la reflexividad en el discurso feminista y poscolonial de los Estudios Negros a finales del siglo XX y principios del XXI. Badia S. Ahad nos recuerda la "llamada de atención de Hortense Spillers hacia modos más profundos de autorreflexividad" (2010, 133).

Para reflexionar aún más sobre la "dualidad" (el yo negro, el yo "estadounidense") en el análisis cultural afroamericano, Spillers presenta su idea de "intersubjetividad interior" (1996, 713) como una estrategia interpretativa y la práctica de resistencia. Si bien sus reflexiones surgieron en el contexto de la modernidad tardía, al igual que las de Giddens, Delmont y Mouzelis, éstas proporcionan un punto de partida para lograr una mejor comprensión del "nuevo negro" como un constructo metafórico comparado dentro de la política identitaria del Renacimiento de Harlem en la década de los años veinte, así como una mejor comprensión de las relaciones de sujetos afroamericanos con el espacio y el ámbito públicos. "Si por identidades substitutivas … entendemos la capacidad de representar un yo mediante las máscaras de la autonegación" escribe esta autora, "entonces la dialéctica de la autorreflexión y las estrategias de una hermenéutica psicoanalítica se reúnen en el lugar de una 'nueva(o) mujer/hombre'" (711-712). El discurso de Spiller hace hincapié en tres marcadores clave que ilustran la complejidad de la formación y reformación de la identidad negra en la década de los años veinte: la máscara, la autonegación y la autorreflexión. Sin embargo, es igualmente importante la interpretación que hace bell hooks de la creación de lugares durante el Renacimiento de Harlem mediante los cuales la agencia femenina y la masculina se volvieron visibles tanto para creaciones privadas como públicas del espacio (la creación de lugares de hooks). Es en las reflexiones superpuestas sobre el yo y el espacio público en donde se puede reconocer por completo el espíritu creativo del Renacimiento de Harlem.

La apropiación del espacio público, así como la transformación del ámbito público, fue central para las prácticas culturales que redefinieron la política identitaria negra. Esto tiene sentido dada la exclusión de los espacios sociales, culturales y económicos y la segregación dentro de ellos que han experimentado las poblaciones negras en el continente americano durante toda la historia. Entonces las reflexiones textuales y performativas sobre la relación del yo con el espacio y el ámbito públicos fueron esenciales para las prácticas culturales y sociales de los artistas y pensadores negros a principios del siglo XX.

Como término general para una nueva política identitaria, el "nuevo negro" rápidamente logró la atención pública generalizada. El término surgió de la retórica progresiva sobre la raza del pensador Booker T. Washington y la activista de los derechos de las mujeres negras Fannie Barrier Williams en contribuciones que realizaron para las revistas afroamericanas *Voice of the Negro* y *Crisis* a finales del siglo XIX y principios del XX, con ilustraciones elaboradas por John Henry Adams Jr. Al mantener connotaciones sociopolíticas originales, el "nuevo negro" ingresó a los discursos de progreso estético y redefinición racial con *The New Negro: An Interpretation* [El nuevo negro: una interpretación] y "*Harlem: Mecca of the New Negro*" [Harlem: la nueva meca del nuevo negro] de Alain Locke, esta última fue un número especial de la revista *Survey Graphic*. Ambas se publicaron en 1925 y popularizaron el término en circuitos comerciales artísticos, intelectuales y culturales (Powell 2002, 42).

"El antiguo negro" contra "el nuevo negro"

El surgimiento del "nuevo negro" como una metáfora poderosa fue el resultado de las prácticas de hacer comparaciones en círculos intelectuales, políticos y artísticos de la época, y una nueva manera de considerar al yo y la cultura afroamericanas en relación con el espacio y el ámbito públicos. El significado del término tomó forma en el contexto de su otro constituido metafóricamente: "el antiguo negro." Ambos términos se diferenciaron aún más siguiendo líneas de clase, género y generacionales. Por consiguiente, como una construcción metafórica, ambos términos poseían el potencial de tener múltiples significados y estuvieron expuestos a diferentes interpretaciones performativas, teatrales, artísticas y literarias durante las primeras décadas del siglo XX, en particular en las múltiples producciones culturales del Renacimiento de Harlem. En varios niveles, "el antiguo negro" significaba lo que Butler y Athanasiou denominaban "el desposeído" (2013), en tanto que, en formas diferentes, "el nuevo negro" sugería agencia y empoderamiento.

En un nivel político, "el antiguo negro" significaba conservadurismo político y el acomodamiento social, en tanto que "el nuevo negro" representaba la renovación y el cambio (Bernhard 2011, 273). La constitución metafórica básica de estos términos comparados señala la de una nueva síntesis de la "negritud" que más bien flota libremente. Las comparaciones entre "el antiguo negro" y "el nuevo negro" inevitablemente implicaban las cuestiones de tradición e innovación. Los términos también suponían sacar comparaciones entre los imaginarios de las culturas africanas, afroamericanas y euroamericanas para deshacer paradigmas de diferencia y jerarquía que habían durado por mucho tiempo. Con los nuevos flujos y el intercambio entre las culturas caribeña, africana y afroamericana, la negritud logró incluso una mayor riqueza y complejidad, lo que se reflejó en un uso variado del espacio público: desde las calles hasta los parques, hasta los mercados para la estética, la política y el comercio.

La cuestión del yo y cómo relacionarse con la identidad, lo social y el otro incluso fue más complejo para el sujeto moderno negro. Escritores como Countee Cullen y Jean Toomer querían trascender la raza, negando incluso la etiqueta "escritor negro." Por otra parte, Langston Hughes aceptó por completo su negritud. Su poesía dio vo(ces) a los conflictos involucrados en reflexionar sobre lo que significaba ser poeta en el Harlem de la década de los años veinte, lo que significaba ser poeta *de raza negro* y lo que significaba administrar los espacios entre las comunidades. La reflexividad significó ver al yo, pero también a la postura a menudo "marginada" y "desposeída" del yo negro en comparación con los otros y su acceso limitado al espacio público y la historia. Después de todo, la publicación de obras escritas por autores negros todavía dependía en gran medida de las políticas de publicación y las prioridades de las casas editoriales de los blancos (Bernard 2011, 269-271).

La reflexividad también implicaba una comparación continúa del yo con las metáforas flotantes del "antiguo negro," "el nuevo negro" y la sociedad en general, lo que suponía una hegemonía blanca, y una censura y selección hechas por los blancos. El acto de escribir y sus consiguientes comparaciones se llevaron a cabo desde un posicionamiento periférico o "subalterno" (invocando a Spivak). A pesar del espíritu optimista de renovación, los escritores negros tuvieron que afrontar el bagaje colonial de ansiedad, desposesión, desplazamiento e ira en sus actos de escritura, canto y pintura del 'nuevo negro.' Este espectro variado de complejidad emocional dio forma a su reflexividad así como al acto de comparar más allá de un puro entendimiento cognitivo. Había (y todavía hay) especificidades de la cultura negra que han estado marcadas por una clara diferencia en relación con la cultura dominante de los blancos. Incluso en las obras de W.E.B. Du Bois, un intelectual afroamericano educado en la Universidad de Humboldt en Berlín y uno de los baluartes del pensamiento occidental a finales de la década del siglo XIX y principios del XX, es muy notable una reflexividad espiritual. Sus obras marcan la cultura afroamericana como una cultura fuertemente espiritual, bastante diferente a la cultura predominante de los blancos, la cual se basa en principios racionales. Prácticas como la predicación al borde de los caminos en Jamaica, la predicación en las esquinas de las calles en Harlem y la predicación dentro de las iglesias que antes eran comercios y fuera de éstas en el sureste de Estados Unidos, llevaron estas formas de espiritualidad a los espacios públicos de ciudades como Chicago y Nueva York.

Con el fin de explorar la inmersión cultural afroamericana en el espacio y el ámbitos públicos, se deben observar las prácticas artísticas y culturales durante el Renacimiento de Harlem de una manera relacional: ¿cómo se relacionaban los actores culturales con la historia, con un contexto social pasado y con uno contemporáneo, y con el otro (la blancura en términos generales)? El posicionamiento de los actores en el público fue de importancia fundamental para la forma en que hicieron o des-hicieron comparaciones, mediante la articulación de su relación con prácticas significantes que iban más allá de los estándares euroamericanos, tales como en las tradiciones culturales africanas, caribeñas y afroamericanas. Las prácticas de hacer comparaciones ocurrieron en redes locales, nacionales y, sobre todo, transculturales (interamericanas y transatlánticas), y éstas reflejaron la relación del sujeto negro con el espacio público. Se basaron en procesos coloniales y emancipatorios, y fueron fundamentalmente conflictivas.

Las prácticas coloniales y periféricas de hacer comparaciones: ¿Cuál es mi posición en el espacio público?

Es un hecho comúnmente admitido entre los historiadores y los críticos que las prácticas de hacer comparaciones desempeñaron un papel central en los procesos de colonización del Nuevo Mundo (cf. Epple y Erhart 2015; Fauconnier y Turner 2002). Las comparaciones se encubrían bajo el pretexto de que la ciencia y el saber universal ayudaban a establecer estructuras y jerarquías basadas en la supremacía blanca y la discriminación racial. A principios del siglo XX, esto significó que, en el caso del sujeto negro del continente americano del continente americano, en general, todavía se hablaba de un locus de enunciación periférico. Para el sujeto negro en el Renacimiento de Harlem (y en el continente americano en general), las prácticas de hacer comparaciones eran, primero que nada, una forma de ordenar la posición de uno mismo: el propio lugar que uno ocupaba en la sociedad y en relación con un espacio público hegemónico. Estas prácticas, con frecuencia, incluían referencias del yo con la estructura dominante, el ámbito público, el canon, el mundo del arte establecido o la exitosa industria de la música. Servían como herramientas para el auto-posicionamiento, la autorreflexión y un mayor autoempoderamiento. Asimismo, incluían estrategias disidentes y engañosas que se basaban en culturas orales negras.

Lo que las diferenciaba de las prácticas dominantes de hacer comparaciones es el alto grado de reflexividad sobre el grupo y el yo, que se encontraba en el centro del pensamiento afroamericano durante el Renacimiento de Harlem. En el manifiesto de Alain Locke *The New Negro* [El nuevo negro], se trata de una conciencia local, nacional y global de la historia y las culturas negras que proporciona un nuevo sentido del espacio y el ámbito públicos en función de la negritud y que Locke ubica en la cualidad reflexiva de la cultura afroamericana. En la forma de pensar de este autor, "el nuevo negro" se convierte en la punta de lanza de un movimiento de liberación global de afrodescendientes con una doble misión: "Una es la conciencia de actuar como la avanzada de los pueblos africanos en su contacto con la civilización del siglo XX; la otra, el sentido de la misión de rehabilitar a la raza en la estima mundial de esa pérdida de prestigio de las que el destino y las condiciones de esclavitud han sido responsables en tan gran medida" (Locke 1997, 14). Sin duda, los desfiles de Garvey en las calles de Jamaica y Harlem llevaron a cabo esta conciencia del liderazgo negro de manera impresionante. De manera similar a la conciencia histórica de Locke, Langston Hughes reflexiona sobre la larga trayectoria de la "alta" cultura negra en "*The Negro Speaks of Rivers*" [El negro habla de ríos] vinculando las culturas africanas y afroamericana (1995c, 256). De una manera autorreflexiva, contempla la libertad del escritor negro y la compara con el grupo de artistas y escritores vanguardistas, experimentales e innovadores en su manifiesto literario "*The Negro Artist and the Racial Mountain*" [El artista negro y la montaña racial] (1926): "Nosotros, los artistas jóvenes negros que creamos, ahora intentamos expresar nuestro yo individual de piel oscura sin temor o vergüenza …. Construimos nuestros templos para mañana, fuertes como sabemos hacerlo, y estamos parados en la cima de la montaña, libres dentro de nosotros mismos" (1995b [1926], 95). Hughes reivindica la audibilidad y la visibilidad de las culturas negras en el discurso público. Concluye su manifiesto con metáforas espaciales que señalan una nueva presencia afroamericana en los espacios públicos en Harlem y en torno a él. Sin embargo, más aún, con la referencia bíblica a la montaña, imagina un yo libre negro que tiene la agencia para volver a dar forma al espacio público global según una nueva visión incluyente.

La referencia que hace Hughes a la "cima de la montaña" posee connotaciones bíblicas y seculares; compara al artista negro con el profeta Moisés en la montaña y con John Winthrop y su modelo futurista de una ciudad encima de un monte. En comparación, Hughes relaciona el yo negro con los imaginarios teocráticos y seculares más grandes de América, incluyendo de esta manera al poeta negro en un discurso modernista y progresivo "americano." Mediante actos de comparación, escritores como Locke y Hughes desafiaron la geopolítica dominante del saber desde su posicionamiento periférico.

La máscara y las prácticas de hacer comparaciones en la producción cultural afroamericana

Como un movimiento cultural y político, el Renacimiento de Harlem resistió las estructuras fijas. Los escritores, activistas e intelectuales trabajaron dentro de redes y buscaron nuevas formas dialógicas de interacción. De esta manera, el primer Movimiento de Arte Negro desarrolló una dimensión autorreflexiva en la que se analizaron y pusieron en tela de juicio la identidad, las estructuras sociales, las expresiones culturales y las formas de ser. Mediante la confrontación de las jerarquías de poder de la industria literaria y cultural, y mediante la invalidación del bagaje cultural y la estigmatización de la "inferioridad negra," estos pensadores y artistas negros actuaron con audacia y se volvieron ingeniosos y graciosos con el fin de desafiar a la corriente dominante. "Ponerse una máscara" se manifestó como una práctica central mediante la que se desplegaron el autoposicionamiento, la forma en que se movían en el espacio público y formas comparadas de pensar en el Renacimiento de Harlem. Ya en 1895, Paul Laurence Dunbar había escrito su poema "*We Wear the Mask*" [Nos ponemos la máscara], una reflexión sobre la simulación cultural que se encuentra en el centro de esta práctica. El poema da voz a décadas de ponerse la máscara de negro durante las épocas de la conquista, la esclavitud y la reconstrucción.

> We wear the mask that grins and lies,
> It hides our cheeks and shades our eyes, –
> This debt we pay to human guile;
> With torn and bleeding hearts we smile,
> And mouth with myriad subtleties.
>
> Why should the world be over-wise,
> In counting all our tears and sighs?
> Nay, let them only see us, while
> We wear the mask.
>
> We smile, but, O great Christ, our cries
> To thee from tortured souls arise.
> We sing, but oh the clay is vile
> Beneath our feet, and long the mile;
> But let the world dream otherwise,
> We wear the mask!. (Dunbar 2018, s.n.)
>
> [Usamos la máscara que sonríe y miente,
> Oculta nuestras mejillas y cubre nuestros ojos,
> Esta deuda que pagamos a la hipocresía humana;
> Con el corazón destrozado y sangrante, sonreímos,
> Y la boca con una miríada de sutilezas.
>
> ¿Por qué debería ser el mundo demasiado sabio,
> al contar todas nuestras lágrimas y suspiros?

No, déjenlos que solo nos vean, mientras
nosotros usamos la máscara.

Sonreímos, pero, Oh, Santo Cristo, nuestros clamores
a ti se alzan desde nuestra alma torturada.
Cantamos, pero oh la arcilla es vil
Bajo nuestros pies y larga, la milla;
Pero deja que el mundo sueñe de otra manera,
¡Nos ponemos la máscara!]

La meditación que hace Dunbar de llevar una máscara habla de lo que han experimentado los afroamericanos por la esclavitud, pasando por la ley de Jim Crow hasta el periodo contemporáneo. El enmascaramiento psicológico es una forma de proteger el yo interior y el sistema de pensamientos del grupo al que uno pertenece (cf. Hills 2010, 217). La práctica de usar máscaras la comparte otro pueblo colonizado, por ejemplo, en el Caribe. Frantz Fanon (1970) explicó los esfuerzos por blanquearse entre sus compatriotas de las Antillas mediante el desplazamiento cultural. Una vez que el sujeto negro comienza a moverse entre la gente blanca, se vuelve consciente de que lo miden con normas diferentes a las que hay en su comunidad. El pensamiento de Fanon tiene similitudes con "la doble conciencia" de W.E.B Du Bois: la conciencia de que uno está viendo a su yo constantemente a través de los ojos del otro (Du Bois 1999).

Esta actitud autorreflexiva fundamental para el pensamiento de los afrodescendientes del continente americano influyó en las prácticas de hacer comparaciones en la producción cultural del Renacimiento de Harlem. En Harlem, durante las décadas de los años veinte y treinta, la producción cultural africana, caribeña y afroamericana logró tener mayor presencia en sitios e instituciones públicos. Las máscaras como artefactos materiales ocuparon un lugar especial en la comunidad. Las exhibiciones de máscaras, esculturas y ornamentación africanas con frecuencia se montaban en la calle 135, que era una sucursal de la Biblioteca Pública, así como en las galerías de Midtown y Downtown Manhattan. Para artistas e intelectuales como Alain Locke y Aaron Douglas, las máscaras africanas no solo eran piezas del legado ancestral, sino también signos de la importancia que tenía África para el desarrollo del arte modernista en todo el mundo occidental (Hills 2010, 210). Con respecto a *Les Demoisselles d'Avignon* de Pablo Picasso, Henry L. Gates Jr. explica que "(l)a máscara cubista del modernismo cubre una cara bantú negra. El arte africano –feo, primitivo, degradado en 1900; sublime, complejo y valorizado para 1910– se transformó de una manera muy drástica en la imaginación cultural del occidente" (1997, 163).

La máscara se convirtió en una piedra de toque para el arte afroamericano desde el Renacimiento de Harlem hasta el periodo contemporáneo. Sin embargo, es la *reinvención* de la máscara como una herramienta literaria y artística abstracta para *hacer* y *deshacer* comparaciones, y para repensar la posición de las culturas negras dentro del espacio público y en relación con éste en las obras del pintor Aaron Douglas y de los poetas Claude McKay y Langston Hughes, lo que marcó los desafíos más distintivos a la cultura y el poder blancos "desde adentro."

Claude McKay, poeta jamaiquino y figura literaria destacada del Renacimiento de Harlem, publicó "*If We Must Die*" [Si debemos morir] en 1919 en el número de julio de la revista *The Liberator*. McKay escribió el poema como respuesta a los ataques de violencia colectiva realizados por estadounidenses blancos a individuos y comunidades afroamericanos durante los disturbios raciales del llamado Verano Rojo. Los disturbios fueron el resultado de las tensiones sociales posteriores a la Primera Guerra Mundial en numerosas ciudades en todo Estados Unidos y mostraron que el espacio público podía convertirse en un instante en una zona de combate sobre cuestiones como el racismo y la desigualdad. El regreso de Europa de los soldados afroamericanos y la creciente competencia en el mercado laboral ocasionaron otra violenta explosión racista. El poema refleja la posición a menudo atormentada de de los afroamericanos en el espacio público, el cual se concibe como un campo de batalla puesto en escena y un gran continuo espacio-temporal de violencia, monstruosidad y racismo. McKay (1995) emplea la máscara literaria del soneto para abordar las violentas tensiones y desafiar las normas y estándares de los blancos. Escrito en pentámetro yámbico, el poema consiste en 14 versos con un complejo esquema rítmico. Tiene tres estrofas de cuatro versos: la primera con un esquema rítmico a/b, a/b; la segunda, c/d, c/d; la tercera, e/f, e/f, y un pareado final g/g. La forma intrincada y estricta imita el orden y control públicos. El verso inicial del poema repite prácticas comparadas de los supremacistas blancos que comparan a los afrodescendientes con los "cerdos." El hablante poético se hace eco del racismo blanco. Las comparaciones cambian de los animales a los humanos cuando se humaniza a las personas negras: "Oh hermanos" … "como hombres." Las comparaciones van en otro sentido en relación con la gente blanca, a quienes primero se refiere como cazadores y después se les compara con "perros rabiosos."

McKay presenta comparaciones directas e implícitas; domina la forma del soneto, pero cambia su contenido. Los temas convencionales de amor, cortejo y romance en la tradición del soneto se tornan un llamado social, cultural y político. McKay se enfoca en la opresión, la negación y la resistencia violenta. Su soneto es un llamado a resistir. En el nivel de la reflectividad, McKay se compara a sí mismo, mediante la máscara del soneto shakespeariano, con los escritores canonizados de la tradición anglosajona. Sin embargo, esta comparación implica una inversión de poder, y el amor que expresa es para una hermandad negra que trasciende las fronteras nacionales. Es un llamado al nacionalismo panafricano de los afrodescendientes, como subraya la referencia a "hermanos." "El nuevo negro" en la visión de McKay es un movimiento colectivo que conecta múltiples culturas negras:

> If we must die – let it not be like hogs
> Hunted and penned in an inglorious spot,
> While round us bark the mad and hungry dogs,
> Making their mock at our accursed lot.
> If we must die – oh, let us nobly die,
> So that our precious blood may not be shed
> In vain; then even the monsters we defy
> Shall be constrained to honor us though dead!

Oh, Kinsmen! We must meet the common foe;
Though far outnumbered, let us show us brave,
And for their thousand blows deal one deathblow!
What though before us lies the open grave?
Like men we'll face the murderous, cowardly pack,
Pressed to the wall, dying, but fighting back!. (1995, 290)

[Si debemos morir, que no sea como cerdos
Cazados y acorralados en un lugar ignominioso,
Mientras en torno nuestro ladran los perros hambrientos y rabiosos,
Hacienda mofa de nuestro maldito sino.
Si debemos morir, oh, que sea con nobleza,
De modo que nuestra preciosa sangre no se derrame
en vano; ¡entonces hasta los monstruos que desafiamos
se verán obligados a honrarnos, aunque estemos muertos!
¡Oh, hermanos! Debemos enfrentar al enemigo común;
Aunque superados en número, mostrémonos valientes,
¡y por sus mil golpes demos un golpe mortal!
¿Y qué si ante nosotros está el sepulcro abierto?
¡Como hombres nos enfrentaremos a la asesina y cobarde jauría,
Contra la pared, moribundos, pero luchando!]

El poema de McKay recuerda la caza masiva de los esclavos fugitivos, escenarios de linchamientos y ataques masivos a manifestantes negros. Esboza la imagen del espacio público para los afrodescendientes como algo frágil, amenazador y mortal. Al mismo tiempo, su poema implora a los sujetos negros que tomen una postura en público y que busquen la justicia social.

El poema de Langston Hughes "*I Too*" [Yo también] se publicó por primera vez en 1926. De manera similar a McKay, Hughes también elige una estrategia enmascaradora para desafiar el discurso modernista de los blancos de la América anglosajona. En el poema hay prácticas de hacer comparaciones de la obra a nivel de la autoría y la ciudadanía, y están integradas en un modo reflexivo. El título de Hughes hace referencia a la noción de Du Bois de la dualidad y la doble conciencia, y evoca la confrontación intelectual e inter-conectividad de los afroamericanos con una multiplicidad de ámbitos públicos. Al declararse el hermano más oscuro, la voz poética negra reivindica lazos sanguíneos, ciudadanía y pertenencia a la comunidad. A medida que se desarrolla el poema corto, Hughes describe una escena ubicua de racismo doméstico, contra la que establece una comparación inicial. En forma de verso libre, la voz poética negra de un aparente sirviente doméstico se dirige a la familia de su amo. La comparación expresada a través del "hermano más oscuro" es sencilla y poderosa. "El nuevo negro" se concibe en términos comunitarios, políticos y estéticos: "Qué hermoso soy" (1995ª, 257). Sin embargo, Hughes va un paso más allá, de las comparaciones familiares/sociales/estéticas a las comparaciones sobre el nivel de autoría. Al escribir a través de la máscara de la expresión de la auto-celebración al estilo de Whitman y al adoptar para la poesía afroamericana el estilo de verso libre de este último autor, Hughes se compara con Whitman, el padre canónicamente aclamado de la poesía moderna, como poeta y ciudadano. La voz poética del sirviente doméstico no solo exige la igualdad para las personas negras, sino que celebra la belleza de la negritud en el estilo de autoaceptación de Whitman.

La máscara al estilo Whitman proporciona un espacio público de gran autoridad y definido literariamente para una reivindicación cultural y social audaz. Hughes la emplea para referirse al hecho de que se ha tratado de ennegrecer Estados Unidos mediante la música desde la esclavitud hasta la época del jazz. "Yo, también, canto América" reclama la autoría de los afrodescendientes para la expresión artística estadounidense moderna (Hughes 1995a, 257). A primera vista, se trata meramente de una sencilla referencia intertextual a la famosa introducción del poema de Whitman "*Song of Myself*" [Canto a mí mismo] (2008), pero el verbo en el contexto del Renacimiento de Harlem en realidad expresa una celebración de la cultura oral y musical afroamericana. La práctica textual de Hughes consistente en hacer comparaciones eleva la cultura popular afroamericana al ámbito de la literatura y cultura modernista estadounidenses. Su voz cantante es tan bíblica como la de Whitman, pero sus fuentes son los espirituales, el blues y el jazz. Debajo de la superficie de la utopía estadounidense moderna al estilo de Whitman, Hughes introduce la disidencia (la risa) y amplía los ideales utópicos con una amplia creencia en el cambio social.

Sin duda, la elección que hace Hughes de la metáfora musical se basa en la presencia extendida de la música negra entre el público estadounidense en la década de los años veinte. Mediante la música transmitida por radio, discos y espectáculos de vodevil y cabaret, la cultura negra permeó muchos aspectos de la vida social dentro de las comunidades negras y más allá de éstas. Si bien el poema hace referencia a la segregación espacial y a la exclusión en un escenario semidoméstico y semipúblico, cantar la nación, como lo hace la voz poética de Hughes, coloca la producción cultural negra justo en el centro del ámbito público hegemónico.

I, too, sing America.
I am the darker brother.
They send me to eat in the kitchen
When company comes,
But I laugh,
And eat well,
And grow strong.

Tomorrow,
I'll be at the table
When company comes.
Nobody'll dare
Say to me,
"Eat in the kitchen,"
Then.

Besides,
They'll see how beautiful I am
And be ashamed – (Hughes 1995a, 257)

[Yo, también, canto América.
Soy el hermano más oscuro.
Me mandan a comer a la cocina
Cuando llegan visitas,

Pero me río,
Y como bien,
Y me pongo fuerte.

Mañana,
Me sentaré a la mesa
Cuando lleguen visitas.
Nadie se atreverá
A decirme,
"Come en la cocina"
entonces.
Además,
Verán lo hermoso que soy
Y se sentirán avergonzados]

Estos ejemplos de Hughes y McKay revelan que la máscara literaria, al nivel de la forma y voz, sirvió múltiples propósitos. La máscara proporcionaba un espacio estético seguro para reivindicar el dominio del saber y la forma con el fin de impulsar la comparación del yo con el amo consumado en el campo de la producción cultural. La máscara literaria abstracta permitió al poeta un método irónico para subvertir y expandir la expresión literaria reconocida y canonizada para sus propias exigencias estéticas, culturales y políticas. Asimismo, proporcionó un medio excelente para designar la reflexividad sobre la negritud como un interés público para toda la sociedad.

Las estrategias de "enmascarar" y el uso de las máscaras literales tuvo una presencia igualmente poderosa en la música y en el escenario del cabaret en Harlem (doble sentido) y, en especial, en las artes visuales. Posiblemente el pintor Aaron Douglas fue el pintor afroamericano más prolífico en el uso de máscaras y en la creación de estrategias de enmascaramiento para contrarrestar las visiones hegemónicas blancas de la negritud. Asimismo, este artista aprovechó la oportunidad de presentar su visión pictórica de la negritud en las paredes de instituciones públicas. "El nuevo negro" en la obra de Douglas venía con un atuendo híbrido afroamericano/africano. Sus inclinaciones incluyeron formas modernistas experimentales, como el cubismo de Braque y de Picasso, la modernización de Winold Reiss de la pintura popular y el arte africano (Mehring 2016). Muchas de las figuras negras en las pinturas de Douglas muestran caras modeladas sobre máscaras del pueblo dan de Liberia en África, su personalidad oculta, siluetas de cuerpos fuertes representadas de manera abstracta. Douglas ocultó la individualidad para dejar surgir una narrativa e historia colectivas. Adoptó dinámicas cubistas de forma y un estilo vanguardista y moderno en general; esto sirvió a Douglas como una máscara pintada para ver más allá de las visiones eurocéntricas de modernidad y comparar la cultura contemporánea negra con la africana, particularmente la egipcia.

Comercialmente, la máscara cubista abrió un camino al mundo artístico estadounidense; posteriormente se le encargó que pintara murales para la Biblioteca Pública de Nueva York. Los murales proporcionaron una alta visibilidad pública y demostraron que Douglas se consideraba a sí mismo tan capaz de adaptar el arte africano como los maestros europeos del cubismo de la época, Picasso y Braque. Sin embargo, Douglas no estaba rindiendo homenaje al arte modernista occidental. Empleó la máscara en estilo cubista para celebrar el arte y la historia negros desde el antiguo Egipto hasta Harlem. Su máscara y presentaciones de la negritud en forma de siluetas fusionaron sus figuras provenientes de la historia del arte y el arte popular afroamericanos. Sus prácticas pictóricas de hacer comparaciones se basaron en la comparación de Egipto con la América negra, no en la comparación de la América negra con Europa. Douglas creó una visión compleja del "nuevo negro," presentada en *Aspects of Negro Life* [Aspectos de la vida de los negros], una serie de cuatro murales patrocinados por la *Works Progress Administration* (WPA) federal. *Song of the Towers* (1934) [Canción de las torres] es, sin duda, la más moderna de los cuatro.

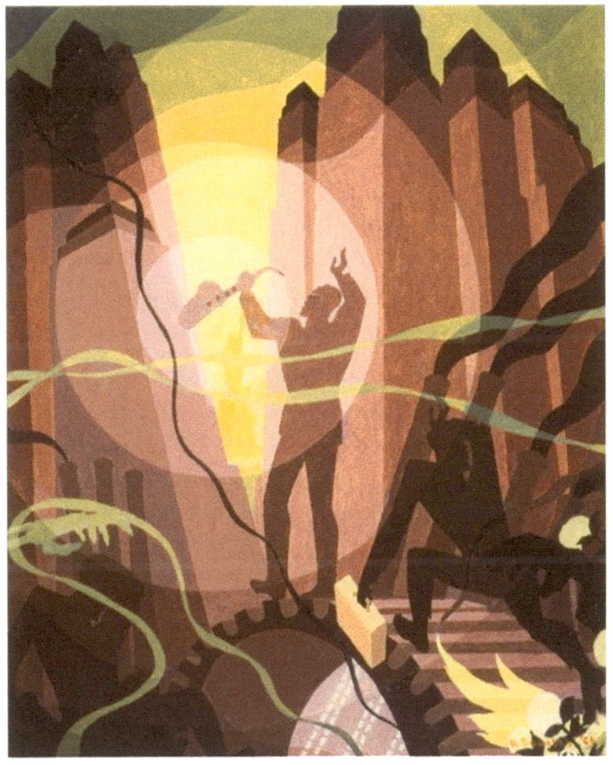

Imagen de Aaron Douglas, *Song of the Towers* [Canción de las torres] (1934)

Los murales colectivamente esbozan la historia negra desde sus raíces africanas pasando por la Gran Migración; *Song of the Towers* cuenta la historia de la conflictiva lucha afroamericana con la modernidad. Compleja y con múltiples capas, *Song* of *the Towers* cuenta con diseños gráficos así como patrones de formas geométricas y, de esta manera, habla a través de las prácticas de la pintura cubista. En el centro del mural dominan círculos concéntricos enmarcados por prismas rectangulares que sobresalen. Mediante esta cuidadosa improvisación de diversas formas, Douglas expone una narrativa que catapulta a las figuras de color negro dentro del torbellino de la maquinaria urbana moderna. El mural revela un viaje a través de diversas temporalidades y espacios públicos reflejados en un escenario metropolitano general. De una manera comparada y, sin embargo, relacional, la abstracción cubista muestra a los desposeídos y el levantamiento, al humano y la máquina, al "antiguo negro" que se dejó atrás, y al "nuevo negro" que surge en el centro. Al establecer sus figuras abstractas de color negro en una mezcla de formas dinámicas inspiradas en el cubismo, Douglas refleja los orígenes negros del arte modernista. Las figuras, sin embargo, todavía están luchando por reivindicar su posición en el escenario de la metrópolis moderna.

Song of the Towers (Douglas 1934) celebra con melancolía el triunfo de la expresión negra en el Renacimiento de Harlem. La obra no solo demuestra el dominio que tiene Douglas del modernimos cubista; el músico negro del centro alude al ennegrecimiento musical de Harlem y América durante el apogeo de los *Race Records* [discos de raza referidos a la raza negra] en la década de los años veinte. No obstante, la lucha contra la historia, la rueda de la modernización y la presencia imponente de la arquitectura metropolitana –la figura central de color negro que mira hacia arriba– sugiere que el arribo completo de los afroamericanos todavía es "un sueño aplazado" (Hughes 1990, 221). A esta interpretación la respaldan aún más los contornos de la Estatua de la Libertad, la quintaesencia de un espacio público abierto a todos, que en el mural está apartada en lo que se refiere a su tamaño y posición. El mural compara de modo intrincado el sueño y la realidad, el mito y la historia; el resultado es la abstracción y la ambigüedad.

Al igual que McKay y Hughes, Douglas exhibe el dominio de la forma. De manera similar a otras figuras literarias, empleó la forma maestra para presentar un discurso autorreflexivo sobre la negritud. Sus murales manifiestan la diversidad dentro de la negritud y relacionan diferentes tonos de negritud con la larga trayectoria de la historia diaspórica africana. El dominio de la forma proporciona a Douglas la autoridad para hablar por la comunidad modernista; sin embargo, suscita una crítica racial sobre la modernidad.

En el mural *The Song of Towers* encargado por el Estado, Douglas insertó astutamente una visión modernista negra crítica y, no obstante, de autoempoderamiento. Al comparar y relacionar diferentes figuras y etapas de la historia afroamericana con el surgimiento de la metrópolis moderna, revela las fallas dentro del diseño utópico estadounidense modernista; Douglas continúa impulsando un concepto del "nuevo negro" que reside fuera de las prácticas euroestadounidenses de comparar lo blanco con lo negro. Sus figuras negras demuestran una diferencia dentro de la negritud en términos de la historia y la identidad. África y la diáspora africana en el continente americano sirven como puntos de referencia para la comparación. Las esferas negras, según Douglas, sólo se pueden percibir como multitudes.

Algunos comentarios a modo de conclusión

Como resultado de una junta del consejo editorial de la revista de Harlem *Fire!!*, Douglas escribió una declaración artística en 1925:

> Poseemos conciencia grupal. Estamos dedicados al arte de manera primordial e intensa. Creemos que el negro es fundamental y esencialmente diferente de sus vecinos nórdicos. Estamos orgullosos de esa diferencia. Creemos que estas diferencias son un mayor don espiritual, mayor sensibilidad y mayor poder para la expresión y la apreciación artísticas. (citado en Kirschke 1999, 122)

La reflexividad caracteriza al manifiesto de Douglas. La mirada se vuelca hacia el interior. Es una reflexión sobre el yo negro, el colectivo negro y sus relaciones. La comparación que hace Douglas entre la cultura negra y la cultura blanca se basa en una diferencia gradual, y concluye con una afirmación sobre la superioridad negra. El mensaje contundente de Douglas señala una diferencia en consonancia con la emoción, la espiritualidad y la estética, al mismo tiempo que presenta una inversión radical de los paradigmas supremacistas blancos. La declaración anterior de Douglas también muestra que el énfasis en las diferencias de los afrodescendientes como una estrategia esencialista ayudó a desafiar las prácticas normativas de hacer comparaciones que intentan proporcionar un orden hegemónico al mundo. Si bien las estrategias de "enmascaramiento" implicaron una apropiación de los modelos maestros blancos, la performatividad dentro de ésta permitió una reflexividad de grupo, una multitud de "nuevos negros" afirmativos y la oportunidad de tener nuevos modelos comparados dentro de las culturas negras. Esto creó una mejor comprensión de las profundas y complejas conexiones entre las diversas culturas negras y las nuevas visiones afirmativas de la negritud en los textos literarios, en las expresiones artísticas visuales, y en las prácticas culturales negras en el espacio público público más allá de las historias coloniales y el bagaje racial.

Obras citadas

Ahad, Badia Sahar. 2010. *Freud Upside Down: African American Literature and Psychoanalytic Culture*. Illinois: Universidad de Illinois.

Archer, Margaret S. 2007. *Making our Way through the World: Human Reflexivity and Social Mobility*. Cambridge: Universidad de Cambridge.

——. 2003. *Structure, Agency, and Internal Conversation*. Cambridge: Universidad de Cambrige.

Bernard, Emily. 2011. "The New Negro Movement and the Politics of Art." En *The Cambridge History of African American Literature*, ed. Maryemma Graham, 268-287. Cambridge: Universidad de Cambridge.

Burton, Richard. 1997. *Afro-Creole: Power, Opposition and Play in the Caribbean*. Ithaca, NY, y Londres: Universidad Cornell.

Butler, Judith, y Athena Athanasiou. 2013. *Dispossession: The Performative in the Political*. Cambridge: Polity Press.

Compton, Allyson. 2017. *The Breath Seekers: Race, Riots, and Public Space in Harlem, 1900-1935*. Nueva York Hunter College Thesis.

De Jongh, James. 1990. *Vicious Modernism: Black Harlem and the Literary Imagination*. Nueva York: Universidad de Cambridge.

Delamont, Sara. 1991. *Fieldwork in Educational Settings*. Londres: Falmer Press.

Douglas, Aaron. 2002. "Letter Editorial *Fire!!*" En *Claiming the Stones, Naming the Bones. Cultural Property and the Negotiation of National and Ethnic Identity*, ed. Elazar Barkan y Ronald Bush, 289. Los Ángeles: The Getty Research Institute.

———. 1934. *Song of the Towers*. Mural Series *Aspects of Negro Life*. Schomburg Center for Research in Black Culture, Nueva York.

Drake, St. Clair, y Horace R. Cayton. 1945. *Black Metropolis: A Study of Negro Life in a Modern Community*. Nueva York: Harcourt, Brace & World.

Du Bois, W.E.B. 1999 [1903]. "The Souls of Black Folk." Bartleby.com. https://www.bartleby.com/114/. Dunbar, Paul. 2018. "We wear the mask." Poetry Foundation. www.poetryfoundation.-org/poems/44203/we-wear-the-mask.

Epple, Angelika, y Walter Erhart. 2015. "Die Welt beobachten – Praktiken des Vergleichens." En *Die Welt beobachten: Praktiken des Vergleichens*, ed. Epple y Erhart, 7-31. Fráncfort del Meno: Campus.

Fanon, Frantz. 1970. *Black Skin, White Masks*, traducción Charles Lam Markmann. Londres: Paladin.

Fauconnier, Gilles, y Mark Turner. 2002. *The Way We Think: Conceptual Blending and the Mind's Hidden Complexities*. Nueva York: Basic Books.

Ford-Smith, Honor. 2004. "Unruly Virtues of the Spectacular: Performing Engendered Nationalisms in the UNIA in Jamaica." *Interventions: International Journal of Postcolonial Studies* 6.1: 18-44.

Gaines, Kevin K. 1996. *Uplifting the Race: Black Leadership, Politics and Culture in the Twentieth Century*. Chapel Hill y Londres: Universidad de North Carolina.

Gates, Henry Louis Jr. 1997. "Harlem on Our Minds." En *Rhapsodies in Black. Art of the Harlem Renaissance*, ed. Richard Powell y David H. Bailey, 160-167. Berkeley: Universidad de California.

———. 1987. *The Signifying Monkey: A Theory of Afro-American Literary Criticism*. Nueva York: Universidad de Oxford.

Giddens, Anthony. 1991. *Modernity and Self-Identity: Self and Society in the Late Modern Age*. Cambridge: Polity Press.

Halton, Eugene. 1995. "The Modern Error: Or, the Unbearable Enlightenment of Being." En *Global Modernities*, ed. Mike Featherstone, Scott Lash y Roland Robertson, 260-277. Londres: Sage.

Hamilton, Beverley. 1987. "Marcus Garvey: cultural activist." *Jamaica Journal: Quarterly of the Institute of Jamaica* 20.3 (Aug-Oct): 21-30.

Hill, Errol. 1992. *The Jamaican Stage, 1655-1900: Profile of a Colonial Theater*. Amherst, MA: Universidad de Massachusetts.

Hills, Patricia. 2010. *Painting Harlem Modern. The Art of Jacob Lawrence*. Berkeley: Universidad de California.

hooks, bell. 1991. *Yearning: Race, Gender, and Cultural Politics*. Londres: Turnaround, 1991.

Hughes, Langston. 1995a. "I, Too." En *The Portable Harlem Renaissance Reader,* ed. David L. Lewis, 257. Nueva York: Penguin Books.

———. 1995b. "The Negro Artist and the Racial Mountain." En *The Portable Harlem Renaissance Reader,* ed. David L. Lewis, 91-95. Nueva York: Penguin Books.

———. 1995c. "The Negro Speaks of Rivers." En *The Portable Harlem Renaissance Reader*, ed. David L. Lewis, 156. Nueva York: Penguin Books.

———. 1990. "Montage of a Dream Deferred." En *Selected Poems of Langston Hughes*, 221. Nueva York: Vintage Books.

Johnson, James Weldon. 1930. *Black Manhattan.* Universidad de Virginia: Perseus Books Group.

Kirschke, Amy Helene. 1999. *Aaron Douglas: Art, Race, and the Harlem Renaissance*. Jackson: Universidad de Mississippi.

Locke, Alain. 1997. "The New Negro." En *Tshe New Negro. Voices of the Harlem* Renaissance, ed Alain Locke, 3-16. Nueva York: Touchstone.

Madison, Soyini D., y Judith Hamera. 2005. *The Sage Handbook of Performance Studies*. Londres: Sage.

McClintock, Anne. 1995. *Imperial Leather: Race, Gender, and Sexuality in the Colonial Contest*. Londres/Nueva York: Routledge.

McCombs, Harriet G. 1985. "Black self-concept: An Individual/ Collective Analysis." *International Journal of Intercultural Relations* 9: 1-18.

McKay, Claude. 1995. "If We Must Die." En *The Portable Harlem Renaissance Reader*, ed. David L. Lewis, 290. Nueva York: Penguin Books.

Mead, George Herbert. 1934. *Mind, Self, and Society*. Chicago: Universidad de Chicago.

Mehring, Frank, ed. 2016. *The Mexican Diary. Winold Reiss between Vogue Mexico and Harlem Renaissance*. Trier: WVT, Tempe: Bilingual Press.

Mouzelis, Nicos. 2010. "Self and Self-Other Reflexivity: The Apophatic Dimension." En *European Journal of Social Theory* 13.2: 271-284.

Ogren, Kathy J. 1989a. *The Jazz Revolution: Twenties America & the Meaning of Jazz*. Nueva York: Universidad de Oxford.

———. 1989b. "Controversial Sounds: Jazz Performance as Theme and Language in the Harlem Renaissance." En *The Harlem Renaissance: Reevaluations*, ed. Amritjit Singh, William S. Shiver y Stanley Brodwin, 159-184. Nueva York: Garland.

Powell, Richard J. 2002. *Black Art: A Cultural History*. Londres: Thames & Hudson.

Rampersad, Arnold. 1989. "Langston Hughes and Approaches to Modernism in the Harlem Renaissance." En *The Harlem Renaissance: Reevaluations,* ed. Amritjit Singh, William S. Shiver y Stanley Brodwin, 49-72. Nueva York: Garland.

Raussert, Wilfried. 2017. *Diálogos entre diferentes conceptos de tiempo. El blues, el jazz y la novela afroamericana.* Traducción: María Luisa Arias Moreno. Guadalajara: Universidad de Guadalajara.

Raussert, Wilfried. 2000. *Negotiating Different Temporalities: Blues, Jazz, and Narrativity in African American Culture*. Heidelberg: Winter.

Reid, Marsha. 2018. *1917-2017 Public Space: Culture of Exclusion, Exclusion of Culture.* Middleton: Universidad de Wesleyan. Thesis.

Robertson, Stephen. 2011. "Parades in 1920s Harlem." En *Digital Harlem: Everyday Life 1915-30*. https://digitalharlemblog.wordpress.com/2011/02/01/parades-in-1920s-harlem/.

Spillers, Hortense J. 1996. "'All the Things You Could Be by Now if Sigmund Freud's Wife Was your Mother': Psychoanalysis and Race." *Critical Inquiry* 22.4: 710-734.

Walton, David M. aka Kalonji A. Butholenkosi. 2008. "A Re-Introduction to the New Negro Movement and Pioneers of Modern Black Radical Thought." Unpublished paper.

Whitman, Walt. 2018. "Song of Myself." *The Walt Whitman Archive*. www.whitmanarchive.org/published/LG/1891/poems/27.

Capítulo II
Las vanguardias mexicanas y los flujos interamericanos: la redefinición de la relación entre la práctica artística y el espacio público en las décadas de los años veinte y treinta

> Si la apariencia del mural toma su forma como un elemento del espacio público, y no solo como una representación de éste, entonces la cuestión de la apariencia del mural concierne la relación entre la imagen de éste y otras formas de discurso público. Más que ser una preocupación estrictamente estética, la apariencia del mural se convierte de esta manera en algo más amplio y cultural. (Campbell 2003, 177)

> La imaginería pública plantea preguntas políticas así como introspectivas. Puede tratarse de una confrontación.... Si el arte es parte de la expresión de un sistema de valores, entonces poner en tela juicio los valores dominantes de una sociedad o cultura es un tema legítimo para el arte. (Miles 1989, 10-11)

Inicialmente, el objetivo de la Revolución mexicana a principios del siglo XX fue simplemente derrocar la dictadura de Díaz. Sin embargo, esa sencilla misión ocasionó amplias revueltas económicas y sociales que anunciaron avances importantes en la experiencia mexicana del siglo XX. Durante la lucha, el pueblo mexicano desarrolló un sentido de identidad, nacionalidad y propósito, que, sin duda, no tiene parangón con ninguna otra república del Caribe y Latinoamérica. Para 1940, se habían establecido muchas reformas en los campos sociales, culturales y económicos, y los objetivos de la revolución se institucionalizaron como directrices para el desarrollo mexicano y las políticas futuras. La prolongada lucha de la Revolución mexicana, que para algunos historiadores duró casi tres décadas, ocasionó conflictos, crisis y cambios en muchos ámbitos de la sociedad mexicana (Monsiváis 2010, 57, 213-215).

En contraste con este contexto tumultuoso, la práctica artística pública en la forma del muralismo creó nuevas visiones comunitarias, reveló nuevas narrativas culturales e históricas y redefinió la modernidad a través del prisma de una identidad mexicana cósmica (Vasconcelos 1950) y multi-étnica (Azuela 2005, s.n.; Monsiváis 2010, 62, 95). En las décadas de los años veinte y treinta, la Ciudad de México se convirtió en el centro para que los artistas locales, nacionales e internacionales tomaran parte en la diversidad cultural y étnica de México; se unieran a la lucha por la renovación social, cultural y política; y promovieran el papel del arte como formador de lo social.

El primer movimiento artístico de México que reconoció que era vanguardista, el estridentismo, dio un salto de fe en 1921. En los últimos días de diciembre, Manuel Maples Arce, joven estudiante de derecho y poeta, durante las noches pegó su provocador manifiesto por todos los muros de la Ciudad de México. Con negritas y títulos al estilo del que se usa en los periódicos, mezcló sus ideas artístico-políticas con diversos anuncios de entretenimiento, deportivos y comerciales (Flores 2013, 1, 17). Subtitulado como una "hoja vanguardista," su manifiesto fue un llamado radical a la innovación artística y social. Con encarnizados ataques contra el círculo literario y la burguesía cultural, Maples Arce lanzó su concepto de un arte del aquí y ahora como base para repensar lo artístico, cultural y social en el México posrevolucionario. De manera similar, en julio de 1928, ¡30- 30!, un grupo de pintores y artistas radicales que incluía a Díaz de León, Fernández Ledesma, Alva de Canal, Leal y al crítico de arte cubano Martí Casanovas, hizo visible su fuerte presencia en manifiestos elaborados con vivos colores pegados en espacios públicos alrededor de la capital mexicana (82-83).

Las declaraciones de las tesis de sus manifiestos, que intencionalmente eran agresivas y ofensivas, atacaban la cultura oficial y exigían un verdadero arte público. Sus críticas no dejaron de caricaturizar a los que probablemente sean los muralistas más influyentes que surgieron del modernismo mexicano: Diego Rivera, David Alfaro Siqueiros y José Clemente Orozco. No obstante, su blanco principal fue la Academia de San Carlos, la primera de su clase en el continente americano, acusándola de abusar de los fondos públicos y derrocharlos. Ya en el verano de 1911, los estudiantes de la Academia de San Carlos habían circulado manifiestos en las calles y plazas de la capital mexicana para exigir nuevos planteamientos en relación con el arte en la sociedad y la educación. Con el inicio de la Revolución mexicana, muchos de ellos sentían que era tiempo de reconectar el arte con la vida pública. El 24 de julio de 1911 estos estudiantes se congregaron en parques y plazas, y montaron una violenta huelga que duró más de nueve meses. Crearon su "Academia libre" independiente e idearon un nuevo estilo de pintura en público: "pintura al aire libre" (Flores 2013, 53). Sus acciones artísticas y sociales ocasionaron cambios en la dirección y liderazgo de la Academia, y el arte regresó a un público más numeroso en las llamadas escuelas al aire libre.

El tercer manifiesto de ¡30- 30! anunciaba: "Estamos convencidos de que el arte es una ocupación de utilidad social, puesto a servicio de las multitudes, y un elemento de progreso desde el momento en que crea un equilibrio entre las aspiraciones de belleza y las necesidades del colectivo" (Lowe 1995, 36). El Secretario José Vasconcelos, el artífice de la política educativa del Estado revolucionario, ayudó a realizar la visión del grupo al promover la creación del arte monumental y didáctico para forjar un imaginario nacional mexicano. Desde 1921 hasta 1924 encargó a una variedad de artistas que pintaran murales sobre las paredes de edificios públicos de la Ciudad de México (Vasconcelos 1950, 23-24).

Vasconcelos otorgó a los muralistas autonomía artística y solo les pidió que crearan un sentido de identidad nacional mediante su arte. El estridentismo, el movimiento ¡30- 30!, las escuelas al aire libre y, con su alcance que duró mucho tiempo, el movimiento muralista encargado por la Secretaría de Educación Pública (SEP) mostraron que el espacio público fue redefinido por numerosos actores en el México posrevolucionario. El espacio público se reinterpretó como un escenario didáctico y educativo, un escenario para idear una nueva expresión artística en unión con el cambio social, y para repensar lo social mediante prácticas culturales y artísticas. Los movimientos vanguardistas en México de ninguna manera fueron unilaterales. El mero proceso de crear murales fue conflictivo. Los artistas y grupos rivales usaron la pintura pública para manifestar preocupaciones artísticas, disidencia y desacuerdos entre ellos, a veces con los compañeros que pintaban el mismo mural (Flores 2013, 75-79). Los murales fueron creados por algunos y destruidos por otros en una batalla cultural y social por la visión cultural apropiada de nacionalidad e historia. Hubo debates acalorados incluso sobre dónde se debían instalar los murales.

David Alfaro Siqueiros pensaba que las instituciones educativas y gubernamentales seleccionadas por la SEP para la instalación de los murales todavía estaban demasiado apartadas de las calles y la gente. En cambio, Siqueiros favorecía los mercados, las plazas y las esquinas de calles muy frecuentadas como sitios públicos para las obras artísticas y su exhibición. Argumentaba que el movimiento muralista cometió un error fatal al colocar las imágenes revolucionarias en edificios públicos y patios donde no pasaban nunca masas de gente (Siquieros 2012, 36; cf. Trueba, Villaurutia, Comisarenco Mirkin y Neruda 2015, 85).

Diego Rivera, por otra parte, se sentía a gusto creando sus murales en sitios públicos y cerca de centros de educación y poder político. A pesar de las diferencias y tensiones entre los muralistas, todos tenían algo en común: creían que así como el arte ayudaba a dar forma al espacio público, así también podía contribuir a dar forma a la cultura y la sociedad. La Ciudad de México posrevolucionaria fue un laboratorio atractivo para explorar los intensos vínculos entre la práctica artística y la política, y quizás sea todavía el centro no reconocido en el continente americano para el arte público modernista en las primeras décadas del siglo XX.

Artistas internacionales que entraron a raudales a México, como los fotógrafos Tina Modotti y Edward Steichen, reconocieron en la cultura mexicana un enorme potencial para la expresión artística vibrante y una modernidad diferente. La fotografía de Modotti del Zócalo de la Ciudad de México, uno de los espacios públicos más frecuentados en el continente americano, retrata el espacio público como zona de contacto. Revela la cercanía de Modotti con el espíritu artístico de la época, que entendía la práctica artística en el espacio público como esencial para reimaginar las relaciones sociales, étnicas y culturales en el México posrevolucionario.

La fotografía de Modotti traduce la población multiétnica de la cultura mexicana en una escena de vida urbana y movilidad modernas.

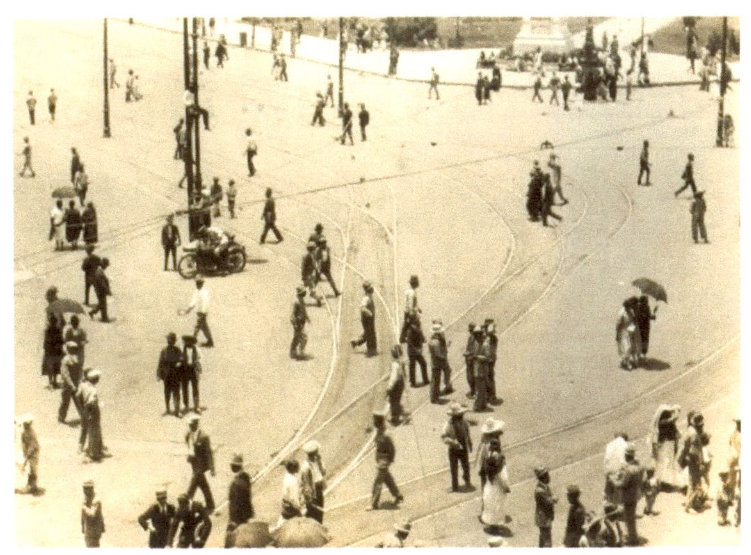

Tina Modotti, *Zócalo* (derechos reservados)

Como escribe Tatiana Flores, “La Ciudad de México en las décadas de los años veinte y treinta ofrecía un panorama complejo y estimulante, ya que sus artistas experimentaban con una variedad de propuestas sobre lo que debería ser la dirección futura del arte” (2013, 305). Para muchos artistas mexicanos e internacionales de la época, la unificación de la visión social y artística era de suma importancia. El movimiento muralista se convirtió en el primer movimiento modernista en el continente americano, en el que pinturas monumentales sobre muros públicos reflejaban la identidad, la historia, la memoria y el ideal de una nación en busca de un nuevo comienzo después de la Revolución mexicana (Raussert 2017). Más allá de sus elementos de innovación estilística y temática para la construcción nacional de un imaginario, promovió fuertes debates sobre cuál era su público, qué espacios públicos eran verdaderamente públicos, quién definía el espacio público y quién sustentaba el ámbito público y, por último, quién cerraba y quién podía transgredir los límites del espacio público. Mientras el programa encargado oficialmente por la SEP promovía una estética política de imaginar la nación, muchos de los artistas que participaron desarrollaron su propia visión individual del arte y de la sociedad, y desafiaron de esta manera el control espacial y la jerarquía del nuevo orden social. Con el muralismo se puso en marcha un nuevo impulso vanguardista en las artes con el fin de reinventar lo social mediante imágenes expuestas en público para una concurrencia numeros. En el contexto de la cultura mexicana, tradicionalmente rica en arte visual y semiótica, la narrativa imaginista del movimiento muralista proporcionó expresiones llamativas de cambio social y visión utópica, y allanó el camino para el arte en los muros públicos y en sitios públicos en todo el continente americano en las décadas posteriores.

Desde el sur al norte: las influencias muralistas mexicanas en Estados Unidos y los diálogos interamericanos

Muchos encargos llevaron a los muralistas mexicanos a Estados Unidos. Diego Rivera recibió su primera invitación para trabajar en Estados Unidos desde 1927. Sus dos murales encargados fueron para la Escuela de Bellas Artes de California (que más tarde cambió su nombre a Instituto de Arte de San Francisco) y para la Bolsa de Valores de la Costa del Pacífico. El interés creciente en Estados Unidos en la expresión artística mexicana trajo consigo más encargos, y Rivera se convirtió en una figura célebre y controvertida en dicho país debido a sus dotes artísticas, su desempeño como estadista público y su política izquierdista. Su éxito también sirvió como estímulo para que otros artistas mexicanos recibieran invitaciones para trabajar en Estados Unidos y diseñar proyectos artísticos públicos. José Clemente Orozco creó murales de gran tamaño en varias instituciones públicas como la *New School for Social Research* [Nueva Escuela para la investigación Social] en la ciudad de Nueva York, el Colegio Dartmouth y el Colegio Pomona. Mientras que David Alfaro Siqueiros trabajó de manera predominante en Los Ángeles y la ciudad de Nueva York, muchos más pintores mexicanos produjeron su arte público en ciudades de todo Estados Unidos. Muralistas como Alfredo Ramos Martínez y Jean Charlot trabajaron e impartieron clases en escuelas de Estados Unidos, y difundieron la idea de que la práctica artística pública era tanto una herramienta artística como una herramienta social importante (Cándida Smith 2017, 74-76). El arte muralista se reveló en el continente americano mediante múltiples transferencias.

Entre los artistas y muralistas basados en Estados Unidos que llegaron a México hubo muchas mujeres. Las hermanas Marion y Grace Greenwood de Nueva York adoptaron un papel pionero al aprender técnicas muralistas en México y llevar visiones muralistas femeninas a la cultura mexicana. Se les encargó que produjeran murales en Taxco, Guerrero y Morelia, entre otros lugares. En la década de los años treinta también trabajaron en Estados Unidos patrocinadas por el Proyecto de Obras de Arte Públicas [Public Works of Art Project] (PWAP, por sus siglas en inglés) en 1933 y 1934, y colaboraron en el contexto del Proyecto de Arte Federal [Federal Art Project] (FAP, por sus siglas en inglés) en 1935 como parte del programa *New Deal*. Hubo colaboraciones e intercambios entre ellas y artistas basados en México durante esa época. En diálogo con Pablo O'Higgins y Rámon Alva Guadarrama, las hermanas Greenwood adquirieron su estilo artístico, el cual estaba inspirado también en las obras de Rivera y Siqueiros (Mirkin 2017, 34, 35, 46). A otra artista de la ciudad de Nueva York, Ryah Ludins, Gustavo Corona Figueroa, Rector de la Universidad Michoacana de San Nicolás de Hidalgo le encargó que creara una serie de murales en 1932 y 1934 (50-51). Ione Robinson, muralista de Portland, realizó varias estancias en México mediante una beca Guggenheim y trabajó como asistente de Diego Rivera en 1929 (31).

Numerosas colaboraciones artísticas en el sur y el norte de la frontera entre México y Estados Unidos fomentaron que se crearan estrechas redes interamericanas. José Clemente Orozco y Thomas Hart Benton trabajaron juntos en la década de los años treinta en la creación de murales en la Liga de Arquitectura y también en la *New School for Social Research* en Nueva York. Al mismo tiempo, el muralismo afroamericano adoptó el papel de reinventar desde la perspectiva histórica y la visión artística negras. La Serie de Torres de Aaron Douglas sigue siendo una de las redefiniciones más completas de la negritud, la historia y la comunidad negras en la Norteamérica de la década de los años treinta. Asimismo, hubo un intercambio directo entre el muralismo mexicano y el afroamericano. Esto se muestra en los murales del artista afroamericano Hale Woodruff para el Colegio Talladega en Alabama, realizado de 1938 a 1939, el cual marcó el centenario del motín de los esclavos mendé en el barco español *Amistad.* Woodruff los pintó en un estilo figurativo y monumental bastante expresivo logrando traducir sus experiencias de trabajar con Diego Rivera en México dos años antes en una vívida narrativa visual de un momento revolucionario en la historia negra. Al igual que muchos murales encargados por Vasconcelos y la SEP en la Ciudad de México, estos murales en el Colegio Talladega tenían un fin didáctico y educativo, y fueron diseñados para instruir a los estudiantes negros sobre la lucha por la liberación que emprendieron sus ancestros.

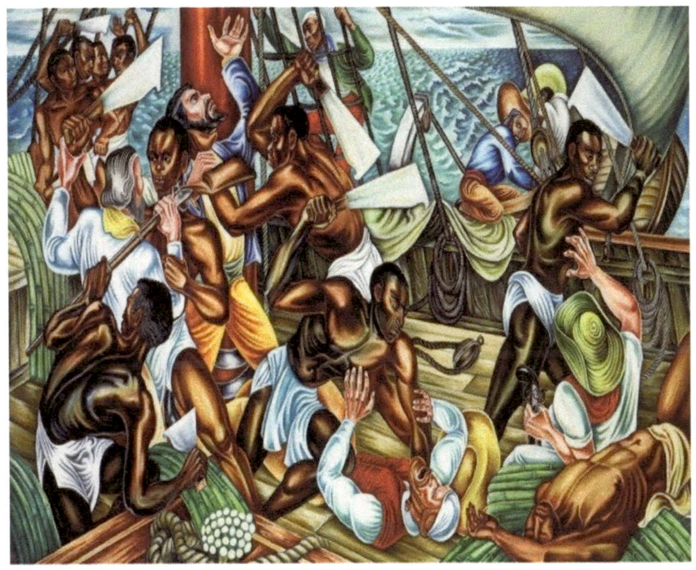

Hale Woodruff, *Mutiny on the Amistad* [Motín en el Amistad] (1939).
Colegio Talladega, Alabama (© Patrimonio de Hale Woodruff/VAGA, NY).

Durante toda la década de los años treinta, la muralista Ethel Maxine Albro llevó a cabo muchos encargos del Proyecto de Arte Federal en Estados Unidos, incluidos los murales en la Torre Coit y un mosaico en la Universidad Estatal de San Francisco. Muchas otras muralistas talentosas, pero que fueron dejadas de lado por los críticos, como Helen Fornes y Dorothy Puccinelli, participaron en esos proyectos. A lo largo de su vida, Albro regresaría a México numerosas veces. Ahí Albro se convirtió en asistente de Rivera y estudió con Pablo O'Higgins, con quien también pintó frescos. La obra de Rivera se convirtió en una inspiración estética y política importante para muchos más proyectos muralistas en Estados Unidos en la década de los años treinta, en particular los murales de la Torre Coit. Mediante el abordaje de las condiciones de vida de la clase trabajadora, los paneles de la Torre Coit representaron el momento más sorprendente de activismo y cohesión de los artistas izquierdistas en Estados Unidos. Este proyecto constituyó el proyecto federal colectivo más grande en dicho país. Herbert Fleishhacker, oriundo de San Francisco que fue fundamental para la construcción de la Torre Coit, determinó los vínculos de la Torre con el Proyecto de Obras de Arte Públicas (PWAP). Víctor Arnautoff y Bernard Zakheim, dos de los artistas izquierdistas a los que se encargó este proyecto, vieron en él la oportunidad de expresar sus creencias políticas.

El movimiento muralista mexicano, sin duda, despertó una conciencia modernista nueva y diferente en la intersección del arte con la política, lo que recibió una amplia atención en todo Sudamérica y Norteamérica (O'Connor 1986, 241). Los murales en los correos que surgieron en todo Estados Unidos durante la Gran Depresión, que se diseñaron para enaltecer a la nación estadounidense mediante imaginarios visuales de comunidad nacional, fueron otro ejemplo importante de los flujos culturales que iban del sur al norte (Raussert 2003, 61-62).La influencia de artistas mexicanos, como Rivera, Siqueiros y Orozco, era inconfundible en estos murales. Impulsados en gran medida durante la Gran Depresión por los ambiciosos programas del New Deal del Presidente Franklin Roosevelt, los artistas tomaron parte en competencias para crear estos murales en oficinas de correo y otras propiedades gubernamentales. Les pagaban con sueldos provenientes del sector público o del privado para que pintaran murales para museos, hospitales, preparatorias, proyectos inmobiliarios, universidades, salas de música, e incluso barcos y clubes nocturnos estadounidenses. Si bien estos murales estaban políticamente motivados, al igual que sus modelos mexicanos, y celebraban la heterogeneidad de la sociedad estadounidense, tendían a evitar representar duras realidades sociales, como el desempleo y la indigencia.

Con los muralistas mexicanos la ideología socialista y comunista también viajó a Estados Unidos. A principios de la década de los años treinta, Rivera creó *La industria de Detroit u hombre máquina* en dicha ciudad y, durante ese tiempo, también se le encargó que decorara el muro principal del edificio de la RCA en el Rockefeller Center de Manhattan. Las referencias explícitas de Rivera al socialismo marxista y la inclusión del rostro de Lenin en el mural indignaron al grupo de Todd que dirigió la construcción de dicho centro, lo que causó uno de los escándalos más famosos de la historia del arte. Si bien se retiró la obra de Rivera *Hombre en la encrucijada mirando con esperanza y altura el advenimiento de un nuevo y mejor futuro*, el Museo de Arte Moderno de Nueva York todavía conserva un diseño general de ésta. Contra todo pronóstico, Rivera decidió permanecer en Nueva York y usar el pago que le había dado Rockefeller para pintar murales de manera gratuita en los centros de militantes comunistas de la ciudad (Pliego Quijano 2013; García Sánchez 2004, 71).

Como muestra el caso de Rivera, flujos estéticos y políticos chocaron en la difusión del arte muralista del sur al norte. En repetidas ocasiones se destruyeron o retiraron murales tanto por razones estéticas como políticas. David Alfaro Siqueiros llegó a Los Ángeles después de su expulsión de México en 1932 por su militancia política radical; durante su estancia impartió clases sobre pintura al fresco y terminó varios murales. El mural más importante de Siqueiros en Los Ángeles fue *La América Tropical*. Este mural, que representaba una declaración política radical, fue pintado a lo largo del exterior del segundo piso del Italian Hall de la calle Olvera, donde estaba ubicado el Plaza Art Center. El foco visual y simbólico central de la obra contenía un sujeto indígena que representaba la opresión por parte del imperialismo estadounidense; el hombre está crucificado en una cruz doble con un águila estadounidense encima.

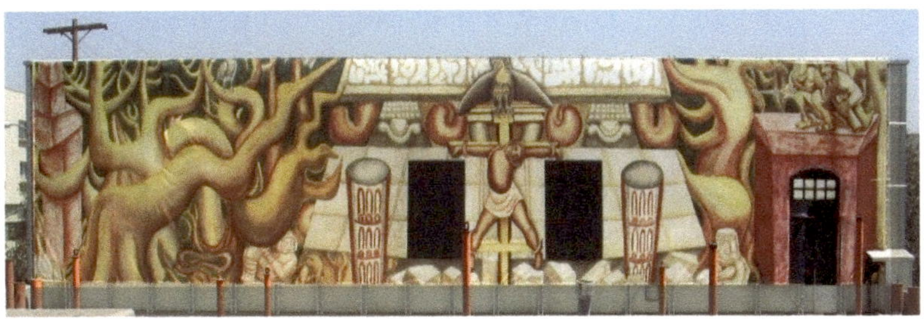

Siqueiros, *La América Tropical,* Los Ángeles, recuperado en 2012.

En el fondo del decorado, a una pirámide maya la invade la vegetación, en tanto que un campesino peruano y un granjero mexicano armados están sentados sobre una pared, dispuestos a defenderse. El mural de Siqueiros se convirtió en la personificación del arte muralista al representar la división desigual del poder en el continente americano. Al llevar a cabo esta obra, junto con sus otros murales en Los Ángeles, Siqueiros usó equipo mecánico, como el aerógrafo, por primera vez. *La América Tropical* (1932) también fue significativa para el desarrollo artístico de Siqueiros y para el desarrollo del muralismo en espacios públicos. Lo que es más importante es que fue el primer mural a gran escala en Estados Unidos que creó un espacio público al ser pintado sobre una pared exterior ordinaria. La comunidad de Los Ángeles respondió con entusiasmo al mural. Una enorme multitud asistió a su inauguración y *La América Tropical* obtuvo la aprobación de los críticos tanto en Estados Unidos como en México como una de las obras más importantes que haya producido el movimiento muralista mexicano (Candida Smith 2017, 82-83). Se retomó la práctica radical de Siqueiros durante los disturbios políticos y sociales de la Guerra de Vietnam y el Movimiento por los Derechos Civiles de los Chicanos. *La América Tropical* adquirió su importancia más trascendental al convertirse en la predecesora y el prototipo de los murales de los activistas chicanos en la década de los años sesenta.

La forma en que viajó el arte muralista en el periodo modernista fue multidireccional. Siqueiros fue la principal inspiración para la expansión muralista y la colaboración entre los muralistas dentro de Latinoamérica. Mediante la realización de numerosos talleres y colaboraciones, Siqueiros difundió el muralismo mexicano y promovió la función política del arte público en toda Latinoamérica. Siqueiros estaba convencido de que el arte debe ser público, ideológico y educativo. Sus murales contenían imágenes de la Revolución mexicana: sus objetivos, su pasado y la opresión actual de las clases trabajadoras. Asimismo, expresaban la historia de la lucha humana por vencer al gobierno autoritario y capitalista. Al igual que en la obra de Rivera, la gente común participaba idealmente en esta lucha. Sus murales representaban historias de héroes revolucionarios que, por estar basados vagamente en la historia y mitología mexicanas, podían transferirse con facilidad a contextos culturales y políticos diferentes, como ocurrió durante los movimientos muralistas chilenos y nicaragüenses.

En 1943 Siqueiros viajó a Perú, Ecuador, Colombia, Panamá y Cuba. Dio conferencias en las que defendió la pintura mural, y promovió sus organizaciones Arte contra el Fascismo y el Arte Americano al Servicio de la Victoria de la Democracia. En Chile, Siqueiros estableció fecundas colaboraciones con artistas chilenos, como Camilo Mori, Gregorio de la Fuente, así como con Fernando Marcos en la Escuela México de Chillán. La presencia e influencia de Siqueiros ayudaron a transformar la escena artística de Chile en un centro para la pintura propagandista radical. Aún más que el Renacimiento mexicano, el muralismo chileno adoptó un espíritu colaborador que promulgó su ideología comunitaria y presentó su programa artístico-político.

El movimiento muralista mexicano fue fundamental para la difusión de la pintura en muros públicos en las primeras décadas del siglo XX. Al revivir e innovar el arte de la pintura al fresco, los muralistas mexicanos crearon el principal modelo para que la pintura mural regresara con una gran aceptación. Los modelos mexicanos figuraron de manera prominente en la labor cultural para crear nuevos imaginarios visuales de historias y culturas en Sudamérica y Norteamérica en las décadas de los años treinta y cuarenta. Asimismo, tuvieron una influencia formativa en relación con el arte público en generaciones posteriores en lo que concierne a su énfasis en la práctica y los valores culturales indígenas americanos. Idearon temas socialmente conscientes y los proyectaron a gran escala en lugares públicos. Su arte estaba diseñado para una máxima exposición e interacción. Lograron provocar el debate público sobre cuestiones sociales y políticas no solo en México, sino en Estados Unidos y Latinoamérica. En retrospectiva, el muralismo mexicano y su extensión al norte y al sur de México llegó a representar "la función social y política del arte" para la escena artística americana en la década de los años treinta (Harris 1995, 35).

El muralismo como práctica artística pública

Las siguientes explicaciones se centran con más detalle en el muralismo, enfocándose en la intersección de la práctica pictórica y el espacio público en el ejemplo del muralismo mexicano. La importancia del muralismo como un medio artístico para repensar los ámbitos públicos reside en que el muralismo es una forma artística monumental y primordialmente bidimensional diseñada para paredes enormes y para tener gran visibilidad. Etimológicamente la palabra "mural" se remonta al latín *murus*, que significa muro. En español, "mural" tiene una dimensión relacional extra, pues la palabra define que pertenece o se relaciona con un muro. Con frecuencia los murales se crean de tal forma que éstos y la pared se vuelven inseparables. Algunos murales incluyen una tercera dimensión al integrar esculturas y otros medios, mientras que otros hacen hincapié en el acto performativo de crear un mural al retirarlo de la pared. Una proximidad estrecha entre los murales y los sitios públicos acompaña su presencia en la historia del arte. Por ello, los murales ocupan un lugar prominente en el ámbito del arte público comunitario. Algunos expresan una expresión artística individual, otros se llevan a cargo por encargo y los censuran los gobiernos e instituciones, algunos emiten un comentario social y mensajes políticos, y algunos promueven la cultura de consumo (Raussert 2020, entry 37).

El muralismo en el continente americano del siglo XX fue el resultado de intercambios artísticos intensos de arte público entre el sur y el norte. Si bien el diálogo y los flujos transversales caracterizaron en gran medida el desarrollo del arte muralista en el continente americano, se puede decir con seguridad que Latinoamérica, y México en particular, llevó la iniciativa en el establecimiento del muralismo como un arte público vital en el continente americano. Puesto que el muralismo se ha desarrollado principalmente mediante la colaboración artística, como en los ejemplos anteriores, es también justo afirmar que el muralismo contiene fuertes elementos interamericanos mediante el contacto y los patrones de influencia entre diversos artistas de diferentes regiones del continente americano. El muralismo mexicano surgió como respuesta a los cambios sociales y a las reformas de la Revolución Mexicana. Se consideró a México como "un centro para la interdiscursividad que permitió la integración de cuestiones estéticas, ideológicas, sociales y nacionales al muralismo como una plataforma en todo el continente americano, lo que pudo generar conflicto y tensión social" (Raussert 2020, entry 37). Con los viajes de figuras clave como Rivera y Siqueiros, los flujos artísticos de sur a norte y de sur a sur con frecuencia iban aparejados con la movilidad y la colaboración entre artistas, quienes demostraron el poder del muralismo para conectar el arte con el espacio público y trajeron a primer plano la función artística, comunitaria, comercial, social, política y la pública más grande del arte en el continente americano.

Temporalidades desiguales dentro de marcos más grandes de transferencia del sur al norte y del sur al sur caracterizaron la expansión del muralismo como una práctica artística social y estética en todo el continente americano. El surgimiento del muralismo mexicano en el contexto de la Revolución mexicana y después de la revolución reveló las dimensiones didácticas, educativas y políticas del muralismo, aunque se debe reconocer la rica diversidad de los temas del muralismo más allá de intereses comunitarios y políticos inmediatos.

El alcance político y cultural del muralismo mexicano se aprovechó de una larga historia de prácticas artísticas públicas en diversas culturas del continente americano. El muralismo en dicho continente se puede rastrear hasta diversos pueblos indígenas de América: la cultura chumash en la región sur de California, por ejemplo. Los chumash continuaron con sus pinturas y grabados en piedra hasta las primeras décadas del siglo XIX. Sus obras, que todavía se pueden ver en la Piedra Pintada y en el Parque Histórico Estatal de la Cueva Pintada en Santa Bárbara, se caracterizan por tener diseños geométricos y figuras humanas y de animales. Van desde la representación monocromática hasta la multicolor (McDonald 2013, 25). El arte mural en Teotihuacán, Cacaxtla y algunas de las ciudades mayas ha tenido mucha influencia en el muralismo a escala global. Las pinturas murales prehispánicas presentes en diferentes regiones de Latinoamérica no influyeron de manera directa en la forma, el contenido o las técnicas del muralismo mexicano en sus primeras décadas. Más bien, los vínculos con mundos prehispánicos en el muralismo mexicano modernista se establecieron principalmente mediante representaciones alegóricas que evocaban una cierta era y cultura precolombinas. Estos vínculos se establecieron mediante la legitimación a través del pasado o la afirmación de uno mismo.

El muralismo modernista en México: ejemplos y análisis

En un nivel técnico, los primeros murales se elaboraron con el procedimiento de la encáustica; fue Jean Charlot quien enseñó a los muralistas en la Ciudad de México la técnica al fresco empleando modelos renacentistas. En la SEP se realizó un intento por usar zumo de calabaza, bajo el supuesto que era una técnica prehispánica. Sin embargo, el experimento falló. No obstante, sel movimiento muralista en la década de los años veinte, que empezaron figuras como Jean Charlot, Diego Rivera, José Clemente Orozco y David Alfaro Sequeiros, tomó pleno apogeo y marcó los inicios modernistas del arte mural en el continente americano. Estos murales, que encargó y promovió el gobierno mexicano para sus mensajes nacionalistas, políticos y sociales, todavía se exhiben dentro y fuera de edificios públicos en la Ciudad de México (Schacter 2013, 98).

La suposición de Benedict Anderson de que los medios impresos, tales como el periódico y la novela, han ayudado a dar forma a las ideas de nación y cultura nacional tiene todavía amplia aceptación. Sin embargo, si bien los medios impresos desempeñaron sin duda un paper decisivo en la recreación de la identidad nacional después de la Revolución mexicana, el caso mexicano ilustra que otros medios de comunicación han cobrado importancia. La fotografía, el cine, y –probablemente incluso más influyente en una escala interamericana– el muralismo mexicano ocuparon un lugar central en la década de los años veinte. En particular, los murales de Rivera de su primera fase madura en la SEP y sus murales en la Ciudad de México que narraban alegóricamente la historia mexicana muestran el poder que tienen las imágenes en una cultura cada vez más visual en el siglo XX.

Asimismo, los murales indicaron una institucionalización eficaz del arte en público como comentario social y político. Mientras que los críticos de arte europeos y estadounidenses de esa época hicieron caso omiso de los logros artísticos y culturales del muralismo mexicano, la crítica de arte y cultural en décadas recientes ha reconocido el estatus vanguardista del arte mural de pintores como Rivera y Charlot (Flores 2013, 32-45). Críticos como Luis Cardoza y Aragón han hecho hincapié en que el muralismo mexicano ocupa un estatus en la historia del arte similar al del jazz en la historia de la música, en cuanto marca una contribución innovadora y original hecha por artistas del continente americano al desarrollo del arte moderno (Cardoza y Aragón 1986, 185).

Los murales creados en la SEP y Palacio Nacional en la Ciudad de México en la década de los años veinte mostraron que el arte mural podía proporcionar una historiografía alternativa en términos tanto de la forma como del contenido. Como arte callejero a gran escala, eran indicadores sismográficos de lo que estaba pasando artística, social y políticamente (Stahl 2008, 8). Rivera, Charlot y otros muralistas mexicanos rodearon a la gente con su propia cultura e historia en un intento por crear una imagen integral de una nación mexicana heterogénea y una historia que incluía las épocas prehispánica, colonial y moderna.

No es sorprendente que los críticos occidentales, como Clement Greenberg, hayan tenido dificultades en lo que se refiere a incluir a los muralistas mexicanos en el canon de la estética modernista y vanguardista del siglo XX (Rochfort 1993, 7). Rivera favoreció lo figurativo sobre lo abstracto, lo panorámico sobre lo puramente experimental y lo comunitario sobre lo individual. Sobre todo, creó un imaginario de una modernidad "indigenizada" en muchos de los murales que pintó en la SEP, imaginería que en la década de los años veinte no encajaba en el esquema de la historia progresiva del arte moderno. Los murales de la SEP de Rivera expresaron la visión de un nuevo México posrevolucionario que se movía entre aspectos utópicos relacionados y, sin embargo, diferentes en el continente americano.

Si bien en los murales de la SEP Rivera se dedicó primordialmente a una visión nacional, su afán de encontrar formas para crear una modernidad "mexicanizada" que incluyera a las culturas indígenas y negras del continente americano del continente americano allanó el camino para sus visiones panamericanas, las cuales consiguieron superar la división norte-sur del continente en sus murales posteriores. La inclinación de Rivera por visiones utópicas lo dejó cautivado de manera simultánea por el sueño de un capitalismo en ciernes que producía en serie y por la pretensión del capitalismo a la posibilidad de alcanzar una nueva sociedad revolucionaria (Rochfort 1993, 123). Los murales de la SEP de artistas como Rivera y Charlot adoptaron temas con conciencia social. Además, sus obras abogaron por la cultura local "mediante referencias a las tradiciones precolombinas y populares" (Flores 2013, 121). Los murales de Rivera, Charlot, Orozco y Siqueiros denunciaron la opresión social al mismo tiempo que exponían la hegemonía de la cultura europea. De manera repetida abordaron la situación neocolonial en la que se encontraba México debido a las presiones del imperialismo capitalista del norte (121).

El eclecticismo de Rivera y la creación de una nueva unidad espacio-temporal también significaron la redefinición del espacio y el ámbito públicos, lo que se demuestra ya en *Mecanización del Campo* y otro murales de principios de la década de los años veinte. En sus collages muralistas, este pintor yuxtapuso y fusionó diversas civilizaciones y culturas de México (y del continente americano en general). Con el fin de inscribir el pasado prehispánico y el subalterno indígena moderno en el discurso nacional de modernidad, Rivera recurrió al montaje y al collage para expresar la simultaneidad y la multiplicidad en su visión de la historia. Al abogar por los trabajadores y campesinos, convirtió al hombre y mujeres comunes en los protagonistas de la pintura modernista al fresco en el continente americano.

El indigenismo y la mexicanidad: los murales y la visión de una nueva nación en las paredes públicas

Las obras de arte mural de Diego Rivera en el contexto de la política cultural y educativa de la SEP significaron una redefinición de la práctica artística en su relación con el espacio público. Su muralismo abarcó tanto la innovación temática individualista como el atractivo popular. Al mismo tiempo, su práctica artística señaló una redefinición de las paredes públicas como una matriz para una historiografía definida individualmente con una visión social incluyente. Sin duda, la visión artística de Rivera también estaba incluida en los intercambios intelectuales con José Vasconcelos y Manuel Gamio. Según la visión de Vasconcelos, el proyecto más grande de la SEP consistió en inculcar en toda la población mexicana la idea de una nación unificada. El antropólogo Gamio proporcionó con *Forjando patria* un texto fundamental para la construcción de las naciones latinoamericanas. Brindó varias explicaciones de por qué no había un sentimiento nacional en México, en las que señaló su vasto territorio, su división de clases, y las diferencias raciales y culturales. Como remedio potencial recomendaba una expresión artística nacional que reflejara la mente, el cuerpo y el alma del pueblo (Gamio 1992, 7).

Para Rivera, las paredes públicas proporcionaron el espacio ideal para exponer nuevas narrativas nacionales. En particular, las primeras obras de Rivera crearon imágenes cuyo fin era fomentar un claro imaginario nacional. En suma, inscribieron la historia y la cultura mexicana en el discurso de la modernidad y sugirieron una visión alternativa de ésta: una visión arraigada estética y políticamente en la concepción de este artista de una identidad indígena mexicana. Si bien se le encargó que sus murales adornaran de manera temática y estética sitios públicos institucionales, su contenido y narrativa con frecuencia siguieron sus interpretaciones muy subjetivas del pasado y futuro de México, y de la conectividad panamericana más allá del sentimiento nacionalista.

Los murales de Rivera en la Secretaría de Educación Pública: paredes públicas y una visión incluyente de nación

La primera oportunidad que tuvo Diego Rivera de elaborar un programa mural importante llegó en 1923. Con el consentimiento de José Vasconcelos, a Rivera le dieron las paredes de dos grandes patios de la SEP en la Ciudad de México. De entre los muchos artistas y pintores que estaban trabajando en la Escuela Nacional Preparatoria, a Jean Charlot, Amado de la Cueva, Xavier Guerrero y al mismo Rivera les asignó la Secretaría que hicieran murales en los corredores de la nueva sede de la SEP. Rivera pronto tomó las riendas y para el verano de 1924 tomó posesión de casi todo el espacio mural disponible, con la aprobación del nuevo Secretario que estaba a cargo, Puig Casaurac. El acceso y el control sobre el espacio mural público, como en el ejemplo de Rivera, fue un paso esencial para difundir visiones estéticas y sociales desde una posición privilegiada. Sin duda, estos sitios públicos todavía estaban planeados por la autoridad institucional y con su protección y, como criticó Siqueiros, todavía demasiado lejos de las masas para tener un verdadero aporte que transgrediera las clases (Siqueiros 2012, 36). No obstante, la actitud liberal de Vasconcelos hacia la expresión artística permitió a Rivera y a los otros muralistas que participaban en el proyecto explorar visiones artísticas individuales de identidad e historia nacionales dentro del ámbito público.

Diseñada por el arquitecto Federico Méndez Rivas y construida entre junio de 1921 y julio de 1922, la SEP fue el resultado inmediato de la Revolución mexicana. Diseñada y trazada para que se adaptara a los objetivos y funciones de la Secretaría de Educación reformada, se convirtió en el centro de un nuevo sistema federal de educación que coordinaría los programas educativos de todo el país. Remplazó el sistema previo de control estatal independiente (cf. Downs 1987, 241-242). Este edificio de tres pisos se construyó a lo largo de un eje longitudinal que iba de este a oeste desde la perspectiva del punto de entrada. Los dos patios eran abiertos y estaban expuestos a la luz del día. Para Rivera y los otros, el escenario arquitectónico respaldaba de esta manera una puesta en escena eficaz para la expresión artística sobre paredes al aire libre. Los dos patios estaban separados solo por una intersección en el segundo y tercer niveles del edificio. Temáticamente Rivera decidió dividirlos en el Patio de Trabajo, el patio más pequeño y cuadrado, y el Patio de las Fiestas, la contraparte rectangular más grande (cf. O'Connor 1986, 219). Las decoraciones murales sobre las paredes que rodean el patio más pequeño estaban unificadas por el tema del trabajo en las comunidades mexicanas. Los dieciocho paneles en la planta baja los pintó Rivera con ayuda considerable de Xavier Guerrero. Con la representación de numerosos aspectos del trabajo manual y físico, los temas de estos murales se basaron en la economía agropecuaria, industrial y artesanal de diversas regiones de México (cf. Downs 1987, 243-244). Juntos fueron diseñados para crear una visión panorámica del mundo laboral mexicano.

Es importante observar que los murales de Rivera en la SEP representaron una estética política actual dentro de un programa decorativo arquitectónico y pedagógico. Su serie de murales en la nueva sede de la educación mexicana presentaba una cosmología del México moderno después de la Revolución mexicana. Estéticamente, la obra de Rivera pronto superó la visión original de su patrocinador José Vasconcelos de combinar las tradiciones clásicas con los valores culturales indígenas. El indigenismo en particular fue esencial en la búsqueda de Rivera de una renovación del arte dentro y fuera del continente americano y desde éste. Como afirma Rivera:

> El arte americano, si algún día puede decirse que existe, deberá ser el producto de una fusión entre el maravilloso arte indígena que deriva de las profundidades inmemoriales del tiempo en el centro y el sur del continente. ... y aquél del obrero industrial del norte. (citado en Tibol y Rivera 1979, 27)

El potencial innovador que Rivera veía en la producción artística americana residía precisamente en la intersección de las culturas indígenas de América y la estética modernista.

Los enormes espacios para el arte en público que proporcionaba el diseño arquitectónico permitieron a Rivera expresar un diseño vernáculo modernista mexicano en gran estilo panorámico. Los aspectos innovadores de los murales de Rivera por los menos son dobles. En su práctica artística puso significativamente a la cultura indígena y al "*indio*" al frente de una nueva "*mexicanidad*." Además, creó collages espaciotemporales que representaron culturas e historias en multiplicidad y simultaneidad. Como señala Rochfort, "(e)n el Patio de las Fiestas, en todo espacio disponible en la pared, entre las entradas a las oficinas, incluso en los dinteles, Rivera pintó cientos de figuras, como si estuviera creando un vasto retrato del pueblo mexicano" (1993, 57). Según mi interpretación, el mural de Rivera democratizó el espacio para el pueblo y democratizó las relaciones del pueblo en el espacio. Un ambiente general de celebración impregna las secciones del mural *El festival de la distribución de la tierra*, *El festival del primero de mayo* y *El mercado*. "Los murales emanan un aire de optimismo e idealismo revolucionarios, creando elogios visuales a los logros de la revolución con su nueva atmósfera de liberación política" (59), como nos recuerda Rochfort.

Las composiciones están constituidas por grupos compactos de figuras predominantemente indígenas. Éstas revelan el intento de Rivera de crear lo que el veía como una imagen nacional indígena y auténtica, su escalonamiento de las figuras que hacía eco del "método pictórico de los aztecas y los mayas" antes de la conquista (Rochfort 1993, 59). Los murales en la planta baja en el Patio de las Fiestas expresan una "celebración de la vida y las tradiciones del campesino indígena" (59). "En suma, el programa mural de Rivera en la Secretaría de Educación Pública representa una cosmografía del México moderno que presenta la vida del pueblo mexicano en varias series alegóricas basadas en sus historias, sus luchas por mejorar socialmente, sus logros y sus festivales populares," explica O'Connor, y añade que "Rivera desarrolló un nuevo dialecto visual:

una lengua vernácula artística basada en las realidades y la conciencia popular mexicanas" (1986, 242). De manera similar, observa Susana Pliego Quijano: "Los murales de la posrevolución contribuyeron a generar una imagen colectiva de nación, exaltando la esencia de los mexicanos y plasmándola en edificios públicos importantes para el proyecto de Estado posrevolucionario" (2013, 61).

La observación de esta autora destaca la importancia de los sitios públicos para la creación de nuevos imaginarios nacionales así como la importancia de una alianza entre la política y el arte con el fin de promover estas imágenes de manera eficaz. Lo que demostraron los muralistas, como Rivera, Reyes y Siqueiros, mediante su práctica artística fue que el arte vanguardista en México buscó crear un vínculo estrecho entre la expresión artística y el compromiso comunitario concreto.

Una nueva "mexicanidad" espaciotemporal para el ámbito público

En efecto, sólo en las décadas recientes los críticos han empezado a reconsiderar la obra de Rivera de manera más explícita en el contexto de los estudios vanguardistas (Flores 2013). La forma en que Rivera desafía la estética modernista occidental y la trayectoria de la modernidad occidental sigue siendo un problema fundamental de la reevaluación académica. Rivera buscó tener una doble postura. Como intelectual público autodeclarado, adoptó el papel público de artista comprometido políticamente y se definió a sí mismo también como artista vanguardista. Puesto que nunca las consideró entidades separadas, ambas formas de autoposicionamiento se pueden considerar interdependientes.

El ámbito y el espacio públicos se tornaron igualmente importantes para la misión de Rivera de crear y difundir nuevos imaginarios de inclusión social e histórica. Al colocar con frecuencia el imaginario indígena en el centro de su visión artística de una incipiente nación mexicana, desafió la modernidad occidental con sus conceptos de orientación teleológica y de supremacía racial. Esto lo logró estéticamente mediante la creación de una presencia simultánea de múltiples capas de tiempo en sus ensamblajes muralistas.

El mural *Mecanización del campo* proporciona un ejemplo de la imaginación espaciotemporal de Rivera. Si bien se tiene a la campesina rural en el centro del mural, lo que extiende el pasado indígena al presente, también se tiene la presencia del tiempo mítico ejemplificado por la figura voladora que se encuentra a la izquierda. Además, se ven imágenes de la revolución y sus secuelas en las figuras masculinas que están a la derecha, y la llegada de la tecnología moderna con el tractor oruga que se acerca a la figura del centro. El enorme espacio que ocupa el mural proporciona el fondo en el que coexisten varias épocas históricas. Las capas superpuestas de tiempo crean el imaginario de una historia en la que coexisten el tiempo mitológico y el real (Achtner, Kunz y Walter 1998). El conjunto visual también yuxtapone imágenes de inmovilidad con las de movilidad y cambio. En el mural Rivera fusiona de manera sutil elementos cubistas –expuestos en su paisaje, avión y sección industrial– con representaciones figurativas y folclóricas, éstas últimas ejemplificadas en la figura central femenina.

Probablemente por razones ideológicas, "Rivera prefirió ocultar sus vínculos estéticos con Europa y por mucho tiempo calló toda información relativa a sus experimentos con el cubismo" (Lozano 2004, 21). En sus primeras obras producidas en Europa, Rivera "logró un avance otorgando especial importancia a la carga iconográfica de los objetos representados" (25). Como afirma Lozano, "la mayor cualidad de estos cuadros cubistas de 1914 es el empleo poco convencional del color y del sentido envolvente de la composición, donde personas y objetos adquieren omnipresencia, proyectando su personalidad y sus significados" (25). En *Mecanización del campo* los elementos cubistas sirvieron para crear una narrativa compleja de una modernidad alternativa que surgió estética y políticamente cuando Rivera convirtió las paredes de instituciones públicas en libros de historia visual. Sus experimentos con formas cubistas le permitieron abordar el tiempo y el espacio de manera simultánea, lo que, a su vez, lo ayudó a repensar el espacio público como un sitio para reimaginar visualmente la nación, en una época en la que el México posrevolucionario estaba luchando por establecer una visión nacional coherente.

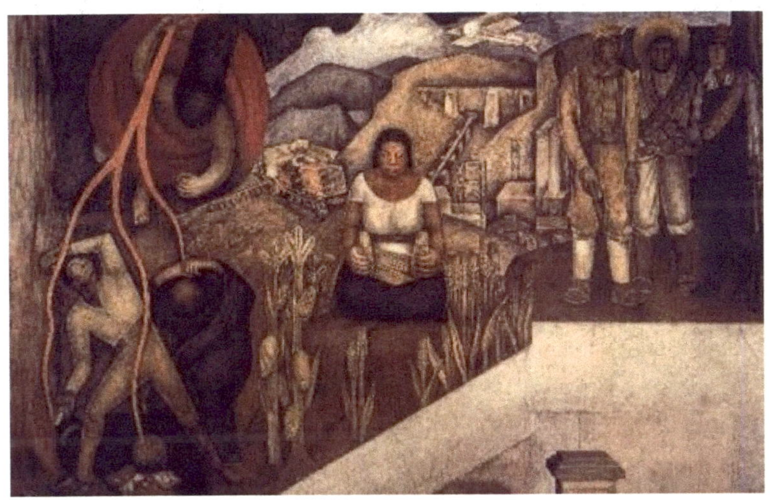

Mecanización del campo, SEP, Ciudad de México.

Al enfocarse en los detalles nacionalistas y socialistas de los murales de Rivera para la SEP, los críticos han pasado por alto la simultaneidad y la multiplicidad en el uso pictórico que hace Rivera de las paredes públicas. No sólo osciló Rivera entre su formación clásica, el ímpetu vanguardista y su imaginación popular mexicana; sus obras participaron en un diálogo con otras modernidades como las producidas por el Renacimiento de Harlem y los murales contemporáneos de pintores afroamericanos como Aaron Douglas, Charles Alston, Charles White y Hale Woodruff. Los últimos tres también adoptaron elementos de la obra de los muralistas mexicanos en sus propios murales en la década de los años treinta.

Inspirado por la visión de Vasconcelos de una nueva raza cósmica, Rivera representó con orgullo su propia identidad híbrida como "cosmopolita mexicano" con raíces hispánicas, africanas e indígenas. Rivera "indigenizó" y "ennegreció" la modernidad mexicana mediante una redefinición visual del espacio público. Este proceso puede verse en las escenas masivas que caracterizaron a muchos de sus murales. Más allá de su llamado socialista, por ejemplo, la escena masiva en el mural *Asamblea* visualiza un imaginario mexicano étnica, racial y culturalmente diverso mediante pinceladas de color beige, rojo, café y negro en la cara de la gente. También aparecieron en su obra referencias a claras expresiones artísticas afrocaribeñas y del Pacífico Sur y afinidades con ellas. Estas referencias transculturales se destacan en su mural de la SEP *El baño en Tehuantepec*. Mientras trabajaba en Estados Unidos, Rivera desarrolló aún más los temas de la raza roja y la raza negra en sus murales de Detroit.

Escenas masivas, multitudes en espacios públicos y la visión de nación de Rivera

En los murales de la SEP, inicialmente Rivera se enfocaba en grupos pequeños de gente. Sin embargo, incluso en estas obras, surgió un cambio temprano del retrato individual a la representación comunitaria. Rivera mostró por completo su preferencia por las escenas masivas en los murales que pintó para Palacio Nacional. Ahí, multitudes pueblan su arte mural y habitan de manera imaginativa las paredes de la institución pública. Quería captar la vida comunitaria en todas sus facetas contemporáneas. Al mismo tiempo, aspiraba a crear un mosaico pluriétnico y cósmico de la historia y la identidad nacional que incluyera las culturas prehispánicas y las indígenas existentes. Políticamente, la Revolución mexicana y la movilización de la gente en escenarios rurales y urbanos, sin duda, suscitaron su preferencia por los paisajes masivos. Las escenas masivas ocuparon un lugar central como un comentario sobre el poder de movilización de la Revolución mexicana. Asimismo, revelaron la convicción de Rivera de que los cambios en el arte y la política tendrían que negociarse en el espacio público.

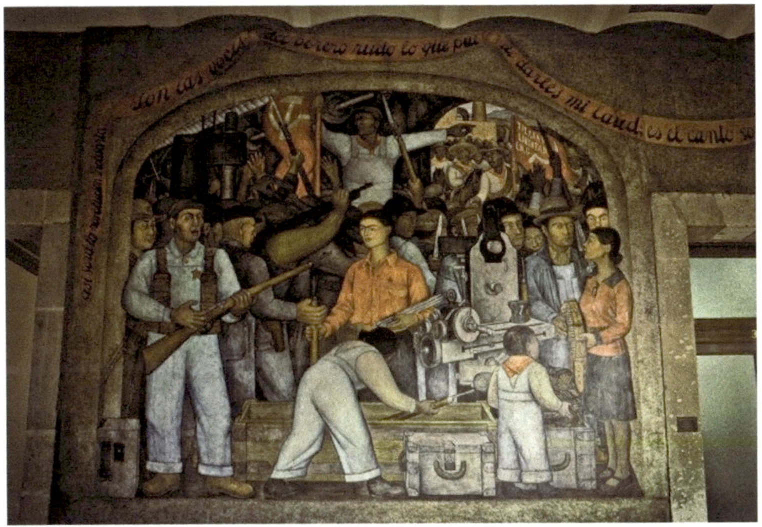

Diego Rivera, *Asamblea,* Secretaría de Educación Pública, Ciudad de México.

Las escenas masivas cuidadosamente elaboradas dieron expresión a multitudes y evocaron la conciencia colectiva.

Además de sus declaraciones públicas sobre el arte y la identidad, Rivera imaginó una nueva “mexicanidad” mediante sus imágenes. Según Benedict Anderson, “(d)e hecho, todas las comunidades mayores que las aldeas primordiales de contacto directo (y quizá incluso éstas) son imaginadas. Las comunidades no deben distinguirse por su falsedad o legitimidad, sino por el estilo con el que son imaginadas” (1993, 24). Las comunidades imaginadas y, con ello, el proceso de construcción como nación, fueron propiciadas por los medios impresos, como el periódico y la novela. En el caso de la construcción como nación de México, arguyo que los medios visuales en el espacio público desempeñaron un papel central. Tanto el muralismo como más tarde el cine mexicano fueron vitales para crear imágenes de México en el país y en el extranjero.

Los murales de la SEP de la década de los años veinte demostraron que la práctica artística en público podía proporcionar una historiografía alternativa en términos tanto de forma como de contenido. Las imágenes tienen el poder de hablar de manera directa y pública, más allá del lenguaje. Estos murales de la SEP fueron en esa época claramente didácticos y enseñaron la historia mediante un nuevo sistema de signos visuales que hacían hincapié en la presencia cotidiana de diversas trayectorias culturales e históricas (cf. también Banerjee 2005, 297).

El collage como expresión muralista: *Tejedores* y *El Tapiche*

La opinión que tenía Rivera del arte mural mexicano fue original desde el principio. Aunque no se autodefinía como artista del montaje o del collage, consideraba al muralismo como un modo de expresión vanguardista. Y el collage y el bricolaje (Benjamin 1982; Lévi-Strauss 1964) entran en la osbra de Rivera reuniendo multitudes. Concuerdo con Flores, quien escribe:

> Los historiadores del arte adoptaron el término "escuela mexicana" para describir las artes visuales y exaltar los logros de un grupo selecto de individuos, los tres grandes: los muralistas Diego Rivera, José Clemente Orozco y David Alfaro Siqueiros. La relación del arte con la política tendía a exagerarse o a simplificarse, lo que ocasionó estereotipos que equiparaban el arte mexicano posrevolucionario con el nacionalismo o socialismo, hacían caso omiso de sus características vanguardistas y pasaban por alto su campo de acción y alcance globales. (2013, 3)

El mismo Rivera, como lo citó Tibol y también Luis Cardoza y Aragón, atribuía al muralismo mexicano un papel pionero en la democratización del mundo del arte moderno:

> Por primera vez en la historia del arte de la pintura monumental, es decir, el muralismo mexicano, cesó de emplear como héroes centrales de ella a los dioses, los reyes, jefes de Estado, generales heroicos, etcétera; por primera vez en la historia del arte, repito, la pintura mexicana hizo héroe del arte monumental a la masa, es decir, al hombre del campo, de las fábricas, de las ciudades, al pueblo. (citado en Tibol y Rivera 1979, 27; Cardoza y Aragón 1986, 187)

En este manifiesto, Rivera celebra al hombre común y se inscribe a sí mismo en una tradición mayor de renovación democrática y liberación de las jerarquías aristocráticas europeas en el continente americano. Adopta un papel vanguardista para sí mismo y sus compañeros muralistas al declarar al movimiento muralista mexicano una fuerza innovadora que desafiaba la tradición de la pintura al fresco. Además, resalta un nuevo concepto espaciotemporal que, según él, marca el muralismo mexicano como único en la historia del arte:

> También por primera vez en la historia, la pintura mural ensayó de plastificar en una sola composición homogénea y dialéctica la trayectoria en el tiempo de todo un pueblo, desde el pasado semimítico hasta el futuro científicamente previsible y real. (citado en Tibol y Rivera 1979, 27)

En su retórica, Rivera distancia de manera característica su estética de las de sus predecesores europeos. Aun así, hace referencia a técnicas modernistas como el montaje (Benjamin 1982) y el bricolaje (Lévi-Strauss 1964) cuando las parafrasea como una "composición homogénea" para describir su propio estilo. Su estilo de composición ecléctico y su estratificación de espacios y tiempos dan forma a la representación con múltiples capas de la historia y la cultura, por ejemplo, en murales como *Mecanización del campo*.

Después de su regreso de Europa, Rivera se vio confrontado por diversas civilizaciones y culturas de México (y del continente americano en general) que a veces se superponían. Para inscribir el pasado prehispánico y el subalterno indígena moderno en el discurso nacional de modernidad, eligió la simultaneidad y la multiplicidad, evitando la subordinación. El uso que hace Rivera de los diversos pasados mexicanos sirvió para movilizar al indígena subalterno. Al visualizar el pasado indígena y prehispánico dentro de formas figurativas revisadas, creó una impresión general de simultaneidad, continuidad y cambio.

Como afirma Flores, "Los murales de la SEP elaborados por Charlot y Rivera pusieron en tela de juicio la pertinencia del modernismo en México al yuxtaponer elementos formales tomados del arte vanguardista europeo a contenidos socialmente conscientes y a una cultura local defendida mediante referencias a tradiciones precolombinas y populares" (2013, 121). Flores argumenta además, en lo que se refiere a Rivera, que "los murales denuncian la opresión social al mismo tiempo que exponen la hegemonía de la cultura europea" y lo que Rivera consideraba "la condición neocolonial de México" (121). Mientras otros artistas vanguardistas, como Maples Arce, adoptaron la vida urbana moderna y la innovación tecnológica, Rivera en sus murales de 1923 adoptó al México rural y las imágenes de la revolución. A pesar de su cambio hacia una mayor uniformidad en general, algunos de los murales de la SEP, como *Tejedore*s y *El Trapiche*, muestran la estética modernista revisionista de Rivera, al exponer modernidades desiguales (Canclini 1995, 41-42, 206-207).

En *El Trapiche*, por ejemplo, la perspectiva crea una ilusión idílica; las figuras de Rivera carecen de agencia e identidad autodeterminada. Con un reconocimiento a Flores, interpreto el telar que se encuentra en *Tejedores* como una representación artística de las máquinas modernas. Rivera entra en un espacio que temporalmente tiene múltiples capas cuando inscribe imaginería modernista en la tradición nativista local del tejido. La producción rural y la urbana se sobreponen e interconectan. Las líneas del telar se parecen a los cables de los postes del telégrafo y del teléfono, lo que introduce a los trabajadores manuales a un sistema de producción industrializado y modernizado más grande. Con la modernización estética del telar, Rivera expone una perspectiva *longue durée* de la explotación y confinamiento de la mano de obra. Los trabajadores de piel morena parecen "atrapados por el telar" (Flores 2013, 119). Por una parte, son el signo del pasado colonial; por otra parte, dada la imaginería del telar mecanizado, representan a los trabajadores del presente neocolonial de México. Es la representación de la cultura local en las formas revisadas de la estética modernista lo que marca el arte de Rivera como innovador. Si bien estaba plenamente consciente de su misión social y educativa, como sus contemporáneos Charlot y Leal Rivera, nunca cesó de experimentar con técnicas formales y figurativas.

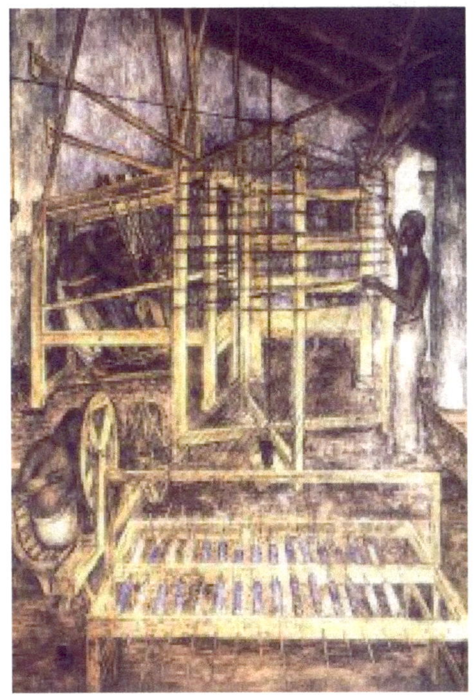

Diego Rivera, *Tejedores*, Secretaría de Educación Pública, Ciudad de México.

Mi interpretación anterior de *Tejedores* con respecto a la estética modernista encuentra un eco en la apreciación de Héctor Jaimes:

> "Los ideales estéticos" de Rivera no estarían determinados por la ideología, sino por un sentido alegórico y vanguardista que recorre su obra … el espíritu vanguardista de Rivera supera cualquier determinación estrictamente ideológico-marxista de su obra. (2012, 12)

Como dice Flores, "Rivera identifica las formas asociadas con la modernidad dentro de la tradición local" (2013, 119). En suma, Rivera modernizó radicalmente las tradiciones populares y folclorizó la estética modernista. Mediante la forma y el contenido, Rivera reveló la situación colonial de México después de la revolución y representó al campesino indígena como el subalterno en ascenso dentro de esa situación.

La conciencia de la colonialidad

Otro ejemplo importante del tratamiento que hace Rivera de la colonialidad es su mural El Trapiche. Aquí Rivera usó una técnica espacial con perspectiva que recuerda a la pintura renacentista. La disposición espacial de manera paródica presenta "una ventana al mundo perfecto" (Flores 2013, 120). Los trabajadores aparecen en una coreografía que sugiere movimiento en armonía … y, al mismo tiempo, una cadena de presidiarios. Al dedicar este mural a la industria azucarera, Rivera alude a la esclavitud y la explotación. El mural representa diferentes pasos en la producción del azúcar. El tema es coherente y, sin embargo, chocan la forma y el mensaje. Como demuestra *El Trapiche*, Rivera experimenta con narrativas maestras de las artes visuales mediante la creación de un collage modernista revisionista de escenas laborales que crean simultaneidad así como una crítica profunda de la colonialidad. El collage reúne diversos lugares que forman parte de la producción azucarera. Su presencia simultánea señala el entrelazamiento de los trabajadores campesinos indígenas en la producción colonial de azúcar. La imagen indígena integrada dentro de un nuevo collage espaciotemporal es la que crea la otra modernidad en la obra de Rivera.

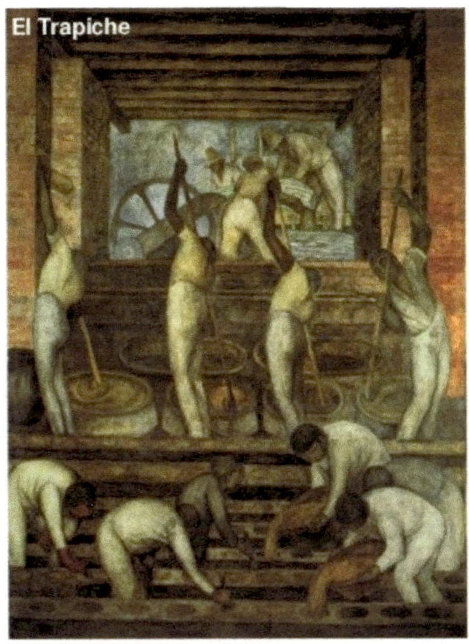

Diego Rivera, *El Trapiche*, Secretaría de Educación Pública, Ciudad de México.

El panamericanismo y el muralismo

Rivera vio un gran potencial para la innovación en la producción de arte muralista americano, en cuanto a que éste podía colocarse en la intersección de las culturas indígenas de América y la modernidad tecnológica. El mural *Pan American Unity* [Unidad panamericana] en el Colegio San Francisco representa el montaje más complejo en la obra de Rivera en términos de la superposición de temporalidades y espacialidades de las culturas preindustriales e industriales. Su mural sintetizó corrientes de pensamiento utópicas del continente americano con el fin de lograr una visión panamericana integral del pasado y del futuro (Lozano, Arteaga y Robinson 1999, 1-12).

Podría decirse que el mural *Pan-American Unity* de Rivera expuso una visión panorámica que no se había visto previamente de la interconectividad y la interdependencia en el continente americano más allá de las visiones radicales de la lucha marxista y el pensamiento hegemónico monroísta. Curiosamente, el mural fue el resultado de otra colaboración interamericana, ya que con Rivera colaboró la artista, diseñadora y trabajadora cultural afroamericana Thelma Johnson Streat en la creación de la obra. Y parece que es la obra más ambiciosa de Rivera por reunir aspectos precoloniales, coloniales y modernos de las culturas americanas.

Este mural panorámico, creado para la exhibición Arte en Acción de la Exposición Internacional del Golden Gate en la Isla del Tesoro en San Francisco en 1940, ocasionó que el muralismo del continente americano lograra gran atención internacional. Además, ejemplificó el poder del muralismo para redefinir el pensamiento hemisférico en el continente americano, el cual tuvo sus raíces en el monroísmo y bolivarianismo. El discurso panamericano había perdido aceptación cuando se creó el mural. Si bien siempre provocó debates, había florecido en las primeras décadas del siglo XX. "Para 1915 podemos observar que se estaba desarrollando un fenómeno singular, incluso extraño: los dirigentes nacionales estaban alentando una visión utópica de la relación futura de los pueblos del mundo," señala Cándida Smith (2017, 16). Podría decirse que el mural de Rivera marca uno de los últimos intentos artísticos panorámicos de captar este espíritu hemisférico. James Monroe y Simón Bolívar habían proporcionado dos puntos de partida conceptuales cuya tensión entre ellos continúa negociándose dos siglos después (Parks 2017, 92-96). En 1823, Monroe presentó lo que conocemos como la Doctrina Monroe (1823) al congreso en Washington, DC. Argumentaba que el hemisferio occidental era excepcional y estaba prohibida su colonización a las naciones europeas: en realidad, con el fin de que Estados Unidos pudiera ejercer su propia influencia en toda la región. La Doctrina Monroe, a la larga, llegó a dominar el pensamiento hemisférico en el continente americano en el siglo XX.

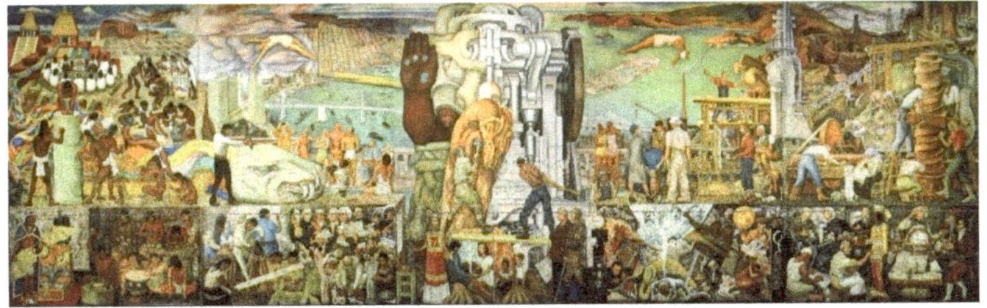

Diego Rivera, *Unidad panamericana*, San Francisco (1940).

El otro polo de pensamiento hemisférico se encontraba en el Congreso de Panamá de Bolívar desde el año 1826. Bolívar, que se mostraba escéptico ante Estados Unidos y sus llamados a la alianza y la amistad, imaginaba una vinculación afectiva transnacional entre las antiguas colonias españolas de Latinoamérica. Monroe y Bolívar diferían bastante en relación con la colonialidad (Parks 2017). Incluso un siglo después, José Vasconcelos, en sus reflexiones sobre el mestizaje y la raza cósmica, todavía vio en ellos las antípodas para el pensamiento hemisférico de la región. Según él, "(e)l bolivarianismo [es] el ideal hispanoamericano de crear una federación con todos los pueblos de cultura hispana" (1935, 7). Como contraste, "(e)l monroísmo [es] el ideal anglosajón de incorporar las veinte naciones hispanas al Imperio Nórdico mediante la política del panamericanismo" (7). Como señala Stephen Parks:

> Aunque el término "panamericanismo" ha caído en desuso, hasta mediados del siglo XX era la forma más común de hablar sobre las relaciones hemisféricas. Incluso se le otorgó su propio día de fiesta en 1930, cuando la Casa Blanca declaró el 14 de abril como el "día panamericano," una conmemoración que los niños estadounidenses observaron por décadas después de aprender sobre las culturas y tradiciones compartidas por todo el continente americano. (2017, 94)

Cuando Rivera colaboró con Thelma Johnson Streat en el mural de San Francisco, lo hizo en el contexto de una forma de imaginar el continente americano en gran medida centrada en Estados Unidos.

Sin embargo, la visión de Rivera intentó mediar las visiones del norte y del sur del hemisferio.

Su mural *Panamerican Unity* negocia los dos aspectos utópicos que encontramos en el continente americano y crea un imaginario más completo de "América." Fuera de Latinoamérica, el término "América" con frecuencia recuerda imágenes de Estados Unidos solamente, pero tanto el término en inglés como en español han funcionado históricamente como significantes con respecto a nociones de utopía e independencia en particular. Según Quijano y Wallerstein, las diferencias entre Sudamérica y Norteamérica residen en conceptualizaciones utópicas: "La 'utopía de la igualdad y libertad social' de Estados Unidos y la 'utopía [indígena] de reciprocidad, solidaridad y democracia directa' de Latinoamérica" (Quijano y Wallerstein 1989, 556-557). Si bien en los murales de la SEP Rivera se dedicó primordialmente a crear una visión nacional, su anhelo de concebir una modernidad más incluyente allanó el camino para que sus visiones panamericanas superaran la división norte-sur en murales como el de San Francisco. Susana Pliego Quijano afirma que Rivera exploró nuevas fronteras con las que él asociaba que había esperanzas para el progreso humano (2013, 59).

Algunos pensamientos a modo de conclusión

El Renacimiento de Harlem, el garveyismo y las vanguardias mexicanas de principios del siglo XX proporcionaron ejemplos interamericanos de la redefinición de la modernidad mediante la práctica cultural. Como intelectuales públicos, figuras como Marcus Garvey y Diego Rivera usaron el espacio público para transformar lo social y lo histórico mediante la práctica cultural y artística radicales. El uso vigoroso de la práctica artística en sitios públicos estableció el espacio público como una palestra modernista para repensar lo social y lo político. Sus redefiniciones relacionales de espacio público en lo que concierne al yo y a la nación, al individuo y a la comunidad, y al sujeto y a la hegemonía abrieron nuevas formas de concebir las visiones panafricanas, panmexicanas y panamericanas de culturas e historias silenciadas por el discurso hegemónico occidental. De esta manera, crearon múltiples ámbitos públicos contra la corriente. Al salir a las calles, lugares públicos e instituciones públicas, desarrollaron habilidades performativas y figurativas que estaban en diálogo con prácticas vanguardistas occidentales contemporáneas, pero que iban más allá de éstas, en cuanto a que estos movimientos fomentaron las visiones sociales y culturales de diferencia e inclusión. Si bien trabajaron predominantemente dentro de los patrones de la cuadrícula urbana de Kingston, la Ciudad de México y Nueva York (Harlem) y dentro de marcos institucionales, transformaron la concepción hegemónica del espacio público mediante el *performance* y la práctica artística. En algunos casos lo hicieron de manera temporal, mientras que en otros transformaron los edificios y los ámbitos públicos de manera permanente.

Obras citadas

Achtner, Wolfgang, Stefan Kunz y Thomas Walter. 1998. *Dimensionen der Zeit: Die Zeitstrukturen Gottes, der Welt und des Menschen*. Darmstadt: Primus Verlag.

Anderson, Benedict. 1993. *Comunidades imaginadas. Reflexiones sobre el origen y la difusión del nacionalismo*. Traducción: Eduardo L. Suárez. México: Fondo de Cultura Económica.

Banerjee, Mita. 2005. *Race-ing the Century*. Heidelberg: Winter 2005.

Benjamin, Walter. 1982. "Der Autor als Produzent. Ansprache im Institut zum Studium des Faschismus in París am 27. April 1934." En *Gesammelte Schriften*. Band 2, Teil 2, ed. Rolf Tiedemann y Hermann Schweppenhäuser. Fráncfort del Meno: Suhrkamp.

Campbell, Bruce. 2003. *Mexican Murals in Times of Crisis*. Tucson: Universidad de Arizona.

Canclini, García. 1995. *Hybrid Cultures: Strategies for Entering and Leaving Modernity*. Minneapolis: Universidad de Minnesota.

Cándida Smith, Richard. 2017. *Improvised Continent. Pan-Americanism and Cultural Exchange*. Philadelphia: Universidad de Pennsylvania.

Cardoza y Aragón, Luis. 1986. "Diego Rivera's Murals in Mexico and the United States." En *Diego Rivera: A Retrospective*, ed. Cynthia Newman Helms, 185-192. Detroit: Arts Institute of Arts.

Downs, Linda. 1987. "Secretaría de Educación Pública: Mexico City." En *Diego Rivera: A Retrospective*, ed. Cynthia Newman Helms 241-251. Detroit: Arts Institute of Arts.

Flores, Tatiana. 2013. *Mexico's Revolutionary Avantgardes: From Estridentismo to ¡30-30!*. Yale: BW&A Books.

Gamio, Manuel. 1992. *Forjando patria*. México, D.F.: Porrúa.

García Sánchez, Laura. 2004. *Diego Rivera*. México: Instituto Nacional de Bellas Artes y Literatura.

Harris, Jonathan. 1995. *Federal Art and National Culture. The Politics of Identity in New Deal America*. Nueva York: Universidad de Cambridge.

Jaimes, Hector. 2012. *Fundación del muralismo mexicano. Textos inéditos de David Alfaro Siqueiros*. México, D.F.: Siglo XXI.

Lévi-Strauss, Claude. 1964. *El pensamiento salvaje*. México D.F.: Fondo de Cultura Económia.

Lowe, Sarah. 1995. *Tina Modotti Photographs*. Nueva York: Abrams, 1995.

Lozano, Luis Martín. 2004. *Diego Rivera y el cubism. Memoria y Vanguardia*. México D.F.: Instituto Nacional de Bellas Artes.

Lozano, Martin, Augustín Arteaga y William H. Robinson. 1999. "Introducción." En *Diego Rivera, Arte y Revolución*, ed. Lozano, Arteaga y William H. Robinson, 1-12. CONACULTA, The Cleveland Museum of Art, Ohio Arts Council, México.

McDonald, Fiona. 2013. *The Popular History of Graffiti. From the Ancient World to the Present*. Nueva York: Skyhorse Publishing.

Miles, Malcolm. 1989. *Art for Public Places: Critical Essays*. Winchester: Winchester School of Art Press.

Mirkin, Dina C. 2017. *Eclipse de Siete Lunas: Mujeres muralistas en México*. Ciudad de México: Artes de México.

Monsiváis, Carlos. 2010. *Historia Mínima deLa cultura Mexicana en el siglo XX*. Mexico: El Colegio de México.

O'Connor, Francis. 1986. "The Influence of Diego Rivera on the Art of the United States during the 1930s and After." En *Diego Rivera: Retrospective*, ed. Cynthia Newman Helms, 157-184. Detroit: Arts Institute of Arts.

Parks, Stephen. 2017. "Sites of Pan American Thinking: A Methodology of Place. En *The Routledge Companion to Inter-American Studies*, ed. Wilfried Raussert, 92-105. Londres/Nueva York: Routledge.

Pliego Quijano, Susana. 2013. *El Hombre en la Encrucijada. El Mural de Diego Rivera en el centro Rockefeller*. México, D.F. Trilce Ediciones.

Quijano, Anibal, y Immanuel Wallerstein. 1989. "Americanity as a Concept, or the Americas in the Modern World System." *International Sociological Association* 1.134: 549-556.

Raussert, Wilfried. 2020. "Muralism." En *The Routledge Handbook to Culture and Media in the Americas*, ed. Wilfried Raussert, Giselle Anatol, Sarah Corona Berkin, José Carlos Lozano y Sebastian Thies, entry 37. Londres/Nueva York: Routledge.

———. 2017. *Art Begins in Streets, Art Lives in Streets*. Bielefeld: kipu.

———. 2003. *Avantgarden in den USA. Zwischen Mainstream und kritischer Erneuerung 1940-1970*. Nordamerikastudien 18. Fráncfort del Meno/Nueva York: Campus Verlag.

Rochfort, Desmont. 1993. *Mexican Muralists: Orozco, Rivera, Siqueiros*. San Francisco: Chronicle Books.

Schacter, Rafael. 2013. *The World Atlas of Street Art and Graffiti*. Londres: Aurum Press Limited.

Siqueiros, David Alfredo. 2012. "Conferencia sobre arte pictórico mexicano sustentada el 12 de febrero de 1935, en el Sálón de Actos de la Escuela Nacional de Medicina." En *Fundación del muralismo mexicano. Textos inéditos de David Alfaro Siqueiros*, ed. Héctor Jaimes, 36. La Cuidad de México: Siglo XXI Editores.

Stahl, Johannes. 2008. *Street Art*. Berlín: Ullman.

Tibol, Raquel, y Diego Rivera. 1979. *Arte y Politica*. Madrid: Editorial Grijalbo.

Trueba, Lara, José Luis Xavier Villaurutia, Dina Comisarenco Mirkin y Pablo Neruda. 2015. *Libros Pintados: Murales de la Cuidad de México*. La Cuidad de México: Artes de Mexico.

Vasconcelos, José. 1950. *Discursos, 1920-1950*. Mexico City: Ediciones Botas.

———. 1935. *Bolivarismo y Monroísmo: Temas Iberoamericanos*. Santiago, Chile: Biblioteca América V.

Fuentes de la web

http://www.olvera-street.com/-Siqueiros-Mural/-siqueiros-mural.-html.

http://afgj.org/nicanotes-murals-nicaraguan-revolution.

https://americanart.si.edu/artist/hale-woodruff-5477.

http://hcl.harvard.edu/collections/digital_collections/chile_murals.

http://latindictionary.wikidot.com/noun:murus.

https://library.brown.edu/create/modernlatinamerica/chapters/chapter-10-chile/moments-in-chilean-history/chilean-protest-art/.

Capítulo III
El cuerpo como ámbito público: llevar el teatro, el *performance* y la música a las calles en la turbulenta década de los años sesenta

Al politizar, dramatizar y recontextualizar socialmente el cuerpo, las prácticas artísticas en la década de los años sesenta colocaron con fuerza al cuerpo humano como un sitio público en un espacio público. Al poner en escena y representar al cuerpo en su dimensión social, artística y sexual, las prácticas artísticas redefinieron la relación entre la colonia y la hegemonía, el sujeto y el espacio público, entre la política nacional y la pública, entre el hombre y la mujer, y entre la cultura juvenil y la sociedad en general. En retrospectiva, se podría decir que los *performances* de la década de los años sesenta y principios de los años setenta redescubrieron y reinterpretaron el cuerpo en el espacio público como la fuente principal para representar conceptos utópicos e ideas anticoloniales de protesta y cambio social. Sin embargo, dicha apreciación requiere una distinción. Aunque el foco crítico que se puso en la desnudez como una técnica vanguardista para escandalizar, sin duda, se ha convertido en algo común y corriente en la crítica sobre los *performances*, es preciso explorar otros aspectos relacionados a poner en escena las necesidades corporales. Con las prácticas artísticas en la década de los años sesenta, es importante considerar que el cuerpo ya no era primordialmente un agente para hacer tropos mediante el vestuario, la máscara y la escenificación de papeles. En cambio, el cuerpo brindaba un significado mediante su presencia corporal en acción. Como tal, éste continúa cumpliendo funciones representativas. No obstante, lo que lo corpóreo expresa no es un significado o concepción a priori (Raussert 2003a, 434-435).

Poner en escena a cuerpos humanos en lugares públicos se convirtió en una práctica central para que los artistas dieran forma a nuevas visiones sociales. Cuando consideramos que Michel Foucault entiende el cuerpo como un sitio de control y poder político (1979), y que los cuerpos dóciles en su análisis son el resultado del control y la vigilancia en sitios públicos e instituciones, se torna todavía más comprensible que los artistas salieran a las calles a reclamar el control sobre los espacios públicos. Tanto el cuerpo individual en acción como los *performances* en escenarios masivos se convirtieron en modelos para la protesta política mundial durante la década de los años sesenta. En especial con su presencia en los espacios públicos, el cuerpo del artista pudo afirmar su papel como agente innovador en el teatro, la danza y las artes escénicas con un impacto inmediato sobre la comunidad y las relaciones sociales.

Sobre todo en Estados Unidos, pero también en otras partes del continente americano, el teatro, las artes escénicas, la música y la danza salieron a las calles para ocupar sitios públicos como las esquinas de éstas, las plazas y los parques para llevar a cabo el desarrollo comunitario, expresar disidencia individual y colectiva, para apoyar causas políticas y movimientos sociales, y para liberar el espacio público del control militar, la vigilancia policíaca, el control del Estado y la violencia de las masas. Los cuerpos funcionaron como agentes en *performances* llevados a cabo en sitios públicos y sirvieron como un medio para repensar las relaciones sociales. Mediante sus *performances* en calles, parques y plazas asumieron un papel central en la reinvención de lo social y en repensar el espacio público en relación con los discursos culturales y políticos contemporáneos: la utopía de la aldea global centrada en los medios de comunicación ideada por el visionario canadiense Marshall McLuhan; las luchas anticoloniales, antiimperialistas y antirracistas en Estados Unidos, Latinoamérica, Asia y África; y la cortina de hierro que separaba los órdenes mundiales comunista y capitalista (McLuhan 1967, 63; McLuhan 1962, 50).

En Estados Unidos, la Nueva Izquierda Estadounidense fue activada por el Movimiento por los Derechos Civiles, la guerra de Vietnam y la democracia en los campus; en Canadá, las cuestiones principales fueron el nacionalismo poscolonial (en la Canadá anglófona y Quebec) así como el control estadounidense de la economía canadiense y la producción cultural. En los países de América Latina, se activaron nuevos movimientos de izquierda en resistencia contra las estructuras totalitarias desde el interior y la influencia imperialista proveniente del norte.

Las prácticas artísticas que llegaban al espacio público expresaron el deseo de crear imaginarios para la metáfora utópica preponderante de la aldea global y asumir las realidades fracturadas que desafiaban el argumento utópico de McLuhan de que estaba surgiendo una aldea global interconectada, como consecuencia de nuevos descubrimientos electromagnéticos. Estas realidades fracturadas se manifestaron de manera diferente en el sur y en el norte debido a los diferentes sistemas políticos y contextos culturales. Los flujos entre las comunidades artísticas y las colaboraciones entre los artistas en el sur y en el norte representaron intentos por superar las divisiones causadas por la Guerra Fría basadas en líneas ideológicas, políticas y económicas. Además, estos artistas también tuvieron que confrontar sus propias posturas diferentes como agentes creativos en en sus respectivas sociedades. Asimismo, fue preciso mediar las divisiones geopolíticas entre el norte y el sur en el acto del intercambio y la colaboración. Si bien los intercambios, contactos, flujos y encuentros proporcionaron un campo para idear visiones compartidas, también hicieron conscientes a los artistas del acceso limitado al espacio público y las dificultades implicadas al cruzar los límites y las fronteras, debido a diferencias geopolíticas y divisiones hemisféricas; la crisis cubana proporciona el ejemplo más drástico de ello.

Una perspectiva interamericana revela que las prácticas artísticas en las décadas de los años sesenta y setenta demostraron un profundo interés en reivindicar el(los) espacios(s) públic(os) y en realizar de nuevo lo social en todo el continente americano. Como nos recuerda la turbulenta década de los años sesenta en el continente americano, el espacio público estaba enmarcado por zonas burguesas, de clase trabajadora y ghettos. Asimismo, estaba controlado por territorios marcados militarmente así como por diferentes niveles de acceso y exclusión debido a diferencias de clase, raciales, étnicas, de género y de origen nacional. Estos aspectos también muestran que la prometedora metáfora de la aldea global para algunos simplemente significó luchar por tener acceso al vecindario contiguo, mientras que para otros abrió el camino para repensar el mundo como una nueva *cosmópolis*.

Los *performances* en el espacio público intentaron acabar con la división y la segmentación en éste. Exploraron cómo se construían y deconstruían los espacios, en qué lugar se llevaban a cabo los *performances* y con qué fin. Mientras Nueva York, San Francisco y Los Ángeles representaban puntos de atracción para las prácticas de teatro radicales en Estados Unidos, el teatro radical también se desarrolló en México y Argentina así como en las favelas en Río de Janeiro. Surgieron vínculos interamericanos en las actuaciones del *Living Theatre* en las favelas de Brasil; en el *happening* conjunto de Alan Kaprow, Marta Minujín y Wolf Vostell entre Nueva York, Buenos Aires y Berlín; y en los *performances* del Poder Negro mediante el funk, el soul y el baile en Nueva York, Panamá, Colombia y Brasil. Los *performances* del Poder Negro intensificaron su intercambio y expansión interamericanos, en especial en la década de los años setenta (Steinitz 2019). Asimismo, surgieron en el contexto de las prácticas revolucionarias cubanas y su impacto en la política y la estética de las Panteras Negras en Estados Unidos. La Cuba socialista también se convirtió en un lugar seguro para aquellos activistas y artistas negros que querían escapar de las actividades ilegales del Programa de Contrainteligencia de John Edgar Hoover. Entre 1967 y 1968 docenas de activistas de las Panteras Negras se exiliaron en Cuba. Entre ellos se encontraban los líderes de movimientos Eldridge Cleaver, Huey P. Newton y Assata Shakur (Benvenutti 2015, 133; Rojas 2016, 190-192).

El teatro que rompió la cuarta pared y salió a las calles fue una práctica artística importante a finales de la década de los años sesenta y principios de la década de los años setenta, en especial en Estados Unidos. Como hace hincapié Martin Bradford, "el aumento en las tensiones sociales y las crisis políticas de los años sesenta catalizó los *performances* públicos como una forma más nueva, más simbólica, pero también más inmediata de 'hacer política' que la protesta social convencional" (2004, 5). Los actores públicos de los sesenta en todas las naciones impulsaron el desarrollo de un lenguaje performativo común y tenían la esperanza de llevar este vocabulario a una amplia variedad de iniciativas activistas y objetivos políticos, desde los Derechos Civiles a la liberación personal, hasta la democratización de las instituciones artísticas mundiales (5, 6).

Con el crecimiento del movimiento contra la Guerra de Vietnam, una mayor sensibilidad a las luchas anticoloniales y una presencia creciente de la izquierda política inspirada por la Revolución cubana, las prácticas de los *performances* ocuparon los nichos artísticos, sociales y políticos. Angela Rothman nos recuerda que la protesta estadounidense contra el sistema creció entre los años 1967 y 1968. Debido al poder emotivo de "aspectos dramáticos manifestados en los métodos teatrales" surgieron muchos ejemplos de teatro de protesta (Rothman 2016, 2). Entre ellos estaban los *performances* callejeros del *San Francisco Mime Troupe*, el Festival de la Vida del movimiento yippie en la Convención Nacional Demócrata de Chicago en 1968, las actuaciones en el interior de los teatros y al aire libre de *Paradise Now* [Paraíso ahora] del *Living Theatre* e incluso una producción con el elenco de Broadway del musical *Hair*.

Todos ellos participaron en escenas masivas de actuación colectiva; además, hicieron referencia al espacio público para reflejar lo social y difundir nuevas visiones comunitarias. En Estados Unidos, la década de los años sesenta marcó un periodo de intenso conflicto nacional. Los activistas y los artistas de *performance* "adoptaron las revoluciones teatrales del teatro radical como formas visibles de protesta" (Rothman 2016, 5). La *San Francisco Mime Troupe* se inspiró en el "teatro de guerrilla" para rebelarse contra las convenciones teatrales así como las instituciones sociales y políticas. El *Living Theatre* promocionó ideas revolucionarias de anarquismo sin violencia para subvertir a una sociedad capitalista no comprometida y complaciente. El movimiento yippie expresó su desconfianza en la jerarquía y la autoridad realizando una protesta teatral en Chicago durante la Convención Nacional Demócrata de dicha ciudad. Y los actores del elenco de Broadway de *Hair* rompieron las normas convencionales teatrales y siguieron formas interactivas de comunicación con el público. "La participación grupal como una forma teatral y popular de acción colectiva sociopolítica" (2) caracterizó a las artes escénicas hacia finales de la década de los años sesenta.

En lo que se refiere a su relación con el espacio público, la *San Francisco Mime Troupe* eligió parques y calles para sus *performances* con el fin de iniciar una revolución de guerrilla de bases populares. Si bien el *Living Theatre* actuaba principalmente dentro de edificios, su actuación de anarquismo revolucionario a la larga abandonaría sus puertas y entraría al mundo real. En Brasil, el *Living Theatre* también actuó en las calles de las favelas en colaboración con artistas y activistas locales (Rosenthal 2011). *Hair* se diseñó para instigar una protesta masiva contra la Guerra de Vietnam y para definir a los revolucionarios pacíficos contra el sistema de Broadway. Los yippies en Chicago en 1968 adoptaron la cultura del espectáculo y de los festivales en calles y parques para actuar en rebelión contra la Convención Nacional Demócrata. Mediante una referencia a la afirmación revolucionaria de *Paradise Now* del *Living Theatre*, Rothman resume la esencia performativa del teatro en la década de los años sesenta: "las calles pertenecen a la gente" porque "el teatro está en las calles" (2016, 25).

Happenings en todo el continente americano: llevar el teatro y el *performance* corporal a las calles

En Estados Unidos, artistas como Alan Kaprow idearon *happenings* como expresiones performativas que reinventaron la relación entre el espacio público y el privado. En México, el artista chileno Alejandro Jodorowsky creó su mundo de pánico, una serie de *happenings* para suscitar una sensación de crisis en los espectadores y llamarlos a la acción. Sus actos e intervenciones, que tenían lugar una sola vez, llamados "efímeros pánicos," incluían a artistas, poetas, bailarines y gente de la calle. Consistían en acciones individuales y colectivas que ocurrían simultáneamente y que llegaban hasta el espacio público. Como lo expresa Alan W. Moore,

> la política radical de la Nueva Izquierda, los estudiantes radicales que surgieron durante la lucha por los Derechos Civiles y contra la Guerra de Vietnam en la década de los años sesenta, era teatro, un espectáculo de cambio, concebido y representado en los términos de conflicto estruendosos y dinámicos que requería el medio televisivo, primo del teatro. (2011, 27-28)

Los modos teatrales desarrollados por los artistas visuales y de *performance*, a finales de la década de los años cincuenta y principios de la década de los años sesenta, fueron retomados por los movimientos políticos. Los *happenings*, los espectáculos y otras actuaciones públicas sirvieron como modelos para las marchas de protesta y las manifestaciones masivas. Las fronteras entre el *performance* artístico y la protesta política se volvieron permeables. "La manifestación política como una forma de *performance* masivo fue considerada cuidadosamente por los activistas radicales de esa época" como Daniel Cohn-Bendit (28).

La televisión introdujo nuevas formas de mediatizar la política y amplió la variedad de ámbitos públicos. Las imágenes mediáticas, desde la Revolución cubana hasta los asesinatos de John F. Kennedy y Martin Luther King, convirtieron un espacio público extendido y mediatizado en una palestra de información política y de conflicto. En este contexto, las prácticas artísticas adoptaron lo espectacular en sitios públicos para hacerse ver y escuchar en esta red intensificada de nuevas imágenes mediáticas. La televisión amplió la cuadrícula urbana como espacio público y proporcionó un nuevo marco para la información que volvió a dar forma al espacio y la esfera públicos a escala nacional. Desde los manifestantes en contra de la Guerra de Vietnam hasta los cuerpos muy mediatizados de líderes intelectuales y políticos asesinados, desde la presencia tribal de cuerpos desnudos en festivales de música, como Woodstock en Estados Unidos y Avándaro en México (Zolov 2011), hasta la escenificación política de cuerpos desnudos en *happenings* hechos por Víctor Jodorowsky, Carolee Schneeman, Yoko Ono y Yayoi Kusama, el cuerpo expuesto en el espacio público se convirtió en un instrumento para redefinir la estética y la importancia de ésta para repensar lo social.

El activismo de Kusama en Wall Street y sobre el Puente de Brooklyn en 1968 representa *pars pro toto* los modelos artísticos de protesta política en público. Al pintar "lunares" sobre cuerpos desnudos combinados con mensajes políticos en pancartas, Kusama expresó sus sentimientos antipatriarcales y pacifistas en sitios públicos de alta visibilidad e importancia política y económica. Sus cuerpos pintados sirvieron como antídotos para las imágenes mediatizadas de cuerpos heridos y cadáveres por las guerras y los asesinatos políticos. El cuerpo desnudo y pintado expuesto públicamente se convirtió en el antídoto estético contra la bandera nacional. Sus *happenings* desnudos pacifistas y las prácticas consistentes en quemar la bandera se oponían al imperialismo y al colonialismo, y su escenificación artística de los cuerpos exigía que se repensaran las normas y las relaciones sociales. Causando un escándalo público, su provocación artística llegó a un punto álgido cuando la artista ofreció su propio cuerpo como un agente para hacer el amor y la paz en una carta al Presidente Richard Nixon. La artista leyó el texto en voz alta enfrente del Consejo Electoral de Nueva York en 1968. En su petición, ofrecía tener relaciones sexuales con Nixon a cambio de que terminara con la Guerra de Vietnam: "La verdad está escrita en esferas con las que adornaré de manera amorosa y tranquilizadora tu cuerpo masculino y firme. ¡Suavemente! ¡Suavemente! Querido Richard. ¡Calma tu varonil espíritu combativo!" (Kusama 2011; Brody Devere 2008, 53).

El ejemplo de Kusama muestra que el arte y el espectáculo coincidieron en el activismo de la década de los años sesenta. Haciendo uso de Wall Street como una metonimia del capitalismo global, la artista montó diversos *performances* en Wall Street y zonas aledañas. En la *Explosión anatómica*, una breve pieza de *performance* desnudo, representó imaginarios comunitarios incluyentes, justo enfrente de la Bolsa de Valores (Brody Devere 56), con un grupo diverso multiétnico y multirracial de bailarines y actores. Los *performances* de Kusama revelaron la esencia del significado de la protesta: el cuerpo humano en el espacio público canalizando las vastas potencialidades de libertad, dignidad y amor humanos. Sin embargo, sus celebraciones de nuevas relaciones sociales, sin duda, surgieron de una crisis profundamente sentida, también expresaron el deseo profundo de publicidad y éxito de la artista. La inmersión en el espacio público parecía abrir espacios para una serie de objetivos: una alta visibilidad de la protesta y el éxito artístico así como económico.

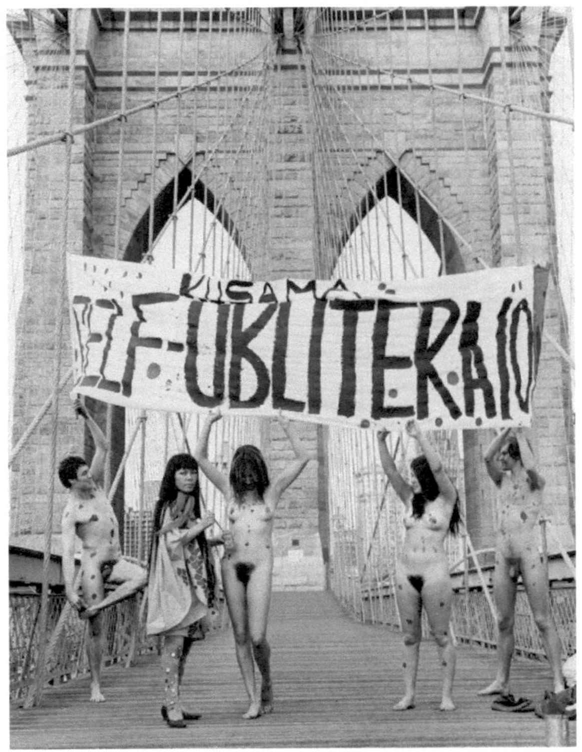

Yayoi Kusama, *happening* desnudo *Antiguerra*, Puente de Brooklyn, Nueva York (1968), documentado por Shunk- Kende.

Los 'lunares' de Kusama en los cuerpos humanos fueron sus expresiones pictóricas del movimiento colectivo. Esos lunares sólo podían reveler su significado con una presencia múltiple en el cuerpo y dentro de un grupo de cuerpos (Brody Devere 2008, 56-57).

Como la década turbulenta pedía nuevas estrategias artísticas y sociales para contrarrestar y reflejar las crisis, la acción artística llevada a cabo por el cuerpo humano y sobre éste se volvió primordial. Para muchos artistas y activistas la cultura del espectáculo parecía ser la estrategia más eficaz para multiplicar y diversificar los ámbitos públicos. Muchos de los *performances* expresaban un anhelo de publicidad y una protesta sincera contra la política imperialista, racista y sexista. El espectáculo prometía una alta visibilidad y, por lo menos, una presencia temporal en espacios públicos grandes. Además, permitía propuestas realizadas en colaboración y eclécticas para la práctica artística. Como eventos con una mezcla mediática, los *happenings* en la década de los años sesenta se convirtieron en una expresión global de nuevas visiones sociales. Darko nos proporciona una definición tentativa de los *happenings* como: "Un género de espectáculo teatral que usa diversos tipos de signos y medios organizados alrededor de la acción de artistas humanos, de una manera unificada homogénea y temática, y una estructuración no diegética del tiempo y el espacio" (1995, 294-295). Importante para la definición de Suvin es su referencia al "teatro," por un lado, y al "espectáculo," por el otro. El hecho de que fusiona ambos términos sugiere una composición fundamentalmente heterogénea de este medio. Incluso si la elección que hace Suvin del término "espectáculo" no parece que sea verdadera en todos los *happenings*, y podría remplazarse por "ritual" o "prácticas cotidianas," en algunos casos su propuesta muestra cuán difícil fue colocar los *happenings* dentro de la historia del arte y las categorías artísticas. Los *happenings* fueron fundamentalmente arte en acción y contaban con una apertura ecléctica.[9]

---

9 Si se desea encontrar criterios más precisos para describir artísticamente los "*Happenings*," se recomienda consultar la investigación de Michael Kirby. En su introducción a la antología ilustrada *Happenings,* Kirby se basa en diversas fuentes que han contribuido al desarrollo de los "*Happenings*" en Estados Unidos, particularmente en Nueva York.

Intercambios interamericanos y colaboraciones: Marta Minujín, Allan Kaprow, Alejandro Jodorowsky y el *Living Theatre*

Los flujos interamericanos que difundieron las culturas del *performance* que acababan de surgir entre el norte y el sur también suscitaron colaboraciones colectivas. En 1966, la artista argentina Marta Minujín, en colaboración con el artista estadounidense Allan Kaprow y el artista alemán Wolf Vostell, concibió *El happening de tres países* y contribuyó a este proyecto internacional con la obra *Simultaneidad en simultaneidad.* En su contribución, la artista reflexionaba sobre la importancia social de un espacio público recién tecnificado y un ámbito público mediatizado. Con la incorporación de un llamado a miembros del público seleccionados –transmitido mediante periódicos, llamadas telefónicas, telegramas, y estaciones locales de televisión y radio– *Simultaneidad en simultaneidad* exhibió el profundo interés de Minujín en los efectos de los medios masivos de comunicación y las interacciones sociales en la creatividad individual y la crítica institucional. Esta artista fue una figura clave de la escena del *happening* en Argentina, y su colaboración con Kaprow fue solo uno de varios diálogos entre el norte y el sur en la escena de los *performances* de la década de los años sesenta. Artistas como Minujín, Edgardo Giménez, Dalila Puzzovio, Carlos Squirru y Susana Salgado, analizaron las premisas del arte pop y los *happenings* norteamericanos, al mismo tiempo que desarrollaron de manera rigurosa su propia síntesis innovadora de

---

Cuando se empieza a partir de una clasificación de los "*Happenings*" como una forma teatral, se pueden reconocer influencias evidentes de las artes visuales. Así, es sorprendente que numerosos "artistas de *happenings*" de las décadas de los años cincuenta y sesenta pertenecieran inicialmente a los campos de la pintura y la escultura. La Galería Reuben de Nueva York fue el espacio principal para estas transiciones. Artistas como Robert Whitman, Claes Oldenburg, A. Kaprow y Jim Dine exhibieron sus obras en galerías antes de dedicarse a las artes escénicas (Kirby1965, 10-11).

cultura popular y *performance*. Minujín fue aclamada como "una respuesta latina al pop" (Spencer 2015, s.n.).

Un figura clave para el intercambio y el diálogo entre la escena del *happening* en Latinoamérica y Estados Unidos fue Oscar Masotta, escritor, intelectual y artista de *happening* argentino. En diálogo estrecho con Minujín, propagó y analizó la escena del *happening* y del arte pop en Argentina. Varios viajes a Estados Unidos en enero y abril de 1966 y en enero de 1967 lo pusieron en contacto directo con las prácticas de *happening* y arte pop estadounidenses. En 1967 Masatto publicó *El Pop Art* y *Happenings,* dos libros que representaron tanto un diálogo con la escena del *performance* de Nueva York como una afirmación crítica de una alianza sin igual entre el arte pop y la cultura del *happening* en Buenos Aires (Spencer 2015, s.n.).

La existencia de una línea cada vez más difuminada entre el arte pop y los *happenings* caracterizó a la escena vanguardista en Argentina. La obra de Minujín fue ejemplar para estos procesos en los que se cruza dicha línea. A principios de la década de los años sesenta se movió de producir lienzos expresionistas y montajes con cajas de cartón a esculturas de arte pop. De manera simultánea, comenzó a producir vibrantes instalaciones y *happenings* ecológicos (Spencer 2015). Sus exploraciones de las novedades transnacionales en el arte escénico, los *happenings* que se expandían y las actividades de Fluxus provenientes de Estados Unidos así como el *nouveau réalisme* en Francia proporcionaron la base para una práctica artística pública que fácilmente se movía entre el arte pop y los modos de expresión vanguardistas. La participación directa de Minujín en las rutas transnacionales de intercambio y su contribución a éstas difuminaron las distinciones claras entre lo local y lo global, lo que indicaba un interés compartido en buscar objetos de interés urbanos en ciudades como Nueva York, Buenos Aires y París, pero, al mismo tiempo, su obra artística logró una expresión y significado definidos en cada sitio urbano geopolítico diferente.

El primer *happening* de Minujín en Buenos Aires hacia finales de 1965 debutó en directo en la televisión, como parte del programa

La campana de cristal. Influida por las teorías mediáticas de McLuhan, su pronta aceptación de la cultura televisiva abrió un nuevo espacio público para la práctica y la visión artísticas. Minujín comenzó el *performance* que se mencionó anteriormente, al que también se refería como *Cabalgata*, poniendo capas de pintura sobre un lienzo que se había instalado previamente en el estudio de televisión. Para añadir más espectáculo, Minujín dispuso que entraran caballos al espacio del *performance* con latas de pintura sujetas a éstos. Con el movimiento de los caballos, goteaba más pintura por todo el piso. Finalmente, soltó una gran cantidad de globos que un grupo de hombres musculosos, que había contratado para la función, procedieron a reventar. Diseñado para que creara un escándalo público desde el principio, el *performance* provocó un caos. Al final, el anfitrión del programa trató desesperadamente de detener el acto y sacar a Minujín del aire. Aunque fue deliberadamente desconcertante, la trayectoria básica de *Cabalgata* fue mezclar el arte con un mundo de vida más grande. Si bien Minujín inicialmente posó como artista enfrente de un caballete vertical, su presencia "gradualmente fue sepultada y remplazada por una gresca de animales, gente y globos" (Spencer 2015, s.n.). La práctica artística se volvió un espectáculo mediático público que expuso el poder del arte para rebelarse y perturbar.

La apropiación que hizo Minujín de un programa de televisión, no solo como un espacio para un evento, sino como un medio en sí mismo, ocurrió en diálogo con la visión de Kaprow del campo extendido que podría ocupar el arte pop al volver a dar forma al arte y lo social. En especial en el uso de medios de comunicación nuevos, como la televisión, Minujín y Kaprow desafiaron e incluso derrumbaron las líneas divisorias geográficas de la práctica y la producción artísticas. El arte logró una mayor divulgación en redes locales y globales, y comenzó a encontrar en los nuevos medios de comunicación un espacio público en expansión que proporcionaba oportunidades para las nuevas prácticas artísticas y la participación social. Uno de los logros perdurables de Minujín fue ver en las actuaciones en televisión una práctica extendida al hacer del arte un acto público.

Como lo mostró la gran cobertura mediática y la alta respuesta del público en Argentina, esta artista logró idear una fusión del arte pop y el *happening* en espectáculos de interés público, mediante los cuales se podía desafiar de manera simultánea los conceptos normativos del ámbito público y el mundo del arte.

Igualmente interesados en diálogos interamericanos así como transatlánticos con artistas de Latino América, Estados Unidos y Europa, los actos artísticos de Alejandro Jodorowsky alentaron usos artísticos radicales y provocadores del espacio público en México. El efímero de Alejandro Jodorowsky para *Canto al océano* (1963), escenificado en la Ciudad de México, expresaba sus ideas de lo que era el 'teatro de pánico' (Jodorowsky 1965b). La idea fundamental era sacar el teatro fuera del recinto teatral y regresarlo a la vida social pública. Por invitación de su amigo y compañero cineasta experimental Gelsen Gas, se encargó a Jodorowsky que presentara una obra temporal para la inauguración del mural *Canto al océano* del pintor abstracto Felguérez en el centro recreativo Bahía.

El evento coincidió con la inauguración de una piscina pública, lo que hizo aún más prometedor para Jodorowsky llevar la acción teatral a un sitio público. La obra de Jodorowsky, como lo describe Decker, representó un evento multimedia que consistió en muchas acciones que se llevaron a cabo de manera simultánea (Decker 2015b, s.n.). El mismo Jodorowsky repetidas veces regresó al centro de la acción. Se inauguró un mural abstracto de Felguérez cerca de los vestuarios de la piscina. Integrando la piscina al evento como sitio público, Jodorowsky instaló una serie de plataformas flotantes de madera de balsa sobre las que integrantes de una compañía de ballet local realizaron ballets improvisados. Dentro de los vestuarios que eran en sí mismos como espacios semipúblicos, Jodorowsky colocó a varias parejas semidesnudas o desnudas. De manera repetida durante el efímero, las puertas se abrieron y cerraron exponiendo a las parejas mientras participaban "en actividades sexuales y por lo demás lascivas" (1965a, 82-83).

El espectáculo se volvió aún más sensacional por un accidente de helicóptero. Originalmente concebido como transporte para

Jodorowsky, que deseaba descender del helicóptero a la escena mediante una cuerda, el aparato cayó en pedazos, lo que a su vez formó parte de la puesta en escena. Aun así, Jodorowsky entró a la escena como dueño de la situación y se reunió con los diversos grupos de artistas que estaban actuando. El placer que sentía Jodorowsky por exponer el cuerpo humano en un espacio público se complementó con escenas en tinas llenas de salsa de tomate y fideos. Los bailarines se metían y salían de estas tinas cubriendo sus cuerpos con restos de comida. Todo el decorado se complementó con la inauguración de un mural que representaba una crítica surrealista de la Escuela de Arte mexicana dominante. Criticaba una definición predominante del arte mexicano mediante el muralismo y el surrealismo. Como señala Decker con referencia a la política del arte contemporáneo en México:

> La importancia de la categórica venta de la abstracción y el individualismo como el futuro del arte mexicano que hacía el gobierno, en un contexto de crecientes tensiones políticas y revolución social, encendió lo suficiente el lado político de Jodorowsky para que éste se enfrentara a esta cuestión en los efímeros. (2015b, 74)

Mediante la recitación de selecciones literarias de Lautréamont en las que éste ultimo abordaba temas de religión, moralidad e iconoclasia, Jodorowsky dejó en claro en su *performance* que la acción y expresión individuales son políticas y que el cuerpo que actúa requiere tener presencia en el espacio publico con el fin de diversificar los ámbitos públicos a una escala mayor. Decker nos recuerda, “(l)os efímeros fueron actos verdaderamente políticos. Atacaron de manera directa la religión, el nacionalismo mexicano y la corrupción política en el ámbito público y cultural” (2015b, 52).

Desde los primeros efímeros hasta eventos posteriores, Jodorowsky llevó el público al *performance* y el evento al público. Sus efímeros preliminares se llamaron *Fiestas de pánico* y los concibió como una “fusión de fiesta y espectáculo,” cuyo objetivo era disolver el teatro por completo. De hecho, se invitó a todos los estratos de la sociedad: prostitutas, actrices, intelectuales, artistas, políticos para crear un verdadero encuentro de lo social con sí mismo (García 2005). El evento sirvió como un observatorio de cómo los individuos de sexos, clases y razas diferentes reaccionaban en medio de un "coctel explosivo" (Decker 2015a, 62) lleno de encuentros fortuitos e intercambios. Para Jodorowsky esto significaba transgredir fronteras sociales y sacar al hombre común de su zona de confort y convertirlo en un "hombre de pánico" (79), creando el marco idóneo para volverlo un agente social activo que pudiera reivindicar su lugar individual en el espacio y el ámbito públicos.

El *Living Theatre* en Brasil y el *Judson Dance Theater* en Nueva York

Grandes grupos de cuerpos en el escenario que se trasladaban de éste a espacios públicos, y cuerpos que actuaban y se manifestaban se convirtieron en una fuerza representativa importante en la década de los años sesenta. Esto es válido en el caso de la práctica teatral burguesa radical en Norteamérica y en el sur. Como parte de las tradiciones performativas de las favelas, los eventos callejeros marcaron la expresión creativa y la protesta social en Brasil, a pesar de que los vigilaban los gobiernos municipales. En las actuaciones estadounidenses del *Judson Dance Theater* y del *Living Theatre* en Nueva York se desarrollaron diversas estrategias para representar al público en el escenario y llevar el arte a los espacios públicos.

Al igual que el surgimiento público de las manifestaciones y marchas masivas en el contexto del movimiento por los Derechos Civiles, el de las Panteras Negras y el movimiento contra la Guerra de Vietnam, poner en el escenario a grupos grandes en teatros y lugares públicos, como Washington Square, expresaba el deseo de idear nuevas formas cooperativas y comunitarias de actuar, trabajar y vivir (Banes 1977, 118-119). Al observar el continente americano, e incluso todo el mundo, parece justo argumentar que ningún colectivo performativo ha sido más emblemático en lo que se refiere a llevar al arte al ámbito público que el *Living Theatre*. En contraste con los *performances* artísticos callejeros de la clase obrera en las favelas de Brazil, los *performances* del *Living Theatre* formaron parte de una práctica teatral burguesa radical. Es la fusión de ambas tradiciones lo que practicó por poco tiempo el *Living Theatre* en Brasil y después alrededor del mundo, luego de que sus integrantes fueran liberados de la prisión brasileña. Crear actuaciones teatrales y *performances* callejeros basados en el ritual, los gestos y el movimiento fue una forma de realizar la comunidad y llevar mensajes políticos a los espacios públicos, al mismo tiempo que se evitaba la vigilancia del régimen militar.

La fugaz presencia del *performance* callejero y de las obras no verbales proporcionó una forma de ocupar diferentes espacios públicos sin ser víctima de la censura del régimen. El concepto de creación favoreció un criterio colectivo y público. Las investigaciones de campo realizadas en las favelas, documentadas mediante las grabaciones de entrevistas hechas a los pobres, a los trabajadores y a los campesinos, y las notas que se tomaron se convirtieron en el material para *performances* coreografiados de manera colectiva. Trabajar en equipo con jóvenes activistas e intelectuales brasileños, como Troya e Ivan Araujo (Rosenthal 2011, 65), facilitó el acceso del *Living Theatre* a las comunidades brasileñas. Asimismo, esta reunión fomentó el deseo público de participar en los *performances*. La variedad de locaciones que se escogió para realizarlos fue impresionante. Se llevaron a cabo *performances* en hospitales, iglesias, escuelas, parques, cementerios, terminales de autobús, vías del tren, muelles y minas.

La idea consistió también en salir a las aldeas y al campo donde vivían los campesinos y migrantes. En el primero de los proyectos favela, el tema fue la relación amo-esclavo, la cual tenía un claro punto de referencia local, dada la historia de esclavitud de Brasil. La visión decolonial del *Living Theatre* amplió esto a un conglomerado de la humanidad americano cien por ciento, si no global. La esclavitud significó una condición humana fundamental. Como con *Paradise Now*, la coreografía estaba diseñada para crear momentos emancipadores. Los pares amo-esclavo del proyecto favela volvían a representar las posturas de opresor y oprimido que lentamente se quitaban la venda de los ojos y se encontraban cara a cara.

El gran alcance del teatro y los *performances* públicos llevó al encarcelamiento de los integrantes brasileños y estadounidenses del *Living Theatre*. El régimen militar quería poner un alto a estas prácticas de *performances* que de manera repetida reivindicaban nuevos espacios públicos como puntos de reunión. El 1 de julio de 1971 fue registrada la casa en Ouro Preto en la que se estaba quedando el grupo y se mandó a prisión a la compañía. Como resultado de su arresto surgió una nueva dimensión de la conciencia pública. Se levantó una protesta global por el encarcelamiento y la política represiva de Brasil mediante una alianza internacional de activistas y artistas. Una campaña de relaciones públicas produjo cientos de peticiones. En Minas Gerais, Brasil, la cobertura mediática hizo que el *Living Theatre* estuviera en boca de todos. El surgimiento de más arte callejero y actos de protesta en todo el mundo aumentaron la presión sobre el régimen brasileño. Después de 71 días, el Presidente brasileño Emilio Garastazu Medici no tuvo otra opción que la de liberar a los prisioneros (Rosenthal 2011, 66-67).

Se trató a los miembros estadounidenses y europeos del grupo con cierta protección, mientras que sus compañeros de celda brasileños estuvieron expuestos a la tortura por parte del Departamento del Orden Político y Social, lo que reveló la desigualdad a nivel local y global. Los brasileños no tenían presencia pública ni tampoco había suficiente conciencia mediática para escapar ilesos del encarcelamiento. Estas diferencias nacionales, que se eliminarían en la obra del proyecto de las favelas, surgieron con más fuerza. El tratamiento que se dio a los prisioneros brasileños revivió las condiciones sociales de las calles y casas de las favelas. Las obras en las calles y las cenas periódicas que el grupo del *Living Theatre* compartieron con los pobres e indigentes de las favelas, según los activistas brasileños que participaron, representó la mayor amenaza a este sistema social y político basado en la jerarquía de clases.

La creciente desigualdad entre el norte y el sur, y en diferentes países latinoamericanos, se manifestó de manera drástica en los *happenings* que hubo alrededor del *Living Theatre* en Brasil. Con la presencia de los medios de comunicación fue posible la formación de una red de apoyo global. Aun así, se había mostrado a la aldea global de Marshall McLuhan sus límites. Los nuevos medios de comunicación, como la televisión y la tecnología informática, habían transformado los espacios públicos y ayudado a crear redes nuevas y más grandes. El acceso a éstas siguió siendo un privilegio, y las nuevas jerarquías se alimentaron de las antiguas en la lucha por controlar el acceso al público en la vida material urbana y los medios de comunicación.

El *Living Theatre* fue expulsado de Estados Unidos después de realizar *performances* públicos de *Paradise Now* y hubo más encarcelamientos después de numerosas actuaciones públicas del proyecto de las favelas en Brasil. Ambos casos agudizaron la conciencia del grupo sobre los espacios públicos como un campo de batalla crucial para la autoexpresión, el cambio social y la coexistencia. La experiencia brasileña y las colaboraciones del grupo con los moradores pobres de las favelas inspiraron al grupo a basar más su trabajo en las calles. Asimismo, comenzaron a cuestionar su compromiso con el arte radical burgués cuando compararon su propia vida privilegiada con la situación de los artistas y activistas en Brasil, los cuales se enfrentaban a la opresión militar. La experiencia brasileña dio forma a los siguientes años de su actuación. La experiencia de vivir y actuar en la intersección entre la clase y el poder en comunicación directa con los pobres y desposeídos dio forma a una nueva sensibilidad hacia las realidades sociales. Al regresar a Estados Unidos, continuaron con actuaciones basadas en comunidades hasta que se terminó el apoyo de la beca de la *National Endowment and Mellon Foundation*. A la larga se impuso al grupo que regresara a las actuaciones en los festivales y teatros, y a actuar para las clases media y alta radicales por dificultades financieras (Rosenthal 2011, 74-75).

En suma, el trabajo del *Living Theatre* ha sido central para una redefinición de la relación entre el arte y el espacio público. Al igual que el *Judson Dance Theater,* surgió en el corazón de la ciudad de Nueva York. Ambos grupos compartían una fe utópica estadounidense en la comunidad. Sin embargo, para artistas como Judith Malina, Julian Beck, Deborah Hay, Yvonne Rainer y Carolee Schneemann, la comunidad tenía que ser reinventada en tiempos de crisis. Los límites difusos entre los participantes y los observadores, el arte y la política, el espacio escénico y el espacio público, el trabajo y el juego redefinieron el escenario como parte de un espacio público más grande, y desarrollaron dispositivos y acciones escénicos que les permitieron realizar diversos matices de estructuras comunitarias. De manera repetida, los artistas que participaron dejaron el escenario para mezclarse con el público y abandonaron el espacio cerrado para extender el *performance* a la vida pública. La evolución de la Iglesia Judson Memorial –ubicada en Washington Square South–, como un espacio preeminente para los artistas del centro de la ciudad, promovió el arte escénico que rompía fronteras y estilos dancísticos pioneros que fueron cruciales para la historia de la danza. Asimismo, fomentó la convergencia del arte y el activismo social al celebrar una sociedad multiétnica y diversa.

Las acciones como el *People's Flag Show* [El espectáculo de la bandera del pueblo] programadas para llevarse a cabo en la iglesia en 1970 como respuesta al proyecto de ley sobre la profanación a la bandera, dio como resultado una controversia pública con el arresto de algunos artistas participantes. Entre los artistas principales estaba Yvonne Rainer, cuyo concepto 'no al espacio asumido' resaltó lo radical con el confinamiento espacial. Las primeras reuniones se celebraron en el estudio de Yvonne Rainer, y posteriormente en la Iglesia Judson Memorial. Durante los primeros años de la década de los años sesenta, casi doscientas obras fueron presentadas por el colectivo. Los integrantes del *Judson Dance Theater* participaron en instalaciones escénicas multimediáticas: los *happenings* que se llevaron a cabo por la ciudad, y que produjeron y respaldaron de esta manera una cultura de los *performances* móviles. Como las manifestaciones y marchas masivas del movimiento por los Derechos Civiles, el movimiento del Nacionalismo Negro, el movimiento

Chicano y el movimiento antibélico, la reivindicación artística del espacio público integró las escenas masivas como un medio para infundir a las prácticas teatrales estructuras rituales. Artistas como Yvonne Rainer y Deborah Hay coreografiaron el espíritu de grupo y la solidaridad en estrecha vinculación con los movimientos políticos de esa época (Raussert 2003a, 433-434).

El *Living Theatre* adoptó estrategias similares. En la representación de *Paradise Now,* que probablemente sea su colaboración más impactante, las escenas masivas se convirtieron en el modo performativo más frecuente. El clímax de la representación implicaba la ruptura de los límites espaciales, tanto de manera horizontal como vertical. En la descripción de una de las representaciones, Biner señala, "Los actores, acompañados por espectadores dispuestos a ayudar, treparían a una ventana del Claustro Carmelita –una sección de un muro en ruinas– y después de respirar profundamente varias veces se arrojarían al aire como pájaros alzando el vuelo" (1972, 210). Más adelante, en la representación, en la sección de actividades denominada "La calle," los actores se esparcían entre el público, entremezclándose con éste y conduciéndolo de la escena del Claustro Carmelita a la calle, realizando prácticas de vinculación afectiva con completos desconocidos y entre ellos.

Desde el ritual a través de la práctica artística hasta una matriz para la acción social: los *18 happenings en 6 partes* de Kaprow

Los *happenings* en la década de los años sesenta, sin duda, fueron un arte efímero y rebosante de vitalidad. No obstante, crearon matrices importantes para una nueva dimensión social del arte, mediante la transformación del ritual en práctica artística como base para la acción social. Los *18 happenings en 6 partes* de Allan Kaprow (1966) afortunadamente nos proporcionan un guión y a Samuel R. Delany con un informe de espectador, cada uno de los cuales posibilita una descripción y un análisis más profundos. Los *happenings* representaron el proceso de repensar lo social al hacer la relación del cuerpo con el espacio público. Como muestran ambos textos, los *happenings* de Kaprow fueron ejemplares para muchas representaciones de la década de los años sesenta. El primer evento escenificado en Nueva York reveló ya en 1959 la estrecha adhesión a la simbiosis del cuerpo, el ritual y el evento, tan central para las representaciones públicas. Como un intento radical de derribar la cuarta pared, la representación de Michael Kirby del *happening* de Kaprow expuso la reconceptualización artística de los cuerpos en el espacio. Las perspicaces opiniones de Samuel R. Delany sobre el evento, como un integrante del público, resaltan las estructuras dialógicas en acción entre los actores y los espectadores.

El guión de Kaprow ya revela que el cuerpo como un elemento transformador desempeñaría un papel central en los diferentes segmentos de los *happenings*. Los cuerpos aparecían directamente o disfrazados; Kaprow hacía referencia a cuerpos desnudos, cuerpos pintados y cuerpos en ropas veraniegas e invernales cotidianas; y además éstos eran transformados por diversas diapositivas proyectadas sobre ellos durante el curso del evento (Kaprow 1966, 54, 56). Sobre todo, se hacía hincapié en la dimensión del cambio que surge de la dinámica del intercambio y la repetición. Esta estructura encontraba su expresión, por una parte, en los diferentes movimientos de los actores que participaban –"el muchacho se sacude ante un poste, la muchacha se levanta … camina de un lado para otro rebotando una pelota, … de repente bailan un frenético charleston"–, por otra parte, en los experimentos de Kaprow con la idea del cuerpo privado y el público como un espacio de la memoria (62, 59).[10] Es interesante observar que Kaprow no se basó solamente en el cuerpo tatuado como tal. En cambio, proyectó constantemente diapositivas que cambiaban sobre el cuerpo, es decir, signos especificados como

10 Una estudio convincente del cuerpo como lugar de la memoria y como un medio que crea identidad para el caso de los marineros estadounidenses es el artículo de Simon P. Newman "Wearing Their Hearts on Their Sleeves: Reading the Tattoos of Early American Seafarers" (1996).

una expresión de la memoria se transformaban en un estado procesal. De igual manera, las proyecciones reflejaban las posiciones cambiantes de los cuerpos en el espacio público y en relación con éste.

En lo que se refiere a la dimensión estética, el guión de Kaprow muestra que el cuerpo se presentaba como activo y receptivo al mismo tiempo. Por una parte, los cuerpos eran agentes activos que pintaban, caminaban y movían cosas. Por otra parte, servían como receptores de las señales sonoras y luminosas. Como lo indican las tareas para llevar a cabo en el escenario: "Dos personas paradas enfrente de la pantalla reciben la imagen de varias diapositivas que se muestran sobre ellos y la pantalla: franjas en franjas rojas en franjas negras en rosa: todas diferentes" (Kaprow 1966, 57). El cuerpo como un objeto artístico y su contrapartida en la vida cotidiana permanecían uno al lado del otro en el concepto de representación de Kaprow.

Para Kaprow, la práctica artística, el cuerpo y el espacio público se relacionaban. Y la práctica artística era el ámbito de las fronteras espaciales móviles. Su visión era la del cambio perpetuo. En la representación, las diapositivas cambiaban "de ser todas color púrpura con un punto blanco en el centro a ser todas negras con un punto color púrpura en el centro a las palabras 'a menudo'" (1966, 57). Al considerar la práctica artística como algo en movimiento y en cambio constante, y al no separar las prácticas artísticas provenientes de las prácticas culturales de lo cotidiano, Kaprow proporcionó modelos sobre cómo usar el arte como una herramienta para el cambio social. Al adoptar una visión de la cultura y la historia como procesos, imaginó el espacio también como una dimensión modificable. Sus referencias a sitios que se mueven y cambian en su programa para los *happenings* revelan también su creencia en la transformabilidad del espacio público. La importancia tan crucial que tenían los procesos para las representaciones de Kaprow surge de su concepción de los *happenings*:

> La línea entre el arte y la vida debe mantenerse tan fluida, y quizás borrosa, como sea posible ... Por lo tanto, la fuente de los temas, materiales, acciones y las relaciones entre ellos se deben derivar de cualquier lugar o periodo, excepto de las artes, las derivaciones y su

> medio ... La representación de un *Happening* debe llevarse a cabo sobre varios locales con espacios amplios, y a veces móviles y cambiantes... El tiempo, que sigue de cerca las consideraciones espaciales, debe ser variable y discontinuo ... Los *Happenings* se deben representar solo una vez ... De lo cual se deduce que se debe eliminar por completo al público. ... La composición de un *Happening* procede exactamente como en los Montajes y Ambientes, es decir, evoluciona como un collage de eventos en ciertos periodos de tiempo y en ciertos espacios. (Kaprow 1995, 235-241)

Lo que es interesante es que la yuxtaposición sincrónica y espacial de las partes individuales en *18 Happenings en 6 partes* se basó en el principio del ensamblaje, pero la percepción permanece fragmentada. En retrospectiva, el espectador Samuel R. Delany habla de "la totalidad no visible de la obra" (1990, 182). Como aclara su comentario, la impresión general permanecía cerrada para el observador. Incluso si las imágenes proyectadas en las pantallas proporcionaban una cierta conexión entre los diferentes cuartos de la representación, al espectador se le negaba la percepción simultánea de todas las secuencias de acción en el espacio de representación. Esto subraya que estaban rotos tanto la línea de tiempo como los límites tradicionales de una representación teatral. Así, para Delany, el principio y el final de lo que estaba pasando no estaba claro para el observador. Delany describe su reacción inmediata a lo que se ve y experimenta, "A pesar de su inmenso entramado de madera y polietileno, la obra real fue incluso difícil de ubicar en lo que se refiere a su inicio, contenido, estilo o final" (183). Sin embargo, no solo la dimensión temporal, sino también la espacial de los *happenings* negaba a los participantes del público la experiencia de una obra estéticamente cerrada, porque los espectadores estaban divididos en cuartos y vistas diferentes.

Para el guión de Kaprow, "La gente se sentará en las sillas cuya disposición los hará mirar en direcciones diferentes" (Kaprow 1966, 54). El objetivo de Kaprow era alejarse de la estructura del escenario de un teatro convencional y ocupar un espacio casi ilimitado para representar de nuevo lo social. "A mi modo de ver, los *Happenings* poseen algunas cualidades cruciales que los distinguen de las obras teatrales usuales, incluso las experimentales de la actualidad" (17). En particular, Kaprow puso énfasis en el contexto y en el sitio:

> Los *Happenings* más intensos y esenciales han sido engendrados en desvanes viejos, sótanos, tiendas vacías, entornos naturales y la calle, donde públicos muy pequeños, o grupos de visitantes, están entremezclados de alguna manera con el evento, fluyendo dentro de sus partes y entre ellas. (17)

Los *happenings* de Kaprow realizaban una expansión del espacio que tenía importancia tanto local como global. Además de una extensión horizontal que señalaba procesos transculturales, una expansión vertical del espacio también era posible. El juego que realiza Kaprow con la idea del espacio cambiante es evidente en los siguientes comentarios:

> Se puede obtener incluso mayor flexibilidad moviendo el escenario mismo. Podría componerse un *Happening* para un avión de pasajeros que fuera de Nueva York a Luxemburgo con escalas en Gander, Terranova y Reikiavik, Islandia. Otro *Happening* tendría lugar en los ascensores de cinco edificios altos de Chicago mientras suben y bajan. (1966, 237)

Mediante la distribución espacial expansiva, se diferencian las presuposiciones de los actos receptivos de los actos subordinados en *18 Happenings en 6 partes*. El escenario espacial hace imposible una reivindicación a priori de la totalidad con respecto a la percepción de los eventos. Al mismo tiempo, se despierta el interés del público en saber más sobre lo que no se está experimentando directamente, sino de manera fragmentada. Delany, en su análisis retrospectivo, describe elementos de la dispersión y multiplicación de la percepción:

> Durante la breve representación, mientras permanecíamos sentados en nuestro cuarto, de vez en cuando de una de las otras habitaciones podíamos oír el sonido de un solo tambor o el ritmo de una pandereta o, en algún momento, la risa proveniente de uno de los grupos

aislados cuando algo en otro punto (probablemente) no salía tal como se había planeado. (1990, 181)

Los límites de los actos receptivos volaban en pedazos en el espacio cerrado convencional; sin embargo, al despertar la curiosidad sobre lo que uno se había perdido, ocurría una intensificación de la interacción entre los espectadores, aunque ésta, sin duda, podía implementarse después del final de la representación. "Había una curiosidad bastante palpable e incómoda sobre lo que estaba pasando en los otros espacios, separados por hojas traslúcidas" (182) comenta Delany al referirse a las conversaciones entre los participantes tras la conclusión de la representación. Obviamente, la sincronicidad no experimentada de los eventos activaba la imaginación de cada espectador y alentaba la imaginación de la experiencia fragmentada. De este modo, también se abolía la separación del artista y el destinatario del teatro convencional. Los aspectos comunicativos e interactivos del arte hacían más compleja la relación entre el artista y el destinatario así como la relación de los espectadores entre ellos mismos. De esta manera, los *happenings* se convirtieron en una manera de repensar no solo el espacio público, sino también las relaciones dentro del espacio público como algo fracturado, fragmentado y, sin embargo, modificable. A la práctica de repensar las relaciones sociales la favorecía una alineación básica y flexible de los *happenings*. Por lo tanto, no hay una definición del lugar o de la duración de la representación dentro del ámbito del arte de acción.[11]

El número de gente que participaba y las técnicas, los medios de comunicación y los materiales usados también cambiaban de un *happening* a otro, de una representación a otra.[12] En el encuentro del

11 La concentración, sin embargo, se encuentra en el momento. Daniel Charles capta el papel de la representación en el contexto estadounidense: "Toda representación en el sentido estadounidense está caracterizada por la viveza: su configuración de la presencia en el *hic et nunc*" (1989, 25).

12 "Una representación no intenta producir un producto material durable, sino la creación de un evento efímero y único que se pueda percibir con los sentidos," afirma Jappe (1993, 10).

espectador con los *happenings*, se caminaba por la cuerda floja entre la experiencia individual y una experiencia generalmente reconocible de naturaleza arquetípica. La presencia de los actores (o artistas) era esencial para la experiencia individual; el espacio y el tiempo reales señalaban una situación familiar que era fácilmente accesible a un grupo más grande de gente. Mediante la preservación del espacio y el tiempo reales dentro del marco del arte de acción, los *happenings* y otras formas de representación ocasionaron un cambio de paradigma fundamental en función de los mecanismos de la obra de arte, lo que anuló las convenciones consagradas en academias, museos y galerías.

El arte en la vida cotidiana: la entidad política y el cuerpo político

La reintroducción del arte en la vida cotidiana, que ya había sido intentada por los dadaístas y los surrealistas, se continuó en los experimentos de las artes escénicas que estaban esforzándose por lograr nuevos conceptos de cohesión étnica y cultural en Estados Unidos. En las décadas de los años cincuenta y sesenta, surgieron numerosos centros y formas de cooperación como comunidades con existencia real de hombres y mujeres artistas –uno piensa en Black Mountain, Greenwich Village, East Village, el *Living Theatre*, el círculo de Kaprow en la Universidad Rutgers, el City Lights District, los talleres Umbra, etc.– que hasta ese momento habían sido las manifestaciones más intensas de colaboración artística en Estados Unidos. Estos grupos también participaron en diálogos transculturales con artistas de Latinoamérica y Europa. No pocas veces los actores y el público formaban una suerte de comunidad; esto se aplicó en particular a la primera fase de los *happenings* en Estados Unidos, así como en Argentina y México. Por ello, numerosos comentarios señalan un cierto grado de reconocimiento entre los actores y los espectadores, y prueban la necesidad de crear nuevas formas de comunicación e interacción dentro del arte.[13] Sally Banes combina el proceso de la experiencia artística individualista con el deseo de cohesión en una dimensión puramente estética:

> Crear una comunidad parecía exigir la presencia de una entidad política, no solo con el significado metafórico de una comunidad consensual, sino literalmente en el sentido de un cuerpo político: una persona que se vuelve política mediante su participación física en la vida de la empresa colectiva. (1993, 37)

Para una sociedad que concede una gran importancia al derecho del individuo a la autorrealización, los experimentos artísticos en co-operación representaron un contramovimiento al aislamiento del artista en la historia del arte y la literatura estadounidenses, lo que ponía en tela de juicio la ideología estadounidense del individualismo. En las representaciones en México, Argentina y Brasil, la expresión performativa individualista sirvió predominantemente como una crítica a las gastadas normas y estándares comunitarios y sociales.

A este respecto, surge la pregunta de cómo se emplearon los procedimientos estéticos para integrar el arte a una atmósfera comunitaria activa. El hecho de que tanto la dimensión estética como la cotidiana de la acción adoptaran la forma de secuencias rituales en muchas representaciones mostró que los *happenings* cotidianos mejoraron para crear un sentido de comunidad. Los movimientos de la vida cotidiana no solo se equipararon con las acciones artísticas, sino que también se celebraron. Cortar y prensar naranjas en el *Happening* de Kaprow ("Él corta ceremoniosamente una naranja y la exprime en su vaso" [Kaprow 1966, 65]) recibía la misma justificación estética que el acto de pintar ("PINTA SOLEMNEMENTE" [55]). Kaprow, Jodorowsky, Minujín y otros artistas del *happening* no estaban interesados en transformar la experiencia en formas artísticas específicas, sino más bien en permitir que la estética y la vida sucedieran en un flujo alterno e incesante.

---

13 Véase también la percepción del público que tiene Delany (1990, 182).

El arte en la cultura de los *performances* de la década de los años sesenta no se consideraba una forma estética que proviene de la experiencia, sino más bien que expresa la experiencia de una manera directa y vívida. Los *happenings* se esforzaban por lograr un principio de simultaneidad, de tal forma que la experiencia y la expresión ocurrieran como eventos simultáneos. Esta reorientación de la conciencia, de una forma de pensar lineal y teleológica a una interpretación holística, se ponía de manifiesto mediante la recepción y transformación de los conceptos de tiempo orientales, africanos e indígenas que hacían los artistas de *performance* en el continente americano. La ritualización de la acción, por lo general, se hacía mediante la repetición, como muestran las explicaciones de Kaprow en el guión: "Un artista vestido con tenis blancos y camisa de vestir está sentado en un banco rojo en el centro del recinto y enciende DIECINUEVE CERILLOS DE MADERA y los apaga sucesivamente de manera lenta sin gran movimiento" (1966, 55).

No solo se repite una única acción, sino que se hace hincapié en su lentitud. De esta manera, la percepción receptiva se dirige a la acción misma y no a un contexto simbólico o que crea un significado más amplio.

El mismo efecto sucedía a nivel lingüístico porque, según Kaprow, las palabras no solo debían adoptar funciones metafóricas o simbólicas. Por lo tanto, los actores articulaban "palabras que debían transmitir un sentimiento ritualista y, sin embargo, sin sentido" (Kaprow 1966, 61). En su expresión radical, los *happenings* adoptaron un carácter no verbal que los separaba estrictamente de los teatros tradicionales y los acercaba al arte escénico corporal y al teatro del absurdo. Cuando el lenguaje estaba presente, se podían reconocer diferentes estructuras, pero éstas eran en gran parte no diegéticas, es decir, no intentaban describir una acción. De esta manera, se disolvía la orientación teleológica del uso del lenguaje. El objetivo estético de Kaprow era una experiencia elemental del lenguaje y de la acción, del arte y de la vida cotidiana, en la que participaban por igual la percepción acústica, óptica y sensorial. Para un contexto cultural, el proceso era una ritualización de todos los elementos que participaban, porque, a nivel social, el ritual funcionaba para el desarrollo comunitario y la promoción de la comunidad.

Normalmente, se entiende que un proceso de ritualización significa la liberación de una forma de conducta en un ritual. Como se ha mostrado, los *happenings* en la década de los años sesenta representaron una variedad de intersecciones donde las ideas encontraban culturas y medios de comunicación diferentes. Estos encuentros se caracterizaron por su cercanía al ritual y activaron la idea del intercambio como una forma social, estética y cultural independiente. De esta manera, el espacio público así como el ámbito público podían reinventarse empleando como base la tradición. Es, sobre todo, Richard Schechner quien señala de manera repetida, en su análisis teórico del arte escénico, la cercana conexión entre el arte escénico, el ritual y las prácticas lúdicas de las culturas tribales:

La vanguardia aparentemente es una actividad que rompe con las reglas. Sin embargo, en realidad la experimentación en las artes tiene su propia serie de reglas. Piénsenlo: los ambientes tecnológicos normales en los que viven y con los que viven la mayoría de los estadounidenses en la actualidad –automóviles y aviones, electrodomésticos, TV y estéreo, etc.– han cambiado mucho más radicalmente en los últimos setenta años de lo que han cambiado los intereses o las técnicas de la vanguardia. Las actividades escénicas a lo largo de todo el continuo –desde el juego hasta el ritual– son tradicionales en el sentido más básico (Schechner 1994, 11).

Debido a la adaptación de las prácticas rituales tradicionales que han hecho los artistas vanguardistas de *performance*, concluye Schechner, "(c)reo que encontraremos que el nuevo teatro es muy antiguo, y que nuestra vanguardia urbana localizada tiene su lugar junto a la tradición rural-tribal mundial" (1994, 40). Puesto que los rituales se han manifestado en todas las culturas, representan un fenómeno transcultural y tienen un efecto particularmente significativo en las culturas tribales. Con el fin de establecer la conciencia de su importancia en la sociedad occidental, muchos de los artistas vanguardistas lo necesitaron e incluyeron en su arte. Su giro hacia el ritual expresó el anhelo de un cambio y orientación, y fue influido por el primitivismo. Como resultado, el arte urbano adquirió las funciones que tradicionalmente realizan la danza ritualista, el juego y la acción en las culturas tribales más antiguas.[14] Surgió una visión de las prácticas artísticas que asociaba la actividad artística con la acción y la interacción humana más allá de las fronteras. Esto también mostró que las artes escénicas que visualizaban nuevas relaciones sociales y lazos comunitarios podían difundirse a todo el continente americano, a pesar de los diferentes sistemas políticos entre los países.

Al entrelazarse con lo estético, el efecto interactivo del ritual en el espacio público también se transfirió al proceso artístico. Sin duda,

---

14 Los rituales y las formas con influencia precolombina desempeñan un papel especialmente importante en el contexto americano. Con el cambio de los centros vanguardistas de Europa a América a principios de la década de los años cuarenta, hubo también un cambio en las influencias primitivistas. Mientras el vanguardismo y el modernismo europeos estaban orientados principalmente a predecesores africanos, la escena vanguardista americana fue un reflejo de las formas culturales cuya historia y tradiciones estaban conectadas al continente americano. Las ambiciones nacionalistas y artísticas se unieron en la medida en que la vanguardia realizó una demarcación cultural de Europa y estaba basada en sus propias tradiciones. Numerosos artistas vanguardistas descubrieron valores en las culturas precolombinas que no estaban vinculados a un contexto cultural específico. De esta manera, el foco de los escritos y obras de artistas como Barnett Newman o Jackson Pollock se encontraba principalmente en el significado universal de las formas y las estructuras de culturas arcaicas. Si bien al interés de los surrealistas en la mentalidad y la espiritualidad de las culturas primitivas muchos artistas vanguardistas americanos lo llamaron una fuente importante de influencia, estos últimos, sin embargo, se distanciaron de los elementos freudianos, lo que se reflejó en la estrecha asociación entre el espíritu primitivo y la psique individual en el surrealismo. Por otra parte, los artistas como Newman, Pollock y Gottleib hicieron énfasis en la importancia del arte primitivo para la expresión del inconsciente colectivo, el cual se aproximaba de una manera más accidental que consciente a Jung. Para el papel que desempeña el primitivismo en el arte visual de la década de los años cuarenta, véase Varnedoe (1984, 620-621).

con el énfasis en la simultaneidad y la expansión del espacio en los *happenings*, se debatieron las teorías sobre la presentación; pero, al mismo tiempo, se cuestionó el límite entre el mundo y el arte, el espacio público y el privado, y se puso de relieve una relación de congruencia. A nivel temporal, la acción artística abandonó la línea de tiempo fija de un *performance* cerrado y se abrió al flujo temporal de la vida cotidiana. Se aceptaron la interferencia y la discontinuidad como parte del proceso creativo. Dicha aceptación estimuló visiones utópicas y democráticas que, sobre la base de la interacción de los artistas entre ellos mismos y con el público, ubicaban el diseño de nuevas formas de coexistencia en la experiencia comunitaria inmediata del *performance*. Mediante las interacciones de los artistas del continente americano con artistas de Europa y Asia, las artes practicadas principalmente en Estados Unidos en la década de los años sesenta y su proximidad a los rituales que promueven a la comunidad tuvieron una importancia transcultural tremenda, puesto que las ideas estadounidenses también penetraron en el mundo del arte y los imaginarios sociales de Asia y Europa.[15]

15 Sobre este punto, véase *Greenwich Village 1963* de Sally Banes. En Fluxus esta autora ve una realización performativa de una utopía estadounidense en un espacio urbano y, con miras a la idea de comunidad de Ken Friedman, describe el efecto de Fluxus de la siguiente manera: "Cuando Fluxus se deslizó de estado en estado con festivales y filosofía … año tras año, no era estadounidense, porque pasó por *Estados Unidos*, era estadounidense porque adoptaba la generosidad, la buena vecindad pionera y la frivolidad estadounidenses" (1993, 65). En lo que se refiere a la proliferación de la vanguardia estadounidense, se podría pensar principalmente en los *performances* en Europa y Asia de John Cage y la compañía de danza de Merce Cunningham en la década de los años sesenta, y la presencia internacional de LeRoi Jones, Ornette Coleman y John Coltrane.

Los cuerpos, voces y *performances* negros en el espacio público

La cultura negra en la década de los años sesenta se convirtió en un semillero para el *performance* y la protesta en el espacio público. Como lo ha comentado George Yúdice, fue el movimiento por los Derechos Civiles y el del Poder Negro los que desarrollaron el poder del *performance* para lo político (2003, 72). Una mezcla de actividades a nivel de las bases, como las acciones del grupo *The Freedom Singers* y la vanguardia artística literaria y poética negra que surgieron alrededor de la escena del bebop y del jazz libre, presentó un coctel explosivo capaz de llegar a diversas secciones de la población negra y de la sociedad estadounidense. Uno de estos actos culturales significativos sucedió en la primavera de 1964 cuando LeRoi Jones, Charles Patterson, William Patterson, Clarence Reed y otros artistas negros inauguraron la *Black Arts Repertoire Theatre School* [Escuela Teatral del Repertorio de Artes Negras] en Harlem (Neal 1968, 29-30). No solo produjeron una serie de obras incluidas *Experimental Death Unit #One* [Unidad #1 de muerte experimental], *Black Mass* [Misa negra], *Jello* y *Dutchman* [Holandés] de Jones, sino que también iniciaron una serie de recitales de poesía y conciertos. A estos eventos los caracterizó una alta calidad artística y un alto contenido político radical. Lo más importante es que el *Black Arts Repertoire Theatre* sacó la cultura negra del teatro para llevarla a las calles.

De conformidad con sus ideas culturales radicales, el *Black Arts Theater* presentaba *performances* en diversos sitios públicos y calles de Harlem (Sell 2008). Por más de tres meses el teatro llevó conciertos, obras de teatro y recitales de poesía a la comunidad. Como afirma Neal, presentaron "obras de teatro que destrozaron las ilusiones de la entidad política estadounidense y despertaron en la comunidad afroamericana el significado de su vida" (1968, 30). Más allá de Harlem, grupos de Arte Negro se extendieron a Oakland, San Francisco, Los Ángeles, California, Detroit, Filadelfia, Nueva Orleáns y Washington D.C., llevando prácticas artísticas a sitios públicos en estas ciudades. Muchos recintos universitarios desde la costa oeste hasta la costa este presenciaron la aparición de los movimientos de Arte Negro a mediados de la década de los años sesenta. En Watts, Los Ángeles, después de los disturbios de 1965, Maulana Karenga formó un movimiento de Arte Negro que proporcionó una voz colectiva a la práctica artística del arte negro en el espacio público (33-34).

Para el movimiento de Arte Negro, el teatro, junto con la música, representaba potencialmente la más social de todas las formas artísticas. Para LeRoi Jones proporcionaba una forma de reflejar las relaciones sociales mediante la escenificación de cuerpos de afrodescendientes en el espacio público. Su obra de teatro *Dutchman* (1964) marcó la transición de este artista de artista vanguardista a nacionalista negro. La obra, ambientada en un metro de Nueva York, tradujo las convicciones del *Black Arts Theater* de que los *performances* debían reflejar los ámbitos públicos, alcanzarlos y cambiarlos. Esta obra estaba basada en la diferencia cultural y el odio racial, y mezclaba elementos del teatro vanguardista europeo (particularmente el teatro del absurdo ideado por Beckett y Ionesco) con formas afroamericanas de *performance*: danza, *minstrel show*, rap (Raussert 2003b). Jones pone en escena el cuerpo negro como una critica radical de la cultura al asociar ese cuerpo con Eros y Tánatos, señalando claramente las tensiones intraculturales, interétnicas y raciales en Estados Unidos y todo el continente americano. En el contexto de una dramatización del encuentro entre la mujer blanca Lula y el hombre negro de clase media Clay en el metro de Nueva York, se supone que la dimensión moral-ética de la historia del Antiguo Testamento es específica de género y especialmente específica cultural y racialmente. Mediante la asignación de papeles a los personajes –mujer blanca, hombre negro–, LeRoi Jones está jugando con una variedad de procesos y tensiones culturales que dan forma a la relación entre diferentes grupos étnicos en Estados Unidos. El rechazo cultural y la discriminación étnica en forma de antisemitismo y racismo impregnan toda la conversación, a veces grotesca y extraña, entre los dos protagonistas. La clasificación y el estigma están basados en distinciones étnicas, por las que la ironía, el humor y los hechos históricos se mezclan con fines polémicos.

Mientras ambos personajes recurren repetidamente a percepciones estereotípicas de la diferencia étnica, cimentando de este modo los límites culturales, Jones continuamente integra elementos estéticos que demuestran la complejidad real de los encuentros interculturales en Estados Unidos. Mediante la connotación de la tradición *minstrel,* el baile de Lula y la inserción de canciones destacan los procesos de préstamo cultural e intercambio intercultural entre grupos étnicamente diferenciados en Estados Unidos. Sin embargo, la acción de Lula también revela las jerarquías de poder en movimiento dentro del intercambio cultural. El encuentro que lleva a la rebelión verbal de Clay y su consiguiente asesinato por parte de Lula pone en escena la urgencia de la lucha colectiva negra contra la opresión. Se presenta la idea de la hermandad negra con las palabras finales de la obra, cuando los conductores negros saludan al pasajero negro que acaba de entrar con "¡Hola hermano!" Más allá de sus alusiones míticas e históricas, el metro como espacio público se convierte en el terreno mismo para el conflicto social y el cambio potencial.

El deseo de llevar el teatro a la gente y de convertir los sitios públicos en un campo de batalla para la justicia social y racial también motivó los recitales de lecturas llevados a cabo por poetas, con frecuencia en colaboración con músicos de jazz, como Ornette Coleman y John Coltrane. Y el espacio público se convirtió en el tropo central para que el discurso poético llamara a la acción a la población afroamericana. En los poemas de Jones como *Form is Emptiness* [La forma es el vacío], el ritmo, el poder expresivo y las figuras religiosas temáticamente prominentes expresan una visión religiosa-transcultural de una manera sonora y visual.[16] A mediados

16 Consúltese a French (1980). French describe la aplicación estética de las intenciones artísticas de LeRoi Jones en "*Form of Emptiness*" de la siguiente manera: "Baraka ha logrado reunir sus temas básicos con el fin de resaltar sus preferencias estéticas: la religión y la magia como formas ritualistas de integridad espiritual y social, los matices mágicos y

de la década de los sesenta, la visión de este autor se conectó cada vez más con un grado de sensibilización transnacional que unió África, América y al Caribe en su toma de conciencia sobre la existencia de un patrimonio cultural global afrodescendiente. En esta fase, Jones incorporó una ira y agresividad intensificadas en su discurso poético frente a la opresión de los blancos. "*Black Art*" [arte negro] (1965) pone en escena la revolución imaginada que hace referencia al espacio público en dimensiones horizontales y verticales (callejones, aviones). El poema está escrito para actuarlo en público como un discurso directo a un público que pronto se unirá a la lucha contra el colonialismo, el racismo y la opresión:

> … We want poems
> like fists beating niggers out of Jocks
> … We want poems that kill.
> Assassin poems, Poems that shoot
> guns. Poems that wrestle cops into alleys
> and take their weapons leaving them dead
> … Knockoff
> poems for dope selling wops or slick halfwhite
> politicians …. Airplane poems, rrrrrrrrrrrrrrrrrr
> Rrrrrrrrrrrrrrrr … tuhtuhtuhtuhtuhtuhtuhtuhtuh
> … rrrrrrrrrrrrrrrr … Setting fire and death to
> whities ass. (Jones 1969, 116)

> [… queremos poemas
> Como puños que sacan a golpes a los negros de Jocks
> … queremos poemas que maten.
> Poemas asesinos, Poemas que disparen
> pistolas. Poemas que luchen a brazo partido contra los policías en callejones

---

pretecnológicos del canto como sonido antirracionalista, y la idea de la poesía misma como sonido. Y la mezcla de estos temas da como resultado una estructura integrada que es coherente y sintomática del deliberado sentido de diseño que posee el poeta, en el momento preciso en que el poema, en su conjunto, se rebela contra la idea del diseño formal por sí mismo" (126-127).

y tomen sus armas dejándolos muertos
... Liquidados
poemas para italianos que venden drogas o políticos mañosos
medio blancos .... Poemas de avión, rrrrrrrrrrrrrrrrrr
Rrrrrrrrrrrrrrrrr ... tu-tu-tu-tu-tu-tu-tu-tu-tu
... rrrrrrrrrrrrrrrrr ... Prendiendo fuego y muerte
a traseros blancuchos.]

En "*Black Art*," la poesía se asocia con la dimensión física y la fuerza; los poemas se convierten en arsenal público. Jones sitúa la acción en el poema mismo. Dentro de su interpretación lírica, el texto poético se convierte en un agente: "poemas que disparen pistolas." Las secciones textuales también se alimentan de manera onomatopéyica de la convergencia de la expresión fonética y la acción. Las secciones del texto como "rrrrrrr" y "tu-tu-tu-tu" actúan como una reproducción acústica del avión y del ruido de una ametralladora. Por un lado, son una expresión directa de una energía que presiona para lograr un cambio, que Jones adjunta al texto lírico mismo. Por otro lado, hacen hincapié en el vínculo estrecho entre el lirismo y la actuación en la comprensión que tiene Jones de la poesía. Günter H. Lenz resalta el aspecto comunicativo de esta conexión:

> Al concebir su poesía como proceso, como actuación, Baraka en sus poderosas lecturas dramatiza, actúa la poesía como una comunicación con la música, con los músicos y la "música de la poesía" como una experiencia comunitaria con el público y como una provocación a éste. (1986, 193-231; 225)

"*Black Art*" propugna especialmente un sentimiento transnacional de unidad negra al nivel de la comunicación transcultural:

Let Black People understand
that they are the lovers and the sons
of lovers and warriors and sons
of warriors. Are poems & poets &
all the loveliness here in the world
We want a black poem. And a
Black World.

Let the world be a Black Poem
And Let All Black People Speak This Poem
Silently
Or LOUD (Jones 1969, 117)

[Dejen que la gente negra entienda
Que ellos son los amantes y los hijos
de amantes y guerreros e hijos
de guerreros. Son poemas & poetas &
toda la belleza aquí en el mundo
Queremos un poema negro. Y un
Mundo Negro.
Dejen que el mundo sea un Poema Negro
Y Dejen que toda la Gente Negra Diga Este Poema
De manera silenciosa
O EN VOZ ALTA]

El mundo se imagina como una *cosmopolis* habitada por afrodescendientes, y la referencia poética a hablar en voz alta señala el deseo de hacer oír la causa negra en todo el mundo. La actuación poética es un acto público y político.

En línea con el espíritu de la presencia pública y el cambio revolucionario, muchos elocuentes poetas-activistas surgieron en el movimiento del Poder Negro y de las Artes Negras durante la década de los años sesenta. Poetas como Sonia Sánchez, Nikki Giovanni, Etheridge Knight y Don L. Lee, crearon el *Broadside Quartet* de poetas jóvenes radicales. Su obra se enfocó en la lucha negra para la liberación de la opresión racial y económica, con poetas como Sánchez que usó el lenguaje de las calles para difundir el evangelio. Sánchez se encontraba entre las primeras poetisas que mezclaron las impresiones del gueto con letras minúsculas, barras oblicuas, barras inclinadas, rayas, líneas con guiones, ortografía no convencional, abreviaturas repentinas y otros usos no probados del lenguaje y la estructura para reinterpretar el poema como un acto público, investigando para quién y cómo debe actuarse. El habla callejera urbana hizo de sus poemas una poderosa reflexión sobre la práctica artística en el espacio público y un fuerte llamado a repensar el discurso de los ámbitos públicos.

Como Haki Madhubuti observa en *Black Women Writers, 1950-1980: A Critical Evaluation* [Escritoras negras, 1950-1980: Una evaluación crítica], Sánchez respetaba el poder del habla callejera urbana y fue más responsable que ningún otro poeta de "legitimar en forma escrita el uso del inglés urbano que habla la comunidad negra" (Madhubuti 1983, 135). Poetisas como Nikki Giovanni usaron la radio para transmitir poesía y declaraciones sobre su misión política. Los primeros poemas de esta autora surgieron de su respuesta a los asesinatos de figuras tales como Martin Luther King, Jr., Malcolm X, Medgar Evers y Robert Kennedy, y la urgencia que sentía de despertar la conciencia sobre la difícil situación y los derechos de los afroamericanos. En 1970 realizó su primera lectura pública en una sala repleta de público en Birdland, el famoso escenario de jazz de la ciudad de Nueva York, y ha continuado participando desde entonces en la poesía como un acto público. Ella recuerda,

> Así que empecé a hacer un programa nocturno de radio. WWRL fue uno de los primeros ... y yo decía '*El juicio de los negros, el juicio de los negros* se acerca.' Vengan a Broadway, a Birdland. Mandé invitaciones, fui a iglesias. Fue fantástico, porque teníamos alrededor de quinientas personas. En domingo. (Giovanni 2004, s.n.)

Llegar a un público numeroso y entrar a todos los dominios del ámbito público fue la esencia de los artistas del movimiento Artes Negras. La actuación pública de la poesía logró mayor fuerza en las décadas siguientes. En los años setenta y ochenta, poetas como Ntozake Shange y Jayne Cortez continuaron la tradición de actuar poemas acompañados con música. Cortez desarrolló sus habilidades escénicas como directora de la *Watts Repertory Theatre Company* [Compañía de Teatro de Repertorio Watts] en Los Ángeles entre 1964 y 1970. Más tarde convirtió la actuación pública de la poesía en eventos similares a cantos con el respaldo de su banda *The Firespitters*.[17]

Las prácticas de Arte Negro se convirtieron en patrones clave para la protesta social y política en público en la década de los años sesenta. Con un alcance aún mayor que los grupos de Arte Negro, los *Freedom Singers* y las canciones de libertad durante el Movimiento por los Derechos Civiles llevaron a las calles, por todo el sur y los centros urbanos al norte y el oeste, la tradición musical negra con nuevos mensajes políticos. Como recuerda Bernice Johnson Reagon, "Las canciones basadas en el *rhythm and blues,* por lo general, se cantaban en las esquinas de las calles, en las oficinas de las organizaciones del movimiento, en la cárcel y en las reuniones seculares" (1980, 14). Además, se cantaban canciones inspiradas en la religión por todo el sur en manifestaciones masivas, marchas y actividades del movimiento.

Ya durante el Boicot de Autobuses de Montgomery de diciembre de 1955 a diciembre de 1956, se realizaron manifestaciones masivas con discursos públicos y canciones para mantener unida a la comunidad y hacer que continuaran las protestas. La protesta de los estudiantes negros en las barras segregadas de restaurantes estuvo acompañada por cantos continuos en público. Cuando los golpeaban y los apresaban continuaban su actuación musical. Asimismo, cuando se detuvo y encarceló a los *Freedom Riders* en Misisipi, siguieron cantando en las prisiones, como la penitenciaría Parchman y la cárcel del condado de Hinds (Reagon 1980, 16). A medida que los trabajadores de los derechos civilews iban de ciudad en ciudad y a medida que su palabra e imagen llegaban lejos por televisión y radio, éstos difundían de manera eficaz la música y los mensajes del Movimiento por los Derechos Civiles.

La práctica artística musical en las iglesias y en las calles repercutió sobre el negocio de la música predominante a medida que la profusión musical del movimiento, consistente en canciones populares, de *gospel* y de temas de actualidad, alcanzaba el primer

17 https://www.modernamericanpoetry.org/poet/jayne-cortez.

lugar de las listas de éxitos populares en Estados Unidos durante la década de los años sesenta. Estas canciones tenían sus raíces en las tradiciones musicales negras del continente americano. En canciones como *Oh Freedom*, [Oh, libertad], *Freedom Now Chant* [Canto libertad ahora] y *Calypso Freedom* [Libertad calipso] se usaron patrones de llamada y respuesta, y se implementaron estructuras corales en las que los cantantes repetían la palabra "libertad" como contramelodía a la parte solista (Reagon 1980, 4). De esta manera, las canciones implicaban más canto para mover a las masas durante las reuniones y las marchas. *Calpyso Freedom* ejemplificó el intercambio interamericano entre la cultura negra del Caribe y la del sur estadounidense. La canción estaba basada en una canción caribeña tradicional popularizada por Harry Belafonte como *The Banana Boat Song* [La canción del bote de bananas] en la década de los años cincuenta. Estas canciones traducían un deseo de libertad e igualdad, y proporcionaban un estilo de interpretación idealmente adecuado para el desarrollo comunitario.

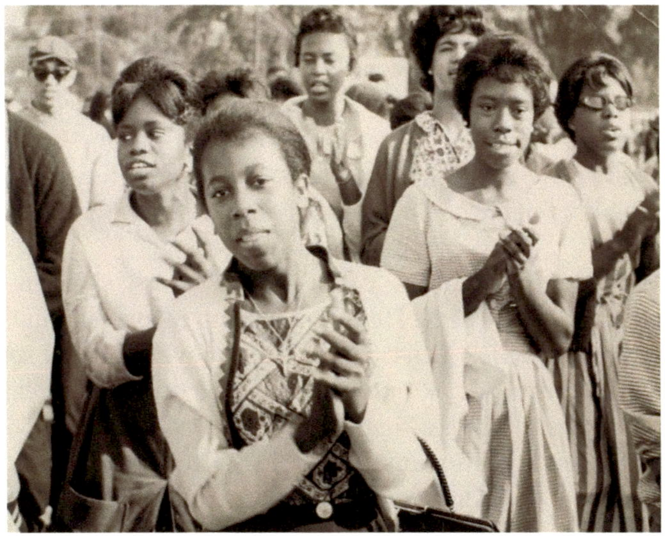

Cantantes Freedom Singers en una manifestación (1964)
(fotógrafo no identificado, Centro de la Amistad).

A medida que el Movimiento por los Derechos Civiles se transformaba en el Movimiento del Poder Negro, la música continuó desempeñando un papel clave en la lucha afrodescendiente y la política identitaria. Asimismo, se volvió un poderoso medio para llegar a un público más numeroso. La radio independiente afroamericana y Motown garantizaron una rica difusión de su música. Los discos de soul grabados por artistas negros, como Ray Charles, Sam Cooke, Jackie Wilson y Smokey Robinson, comenzaron a conquistar las listas de éxitos nacionales y a llegar a públicos blancos (Steinitz 2019; Guralnick 1986).

Alcanzar una alta visibilidad y audibilidad en las calles era central para la política de desarrollo comunitario del Movimiento del Poder Negro. Erguidos, vestidos con chamarras de cuero y boinas, desfilando en las calles, a veces con pistolas colgándoles libremente sobre los hombros, las Panteras Negras usaban una visibilidad icónica en el espacio público para establecer y asegurar las estructuras urbanas de los afroamericanos, incluidos la comida y los suministros médicos para la comunidad. Desde el primer momento, los músicos de soul de las Panteras celebraron el poder negro como consecuencia del Movimiento por los Derechos Civiles, y el asesinato de Malcolm X y Martin Luther King. El sonido de la música creada por afrodescendientes y las imágenes icónicas del Poder Negro en las calles, parques y otros sitios públicos crearon una fuerte presencia negra en sitios públicos en ciudades como Detroit, Nueva York y Oakland.

Celebridades musicales como James Brown, Marvin Gaye, Curtis Mayfield y Gil Scott Heron escribieron canciones y música en torno a algunos de los mensajes clave del movimiento. El soul y el funk fueron el estilo de la toma de conciencia negra y musicalmente llevaron el mensaje a los afroamericanos. En las décadas de los años sesenta y setenta, el Movimiento por los Derechos Civiles y el del Poder Negro y sus manifestaciones culturales en el espacio público proporcionaron referencias clave para la formulación de discursos antirracistas y la construcción de lo que Howard Winant ha denominado "negritud hemisférica" (2012 ix).

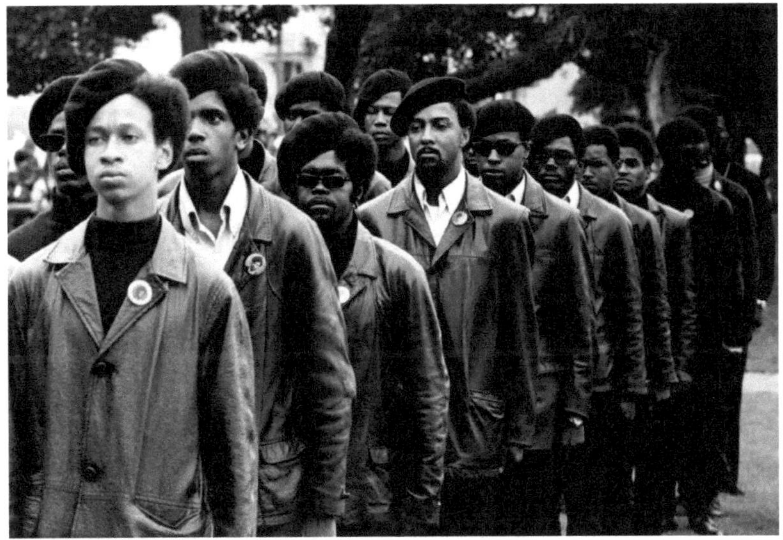

Las Panteras negras en un desfile durante la manifestación Liberen a Huey en Oakland (1969, © Shames 2017).

Los flujos interamericanos de música, imágenes icónicas, códigos de vestir y símbolos políticos de los afrodescendientes ayudaron a crear una fuerte afirmación de la presencia negra en el espacio público en grados diversos a todo lo largo del continente americano. En el Caribe anglohablante, el impacto de la política y la cultura afroamericana de Estados Unidos fue tremendo. Como resultado surgió un movimiento del Poder Negro caribeño (Quinn 2104) y los géneros musicales locales como el calipso, el ska y el reggae manifestaron su deuda a la música afroamericana (Fared 1998; Steinitz 2019). Sin embargo, el soul y el funk también viajaron a las comunidades negras de Colombia, Brasil y otros países. Al preceder el surgimiento del reggae y del hip-hop como culturas juveniles globales, la difusión transnacional de la música soul en las décadas de los años sesenta y setenta fue un fenómeno transcultural que ejemplificó, en palabras de Livio Sansone, la "globalización de la negritud" (2003, 1). Como afirma Steinitz, la difusión del soul y del funk representó un momento clave dentro de "un proceso continuo de transferencia cultural entre comunidades afrodiaspóricas con mucha movilidad en las que la cultura popular negra proveniente de Estados Unidos ocupó una posición prominente como un punto importante de identificación" (2019, 99).

Los flujos interamericanos también caracterizaron la relación entre la Revolución cubana y los pensadores radicales afroamericanos. Durante el Movimiento del Poder Negro, la organización afroamericana que posiblemente estableció las relaciones más estrechas con Cuba fue el Partido de las Panteras Negras para la Autodefensa (BPP, por sus siglas en inglés). El BPP tenía una fuerte tendencia izquierdista y estaba poderosamente inspirado por la Revolución cubana (Benvenutti 2015, 133). A la mayoría de los radicales afrodescendientes que apoyaban la Revolución cubana en la década de los años sesenta les gustaba el foquismo del Che Guevara y consideraban las tácticas de las guerrillas como una respuesta factible a la opresión racial cotidiana (132). Dichas tácticas incluían una inyección de imágenes, símbolos e ideas a un ámbito público más grande. Guevara, cuyas legendarias luchas revolucionarias afectaron a Norteamérica, Centroamérica, Sudamérica y África, fue una tremenda inspiración para los revolucionarios de todo el mundo durante la era anticolonial después de la Segunda Guerra Mundial. Las representaciones de Guevara también sirvieron bien como un modelo ideológico y rico en imágenes. La imagen icónica de Guevara con boina lo convirtió en la personificación de una revolución exitosa y una resistencia poderosa. Junto con el estilo de vestir bebop de la contracultura negra de la década de los años cincuenta, la postura revolucionaria de Guevara inspiró el uniforme e imagen para los desfiles de las Panteras Negras. Como guerrillas urbanas negras, las Panteras Negras también trasladaron modelos cubanos de desarrollo comunitario y flujo mediático para su apropiación de la política y estética locales en ciudades como Detroit, Nueva York y Oakland. Para presentar las ideas y el estilo en público, los diseños de los carteles cubanos de la Revolución cubana proporcionaron modelos creativos para la estética políticamente cargada de las Panteras Negras a finales de la década de los años sesenta.

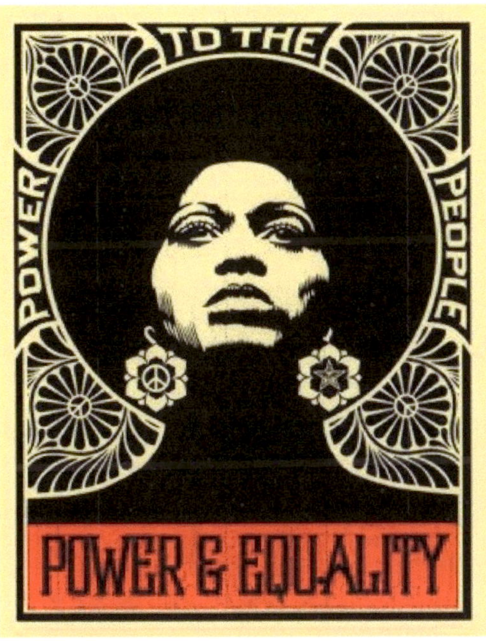

Power & Equality [Poder e igualdad] tomado de la historia del diseño gráfico en línea de Guity Novins.[18]

Las artes visuales en Cuba se basaron en una historia más larga consistente en vincular la estética y el *performance* con el compromiso social. Durante la Revolución cubana las artes visuales continuaron proporcionando representaciones visuales de visiones sociales. El diseño gráfico se convirtió en una expresión del arte revolucionario. El arte de los carteles en particular cumplió "el papel

18 http://guity-novin.blogspot.com/2012/08/chapter-60-posters-in-social-protests.html#BP.

de los foros y espacios para el diálogo público, el debate y la negociación del concepto del bien común en un paisaje geopolítico cambiante" (Story 2018, 6). Como señala el crítico Story:

> Las artes visuales se encontraban al frente del cambio de la orientación cultural y su proyección internacional. Ya para 1965, había comenzado a surgir dentro de la revolución una forma de arte revolucionaria: el diseño gráfico. Su medio preferido fue el cartel y se apoyó particularmente en esta forma artística debido a su rápida habilidad de responder a los eventos. (7)

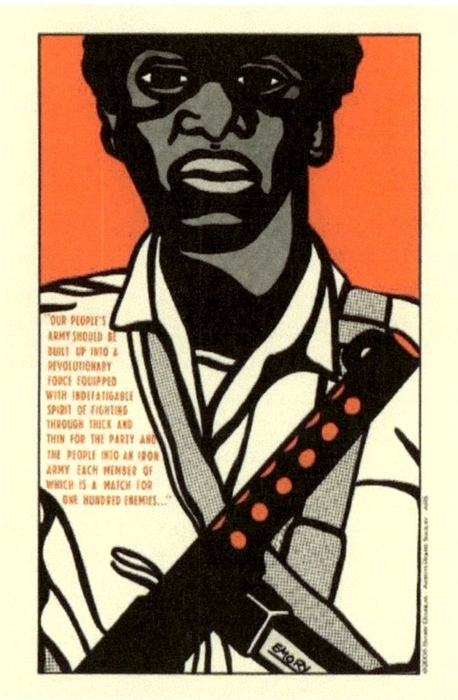

Our People's Army [El ejército de nuestro pueblo] tomado de la historia del diseño gráfico en línea de Guity Novin.[19]

19 http://guity-novin.blogspot.com/2012/08/chapter-60-posters-in-social-protests.html#BP.

De manera similar, los carteles como expresiones estéticas del Movimiento del Poder (del Arte) Negro sirvieron bien para responder a la crisis social e informar rápidamente a la comunidad sobre eventos, reuniones y acciones políticas.

La visualización de la protesta negra en sitios públicos llegó al clímax en 1967 con el que se supone que fue su primer mural en el espacio público de Chicago. El *Wall of Respect* [Muro del respeto] era un mural exterior hecho para la comunidad por un colectivo de artistas que incluyó al muralista de Chicago William Walter y otros pintores, diseñadores y fotógrafos (Alkalimat, Crawford y Zorach 2017, 3-7). En vez de crear una reseña histórica de los logros culturales y políticos afroamericanos, el *Wall of Respect* no seguía una cronología en su configuración de figuras clave de la cultura negra. Músicos de rhythm and blues y jazz como Aretha Franklin, Billie Holiday y Miles Davis, activistas políticos como Harriet Tubman, Marcus Garvey, Malcolm X y Stokely Carmichael, figuras literarias como la poetisa Gwendolyn Brooks, celebridades públicas como el boxeador Muhammad Ali y líderes religiosos como Elijah Muhammad, estaban alineados uno al lado del otro en el mural. En sus diferentes ámbitos sociales y épocas históricas estas figuras habían expresado su afirmación y orgullo en las culturas negras. Así que todas las figuras plasmadas en el muro hablaban a su manera al activismo del Movimiento del Poder Negro que se había difundido en Chicago para 1967. En el centro de la composición estaba Malcolm X, entronizado como una figura clave por haber servido como la inspiración fundamental para el Partido de las Panteras Negras con su llamado a la separación del mundo de los negros del mundo de los blancos. Si bien el mural fue destruido en un incendio y la consiguiente demolición del edificio en 1971, todavía se considera la pieza instigadora de arte público que inició el muralismo negro así como el muralismo chicano en Chicago a finales de la década de los años sesenta.

El teatro chicano en las calles, sobre camiones de plataforma y en salones sindicales

Central para las formas interamericanas de teatro en público en Estados Unidos fueron las obras de *El Teatro Campesino*. Desde su creación, *El Tesatro Campesino* y su fundador y director artístico Luis Valdez establecieron los estándares estéticos y políticos para la producción teatral latina en Estados Unidos. Fue un teatro que surgió directamente de las condiciones sociales de los campesinos de la costa oeste, la mayoría de ellos de origen mexicano o latino. Fundado en 1965 durante la Huelga de Uvas en Delano del Comité Organizador de Trabajadores Agrícolas Unidos de César Chávez, la compañía *El Teatro Campesino* escribió y llevó a cabo "actos" o representaciones cortas sobre camiones de plataforma en las calles así como en escenarios de salones sindicales. Se concibieron estas obras como expresiones dramáticas del pueblo para el pueblo (Broyles-González 1994), se escribieron explícitamente para representarse en público con una apelación directa a los trabajadores y al público en general. La compañía demostró un alto grado de movilidad y llevó los actos de gira para dramatizar la difícil situación y causa de los campesinos. Por ello, frecuentaron diferentes sitios públicos en diversos pueblos y ciudades para despertar una conciencia social translocal. La compañía también reveló una conceptualización híbrida del teatro que sintetizaba diversas tradiciones culturales y religiosas. Al tomar prestados elementos del drama ritual sagrado azteca y maya, el drama religioso español misionero del siglo XIX y la comedia del arte, *El Teatro Campesino* fusionó diversas tradiciones teatrales comunitarias en su ocupación del espacio público para la protesta social y el desarrollo comunitario de redes. Por ser una figura importante para vincular lo social con lo teatral, la compañía recibió el reconocimiento nacional cuando se le otorgó un premio Obie por "demostrar la política de la supervivencia" y el premio de los Críticos de Drama de Los Ángeles en 1969 y 1972. El panorama político de *El Teatro Campesino* se amplió entre 1967 y 1972 y abarcó una amplia variedad de temas incluidos el racismo, la guerra de Vietnam y la educación. El teatro también fue la fuerza impulsora para "la explosión de las artes chicanas," en especial en la forma de murales públicos (Barnet-Sánchez 2012, 246-251).

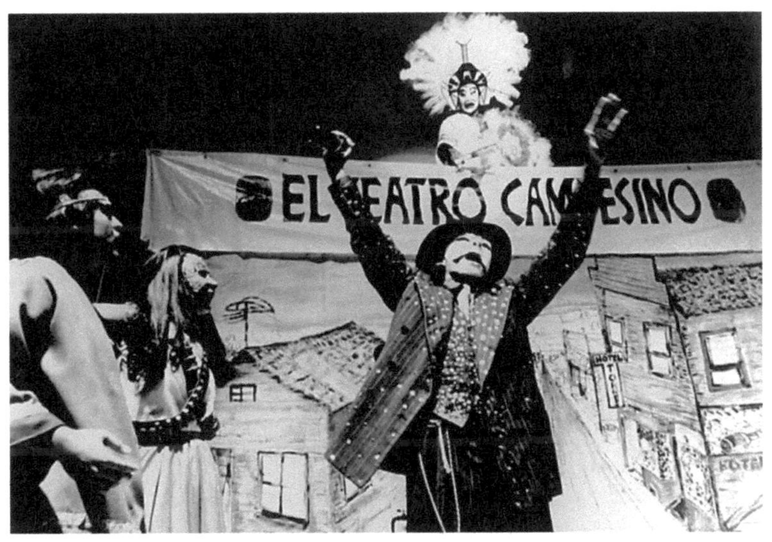

El Teatro Campesino, 16 de noviembre de 1970 (cortesía de la revista *American Theatre*).

Los muralistas chicanos se inspiraron en *La América Tropical* de Siqueiros (1932), que fue el primer mural a gran escala en Estados Unidos que creó un espacio público al ser pintado sobre un muro exterior ordinario. Esta práctica se adquirió durante los disturbios políticos y sociales causados por la guerra de Vietnam y el Movimiento Chicano por los Derechos Civiles. *La América Tropical* adquirió gran trascendencia al convertirse en la predecesora y prototipo de los murales chicanos de los activistas en la década de los años sesenta. El muralismo chicano continuó con el impacto causado por el muralismo mexicano en el ámbito artístico estadounidense en la década de los años treinta, al expresar la función social y política del arte durante el turbulento periodo de las décadas de los años sesenta y setenta.

Basado en flujos anteriores del sur al norte, el movimiento chicano, que luchaba por la integración y la igualdad de derechos de los latinos, cobró impulso en Estados Unidos en la década de los años sesenta. Como una voz estética importante, el Movimiento Artístico Chicano representaba los intentos de los artistas mexicoestadounidenses por establecer una identidad artística única para los mexicoestadounidenses en el arte chicano estadounidense. Estaban influidos por las post-ideologías, el arte precolombino, la pintura europea y cuestiones sociales, políticas y culturales mexicoestadounidenses. El movimiento desafió las normas sociales y estereotipos dominantes en aras de la autonomía cultural y la autodeterminación. Las cuestiones abordadas por el movimiento incluían la conciencia de la historia y cultura colectivas, la restauración de concesiones de tierras e igualdad de oportunidades para la movilidad social. Durante todo el movimiento y más allá, los chicanos usaron el arte para expresar sus valores culturales como protesta social o con fines estéticos (Goldman y Ybarro-Frausto 1991; Jackson 2009). El arte evolucionó con el tiempo, ejemplificando luchas y cuestiones sociales actuales. Además, proporcionó a la juventud chicana un sentido de identidad cultural e historia compartida. El arte chicano se definió a sí mismo como un foro público para llamar la atención sobre historias y gente "invisibles," representándolos en una forma híbrida única de arte estadounidense.

El muralismo chicano recibió mucha influencia de muralistas prominentes del movimiento mexicano. No obstante, se distinguió de las tradiciones muralistas mexicanas por mantener que la producción fuera hecha por los miembros de la comunidad chicana y para la misma comunidad; sus murales representaron historias alternativas en los muros de los barrios y otros espacios públicos, y no dependieron del financiamiento gubernamental para que los pusieran en los museos o edificios gubernamentales. Además, de manera similar al proceso creativo de las producciones de El Teatro Campesino, el arte muralista chicano favoreció el trabajo colectivo, incluidas las colaboraciones entre múltiples artistas y miembros de la comunidad. La propiedad de un mural con frecuencia se otorgaba a toda la comunidad. La importancia del mural era su accesibilidad y carácter inclusivo, pintado en espacios públicos como una forma de afirmación cultural y educación popular. Si bien la mayoría de los muralistas eran hombres, surgieron importantes muralistas mujeres en el movimiento chicano, incluidas Celia Herrera Rodríguez y Rosalinda Montez Palacios.

Pensamientos a modo de conclusión: escenificar y escribir el cuerpo en un espacio público o como un espacio público, o la nueva cuadrícula de la aldea global tiene fracturas

La década de los años sesenta se caracterizó por una obsesión con el espacio. La carrera espacial entre Rusia y Estados Unidos y el primer hombre que puso el pie en la luna en 1969 marcaron su clímax fuera del planeta. Las culturas juveniles deseaban dejar atrás las cuadrículas urbanas de vigilancia y control para vivir nuevas experiencias de culturas compartidas en festivales de música, como Woodstock, en entornos rurales. Los artistas de todo el mundo buscaban romper la cortina de hierro de la política de la guerra fría. Las protestas y las culturas del *performance* en las calles transformaron el espacio público en espacios conflictivos y, sin embargo, promisorios, de renovación cultural desde dentro de la cuadrícula. Si bien el diseño de la "aldea global" de McLuhan (1962) prometía un futuro utópico basado en la tecnología para el planeta, la guerra en Vietnam, la opresión militante en regímenes totalitarios latinoamericanos y la guerra racial en el sur estadounidense y ciudades como Detroit en 1967 revelaron divisiones sociales profundas en el continente americano.

Como muestran los diversos ejemplos de teatro y artes escénicas en el continente americano de la década de los años sesenta, se multiplicaron los ámbitos públicos, se impugnó el espacio público y las calles fueron sitios de lucha política y resistencia: una lucha por la inclusión así como la diferencia. La utopía de la aldea global de

McLuhan inspiró la comunicación transcultural, transétnica y transnacional. Mientras artistas como Kaprow y Minujín acogieron su diseño cosmopolita tecnocrático en su práctica artística transcultural, los poetas y los artistas del movimiento *Black Arts*, del movimiento chicano y de la contracultura mexicana y estadounidense como *la Onda* y los poetas beat adoptaron una postura de oposición contracultural a las ideas tecnocráticas y colonialistas de progreso y control, y provocaron la resistencia a sus respectivas visiones artísticas de comunidad.

La poesía para la Generación Beat, los poetas de *Black Arts* y los escritores de *La Onda* era texto, espectáculo y *performance* en uno. Las lecturas en público crearon experiencias ritualistas de compartir poemas, visiones y sueños, y transformaron la poesía en una experiencia y práctica comunitarias. Haciendo referencia al cuerpo político poético de Walt Whitman y Charles Olson, los poetas como Allen Ginsberg, Jack Kerouac, Leonora Kandel, Sonia Sanchez, José Agustín y Amiri Baraka (Jones 1969) repensaron la relación del cuerpo con los espacios y ámbitos públicos. En sus escritos, el cuerpo se convirtió en un sismógrafo de la política cultural, étnica, racial y sexual. El cuerpo también se convirtió en un canal para la mediación de los deseos religiosos, económicos, artísticos y eróticos controlados o negados por la corriente dominante. Como contraste a los cuerpos hegemónicos colocados en pedestales públicos, estos cuerpos que realizaban performaces redefinieron el espacio público como algo popular, democrático, permeable, flexible y comunitario.

Los *happenings* y el cuerpo cristalizaron especialmente como piezas clave para el desarrollo del teatro y las artes escénicas. El crítico Mijail Bajtín teorizó que la representación de lo físico está estrechamente vinculada con la idea del cambio social y la renovación cultural. El cuerpo, en su opinión, señala más allá de los límites de lo individual a lo extraño y distante, lo que, por lo tanto, sugiere una conexión entre el individuo y una comunidad global uniforme más grande. Según Bajtín, las formas grotescas del cuerpo dominan el discurso artístico de la gente no europea así como el folclor en Europa, lo que resalta en ambos casos la naturaleza procesal fundamental de la presencia corporal: "El cuerpo grotesco no está nunca listo ni acabado: está siempre en estado de construcción, de creación" (Bajtín 2003, 259). Puesto que el cuerpo para Bajtín es la génesis y también el sitio de interacción con el mundo, este autor resalta aquellas partes del cuerpo que lo caracterizan como abierto y que cruzan límites: el abdomen, el falo, la boca y el ano (223). Obviamente los aspectos comunicativos son importantes para Bajtín: "todas estas partes corporales prominentes están caracterizadas por el hecho de que son el lugar donde se superan las fronteras entre dos cuerpos y entre el cuerpo y el mundo, donde se efectúan los cambios y las orientaciones recíprocas" (259). A partir de componentes temporales, que conectan directamente el cuerpo con el evento como un momento de cambio, Bajtín presenta el acto de la concepción, el nacimiento y la muerte.

En la corriente principal de muchas sociedades del continente americano, el cuerpo todavía se consideraba como algo estrictamente privado hasta la década de los años sesenta, y ocuparse de él a menudo se caracterizaba por la mojigatería tanto en los medios públicos como artísticos (Banes 1993, 193-204). Además, para muchos artistas, el aislamiento del cuerpo en un ámbito privado era simbólico de una sociedad que le daba mayor importancia al bienestar personal del individuo y apenas consideraba la idea de comunidad. Los pensamientos de Bajtín sobre el cuerpo y el cambio social parecen un guión básico para una nueva orientación en el teatro y las prácticas escénicas en la década de los años sesenta. Asimismo, se puede interpretar como una inspiración para la poética corporal de Allen Ginsberg en relación con el espacio y el ámbito públicos.

Probablemente es la expresión poética de Ginsberg la que capta mejor la intrincada relación entre la práctica artística, el cuerpo humano, el espacio público y lo social en la década de los años sesenta, y las esperanzas que se atribuyeron al *performance* público. Siguiendo la metáfora corporal de Walt Whitman en poemas como "*Song of Myself*" [Canto a mí mismo] y "*I Sing the Body Electric*" [Yo canto al cuerpo eléctrico], Ginsberg ideó un discurso poético que transmutaba las luchas físicas entre el apocalipsis y la utopía en una visión transcultural y transreligiosa de un mundo que prometía la renovación de las relaciones humanas. Aunque la filosofía y la religión orientales fueron influencias provenientes de lejos, sus estancias en México le proporcionaron una visión cósmica originada por una sociedad que estaba geográficamente cercana y, sin embargo, como lo percibieron los poetas beat, era profundamente heterogénea así como diferente. El diseño de la unión cósmica en los escritos y *performances* públicos de Ginsberg se definía mediante el cuerpo y sus asociaciones físicas heterosexuales y homosexuales. Como fue en las artes escénicas de la década de los años sesenta en general, sentir y tocar los cuerpos fueron los tropos clave de su poesía, lo que sirvió para provocar el surgimiento de nuevas identidades comunitarias. Para muchos artistas no fue el cuerpo monádico idealizado, sino un cuerpo expuesto públicamente, incluso grotesco, lo que prepararía el terreno para la renovación de las relaciones sociales.[20] En muchas líneas del poema de Ginsberg "*The Change: Kyoto-Tokyo Express*" [El cambio: Expreso Kioto-Tokio] esta representación abierta de lo corpóreo es evidente: *I am that I am I am man & the Adam of hair in my loins* [Soy el que soy soy/hombre & el Adán de pelo en mis entrañas] (1982, 59-60).

Para Ginsberg, lo físico es la matriz de lo erótico, lo social y lo espiritual. Similar a la percepción de su propio cuerpo, la divinidad se describe como un cuerpo grotesco de cuatro extremidades, lo que sobresale en el llamado de Ginsberg a la divinidad en "*The Change: Kyoto-Tokyo Express*": "Come great God back to your only image, come to your many eyes and breasts, come turn thought and motion up all your arms" [Regresa gran Dios a tu sola imagen, regresa a tus muchos ojos y pechos, ven intensifica el pensamiento y el movimiento por todos tus brazos] (1982, 61).

En su concepción de divinidades múltiples, es también una instancia divina la que da aprobación social a la sexualidad más allá

20 Para más información sobre la distinción entre el cuerpo grotesco y el monádico hecha por Bajtín, sírvase consultar Benthien y Wulf (2001, 14-16).

de la normatividad heterosexual y, de esta manera, abre espacios para imaginar nuevas comunidades y amalgamas sociales. En "*Wichita Vortex Sutra*" la transgresión de fronteras afecta la trascendencia de conceptos tradicionales como nación, cultura y Dios. El discurso profético de Ginsberg está basado en un grupo transcultural de profetas que, en sus enumeraciones de yuxtaposición, recuerdan el poema de Whitman:

> I call all Powers of imagination
> to my side in this auto to make Prophecy,
> all Lords
> of kingdoms to come
> Shambu Bharti Baba naked covered with ash
> Khaki Baba fat-bellied mad with the dogs
> Dehorahava Baba who moans Oh how wounded, How wounded
> Citaram Onker Das Thakur who commands
> give up your desire …
> William Blake the invisible father of English visions
> Sri Ramakrishna master of ecstasy eyes …
>   Preserver Harekrishna returning in the age of pain
> Sacred Heart my Christ acceptable
> Allah the Compassionate One
> Jaweh Righteous One
> All Knowledge-Princes of Earth-man, all
> ancient Seraphim of heavenly Desire, Devas, yogis
> & holymen I chant to –
> Come to my lone presence
> into this vortex named Kansas,
> I lift my voice aloud,
> make Mantra of American language now,
> I hear declare the end of the War!
> Ancient days' Illusion!
> and pronounce words beginning my own millennium.
> (Ginsberg 1982, 126-127)

> [Convoco a todos los Poderes de la imaginación
> a mi lado en este auto para hacer Profecía,
> a todos los Señores

de los reinos a que vengan
Shambu Bharti Baba, desnudo, cubierto con ceniza
Khaki Baba barrigón enloquecido con los perros
Dehorahava Baba, que gime Oh cuán herido, cuán herido
Citaram Onker Das Thakur que ordena
renuncia a tu deseo ...
William Blake el padre invisible de visones inglesas
Sri Ramakrishna maestro de los ojos de éxtasis ...
Preservador Harekrishna que retorna en la edad del dolor
Sagrado Corazón mi Cristo aceptable
Alá el Compasivo
Yahvé el Justo
A todos los Príncipes del Saber de los hombres terrestres, todos
A los antiguos Serafines del Deseo celestial, Devas, yogis
& santos les canto –
Vengan a mi solitaria presencia
A este vórtice llamado Kansas,
Levanto mi voz,
hago Mantra del lenguaje americano ahora,
¡Aquí declaro el fin de la Guerra!
¡Ilusión de los días antiguos!
Y pronuncio palabras empezando mi propio milenio]

La conceptualización que hace Ginsberg del lenguaje americano es transcultural, bañada en misticismo. Sus repeticiones parecidas a un canto, que extrajo de las tradiciones de los afroamericanos y orientales, ejemplifican la base performativa de su poesía:

Holy! Holy! Holy! Holy! Holy! Holy! Holy! Holy! Holy! Holy! Holy! Holy! Holy! Holy! Holy. (Ginsberg 1982, 27)
[¡Santo! ¡Santo! ¡Santo! ¡Santo! ¡Santo! ¡Santo! ¡Santo! ¡Santo! ¡Santo! ¡Santo! ¡Santo! ¡Santo! ¡Santo! ¡Santo!]

Ginsberg produce una densidad lingüística y una intensidad performativa que subraya la creencia de que la utopía está aquí y ahora. Se rompen continuamente las categorías convencionales de tiempo y espacio en "*Footnote to Howl*" [Pie de página para Aullido]. La eternidad, el tiempo y el momento se mezclan en una especie de éxtasis poético: "*Holy time in eternity holy eternity in time*" [Tiempo sagrado en la eternidad eternidad sagrada en el tiempo] (Ginsberg 1982, 28). Además, Ginsberg resuelve la separación entre los espacios públicos y privados, y declara sagradas metrópolis nacionales e internacionales: "*Holy Nueva York Holy San Francisco Holy Peoria & Seattle Holy París Holy Tangiers Holy Moscow Holy Istanbul*!" [¡Santa Nueva York Santo San Francisco Santos Peoria & Seattle Santo París Santo Tánger Santo Moscú Santo Estambul!] (28). El hecho de que Ginsberg no interrumpe la lista de ciudades con comas ni con guiones ni puntos de exclamación sugiere la cohesión global metafórica de ciudades geográficamente distantes. La poesía para el espacio público y dentro de él fue un medio para que Ginsberg celebrara la interconectividad de una multitud de sitios públicos y la interdependencia de ámbitos públicos diferentes y, en ocasiones, conflictivos.

Al actuar y protestar en público, los artistass de las décadas de los años sesenta y setenta idearon prácticas artísticas para redefinir las relaciones entre sujeto y sujeto, y entre el sujeto y el mundo. Según Stuart Hall, "(t)odos escribimos y hablamos desde un lugar y un momento determinados, desde una historia y una cultura específicas" (2010, 349). Si bien esto definitivamente parece cierto para un ciudadano que se ubica, en el sentido aristotélico o platónico, en una polis o ciudad específica, se podría cuestionar la suposición de Hall al analizar la posición de los poetas y los artistas escénicos que en la década de los años sesenta dejaron atrás de manera consciente el cierre espacial teatral –ya sea el del escenario teatral, ya sea el de las fronteras de la comunidad– y de los artistas que crearon eventos, *happenings* y *performances* que se llevaron a cabo de manera simultánea en locales múltiples.

La televisión, el viaje espacial, la información satelital, todas estas cosas sugerían una nueva ola de cosmopolitización. Sin embargo, las formas en que estos artistas miraban el mundo dividió el ideal de la aldea global en presencia local, lucha, emergencia y crisis. Al acercarse a las calles, desafiaron el diseño utópico abstracto y distante de la nueva cuadrícula, la "aldea global." La experiencia del *Living Theatre* en Brasil reveló que la protesta artística y la lucha política en las calles era más arriesgada en algunos lugares que en otros en el continente americano. Muchos de los artistas de los *performances* criticaron el peligro potencial de las opiniones poco comprometidas que venían desde arriba. Si bien sus prácticas artísticas exploraban la posibilidad del espacio público como un sitio social y estético que se encontraba más allá de territorios geopolíticos fijos, más allá de oposiciones diametrales del interior y del exterior, del centro y del margen, una de sus mayores contribuciones fue señalar las grietas en los modelos contemporáneos de las relaciones sociales basados en la tecnología y la tecnocracia (Roszak 1995, 15-56). Sus prácticas artísticas, que hacían hincapié en el cuerpo humano en su relación con el espacio público, se convirtieron en un modelo para la acción social y el activismo político.

Obras citadas

Alkalimat, Abdul, Romi Crawford, y Rebecca Zorach. 2017. "Introduction." En *The Wall of Respect: Public Art and Black Liberation in 1960s Chicago,* ed. Alkimat, Crawford y Zorach, 3-7. Evanston, Ill.: Universidad de Northwestern.

Bajtín, Mijail M. 2003. *La cultura popular en la Edad Media y el Renacimiento. El contexto de Francois Rabelais*. Madrid: Alianza Editorial

Banes, Sally. 1993. *Greenwich Village 1963: Avant-Garde Performance and the Effervescent Body*. Durham: Universidad Duke.

———. 1977. *Terpsichore in Sneakers: Post-Modern Dance*. Hanover: Universidad de Wesleyan.

Barnet-Sanchez, Holly. 2012. "Radical Mestizaje in Chicano/a Murals." En *Mexican Muralism: A Critical History,* ed. Alejandra Anreus, Leonard Folgarait y Robin Adele Greeley, 246-251. Berkeley, California: Universidad de California.

Benthien, Claudia, y Christoph Wulf. 2001. "Einleitung: Zur kulturellen Anatomie der Körperteile." En *Körperteile: Eine kulturelle Anatomie*, ed. Claudia Benthien y Christoph Wulf, 9-26. Reinbek: Rowohlt.

Benvenutti, Alberto. 2015. "African American Radicals and Revolutionary Cuba from 1959 until the early Black Power Years." En *Discourses of Emancipation and the Boundaries of Freedom*, ed. Leonardo Buonomo y Elisabetta Vezzosi, 129-137. Selected Papers from the 22nd AISNA Biennial International Conference, EUT Edizioni Università di Trieste.

Biner, Pierre. 1972. *The Living Theatre*. Nueva York: Horizon Press.

Bradford, D. Martin. 2004. *The Theater is in the Streets: Politics and Public Performance in 1960s America*. Cambridge: Universidad de Massachusetts.

Brody Devere, Jennifer. 2008. *Punctuation: Art, Politics, and Play*. Durham: Universidad Duke.

Broyles-Gonzalez, Yolanda. 1994. *Teatro Campesino: Theater in the Chicano Movement*. Austin: Universidad de Texas.

Charles, Daniel. 1989. Trans. Peter Geble y Michaela Ott. *Zeit-spielräume: Performance Musik Ästhetik*. Berlín: Merve.

Decker, Arden. 2015a. "The Panic Man. Shock and Alejandro Jodorowsky's Panic Theory." Contemporary Art in the Americas 3. https://terremoto.mx/article/the-panic-man-shock-andalejan-dro-Jodorowskys-panic-theory/.

———. 2015b. *Los Grupos and the Art of Intervention in 1960s and 1970s Mexico*. Nueva York: Graduate Center, City Universidad de Nueva York.

Delany, Samuel R. 1990. *The Motion of Light in Water: East Village Sex and Science Fiction Writing: 1960-65*. Londres: Paladin.

Fared, Grant. 1998. "Wailin' Soul: Reggae's Debt to Black American Music." En *Soul – Black Power, Politics, and Pleasure*, ed. Monique Guillory y Richard C. Green, 56-74. Nueva York: Universidad de Nueva York.

Foucault, Michel. 1979. *Discipline and Punish: The Birth of the Prison*. Nueva York: Vintage.

French, Warren. 1980. *Amiri Baraka*. Boston: Twayne Publishers, 1980.

García, Angelica. 2005. *Teatro Pánico. Alejandro Jodorowsky en México*. Television program. Mexico City: CENIDIAP in collaboration with Canal 23 and CENART. TV.

Ginsberg, Allen. 1982. *Planet News 1961-1967*. San Francisco: City Lights Books.

Giovanni, Nikki. 2004. "Interview by Julian Bond." Universidad de Virginia. https://blackleadership.virginia.edu/transcript/giovanni-nikki.

Giovanni, Nikki. "Interview by Julian Bond." 14 de abril de 2004. Universidad de Virginia. https://blackleadership.virginia.edu/-transcript/giovanni-nikki.

Goldman, Shifra M., y Thomas Ybarro-Frausto. 1991. "The Political and Social Contexts of Chicano Art." En *Chicano Art: Resistance and Affirmation*, ed. Richard Griswold del Castillo, Teresa McKenna y Yvonne Yarbro-Bejarano, 83-108. Los Ángeles: Wight Art Gallery, Universidad de California.

Guralnick, Pete. 1986. *Sweet Soul Music: Rhythm and Blues and the Southern Dream of Freedom*. Nueva York: Harper y Row.

Hall, Stuart. [1990] 2010. "Identidad cultural y diáspora." En *Sin garantías. Trayectorias y problemáticas en estudios culturales*, ed. Stuart Hall, 349-361. Popayán/Lima/Quito: Envión Editores/IEP/Instituto Pensar/Universidad Andina Simón Bolívar.

Jackson, Carlos Francisco. 2009. *Chicana and Chicano art: ProtestArte*. Tucson: Universidad de Arizona.

Jappe, Elisabeth. 1993. *Performance – Ritual – Prozeß. Handbuch der Aktionskunst in Europa*. München/Nueva York: Prestel Verlag.

Jodorowsky, Alejandro. 1965a. "Hacía el 'efimero' pánico o ¡sacar el teatro del teatro!." En *Teatro pánico*, ed. Alejandro Jodorowsky, 12-13. México: Era.

———. 1965b. *Teatro pánico*. Mexico City: Era.

Jones, LeRoi. 1969. "Black Art." En *Black Magic: Sabotage Target Study Black Art: Collected Poetry 1961-1967*, ed. LeRoi Jones, 116-117. Nueva York: The Bobbs-Merrill Company.

Kaprow, Allan. 1995. "Excerpts form 'Assemblages, Environments & Happenings.'" En *Happenings and Other Acts*, ed. Mariellen R. Sandford, 235-245. Londres: Routledge.

———. 1993. "Happenings in the Nueva York Scene." En *Essays on the Blurring of Art and Life: Allan Kaprow*, ed. Jeff Kelley, 15-26. Berkley: Universidad de California Press, 1993.

———. 1966. "18 Happenings in 6 Parts/the Script." En *Happenings: An Illustrated Anthology*, ed. Michael Kirby, 53-66. Nueva York: Dutton.

Kirby, Michael. 1965. *Happenings: An Illustrated Anthology*. Nueva York: Dutton.

Kusama, Yayoi. 2011. *Infinity Net. The Autobiography of Yayoi Kusama*. Chicago: Universidad de Chicago.

Lenz, Günter H. 1986. "The Politics of Black Music and the Tradition of Poetry: Amiri Baraka and John Coltrane." *Jazzforschung/Jazz research* 18: 193-231.

Madhubuti, Haki. 1983. "Sonia Sanchez." En *Black Women Writers at Work*, ed. Claudia Tate, 132-148. Nueva York: Continuum.

McLuhan, Marshall. 1998. *La galaxia Gutenberg. Génesis del homo tipográfico.* Traducción Juan Novella. Barcelona, Círculo de Lectores.

McLuhan, Marshall. 1997. *El medio es el masaje. Un inventario de efectos.* Traducción León Mirlas. Barcelona: Editorial Paidós.

McLuhan, Marshall. 1967. *The Medium is the Massage: An Inventory of Effects*. Londres: Penguin Press.

———. 1962. *The Gutenberg Galaxy: The Making of Typographic Man*. Londres: Routledge.

Moore, Alan W. 2011. *Protest & Counterculture in Nueva York City*. Nueva York: Autonomomedia.

Neal, Larry. 1968. "The Black Arts Movement." *Drama Review* 12: 29-39.

Newman, Simon P. 1996. "Wearing Their Hearts on Their Sleeves: Reading the Tattoos of Early American Seafarers." En *American Bodies: Cultural Histories of the Physique*, ed. Tim Armstrong, 18-31. Sheffield: Sheffield Academic Press.

Quinn, Kate. 2014. *Black Power in the Caribbean*. Miami: University Press of Florida.

Raussert, Wilfried. 2003a. "Reinterpreting the Body: Gender, Utopia, and the Innovations of the *Judson Dance Theater* and the *Living Theatre*." En *New Beginnings in American Drama and Theatre*, ed. Christiane Schlote y Peter Zenziger, 434-435. Trier: WVT.

———. 2003b. *Avantgarden in den USA. Zwischen Mainstream und Erneuerung*. Fráncfort del Meno/Nueva York: Campus.

Reagon, Bernice Johnson. 1980. *Voices of the Civil Rights Movement, Black American Freedom Songs*. Washington: Smithsonian.

Rojas, Rafael. 2016. *Fighting over Fidel: The Nueva York Intellectuals and the Cuban Revolution,* traducción Carl Good. Princeton: Universidad de Princeton.

Rosenthal, Cindy. 2011. "The *Living Theatre*'s Arrested Development in Brazil: An Intersection of Activist Performances." En *Avantgarde Performance and Material Exchange: Vectors of the Radical*, ed. Mike Sell, 60-76. Nueva York: Palgrave.

Roszak, Theodore. 1995. *The Making of a Counterculture: Reflections on the Technocratic Society and Its Youthful Opposition.*

Roszak, Theodore (1981) *El nacimiento de una contracultura. Reflexiones sobre la sociedad tecnocrática y su oposición juvenil*. Traducción: Ángel Abad. Barcelona: Editorial Cairos. Berkeley: Universidad de California.

Rothman, Angela. 2016. "Revolutionary Theatricality: Dramatized American Protest 1967-1968." *Universidad de Oregon Libraries*, Scholars' Bank, 1-27. https://scholarsbank.uoregon.-edu/xmlui/handle/1794/22258.

Rutherford, Jonathan, ed. 1990. "Cultural Identity and Diaspora." En *Identity: Community, Culture, and Difference*, ed. Jonathan Rutherford, 222-237. Londres: Lawrence y Wishart.

Sansone, Livio. 2003. *Blackness without Ethnicity: Constructing Race in Brazil*. Nueva York: Palgrave Macmillan.

Schechner, Richard. 1994. *Performance Theory*. Londres/Nueva York: Routledge.

Sell, Mike. 2008. *Avant-garde Performance & the Limits of Criticism Approaching the Living Theatre, Fluxus, and the Black Arts Movement*. Ann Arbor: Universidad de Michigan.

Shames, Stephen, y Bobby Seale. 2016. *Power to the People: The World of the Black Panthers*. Londres: New Abrams y Chronicle Books.

Spencer, Catherine. 2015. "Performing Pop: Marta Minujín and the 'Argentine Image-Makers.'" *Tate Papers* 24. https://www.tate.-org.uk/research/publications/tate-papers/24/performing-popmarta-minujin-and-the-argentine-image-makers.

Steinitz, Matti. 2019. "'Calling Out Around the World.' How Soul Music Transnationalized the African-American Freedom Struggle in the Black Power Era 1965-1975." En *Sonic Politics. Music and Social Movements*, ed. Olaf Kaltmeier y Wilfried Raussert, 88-106. Londres/Nueva York: Routledge.

Story, Isabel. 2018. "Debating the Revolution: The Evolving Role of the Visual Arts in Cuba." *Journal of Languages, Texts, and Society* 2: 1-24.

Suvin, Darko. 1995. "Reflections on Happenings." En *Happenings and Other Acts,* ed. Mariellen R. Sandford, 285-309. Londres: Routledge.

Varnedoe, Kirk. 1984. "Abstract Expressionism." En *Primitivism in the 20th Century Art: Affinity of the Tribal and the Modern*, ed. William Rubin, 615-659. Vol. II. Nueva York: The Museum of Modern Art.

Winant, Howard. 2012. "Foreword – A New Hemispheric Blackness." En *Comparative Perspectives on Afro-Latin America*, ed. Kwame Dixon y John Burdick, ix-xiv. Gainesville: Universidad de Florida.

Yúdice, George. 2003. *The Expediency of Culture: Uses of Culture in the Global Era*. Durham: Universidad Duke.

Yúdice, George. 2002. *El recurso de la cultura. Usos de la cultura en la era global.* Traducción Gabriela Ventureira y Desiderio Navarro. Barcelona: Gedisa.

Zolov, Eric. 1999. *Refried Elvis: The Rise of the Mexican Counterculture*. Berkeley, CA: Universidad de California.

Capítulo IV
Fuera de la cuadrícula: las prácticas artísticas y el espacio público en el periodo contemporáneo

Los patrones a base de cuadrículas continúan definiendo las estructuras urbanas en el continente americano. También forman parte de las prácticas artísticas contemporáneas que llevan a cabo una remodelación de los espacios públicos. Cuando se ven en forma relacionada, los patrones a base de cuadrículas urbanos y artísticos resaltan el entrelazamiento interamericano que surge a partir de la transformación visual y material del espacio y el ámbito públicos. Imaginar y construir un público conectado a una red y emplear prácticas performativas que cruzan fronteras en la cuadrícula y fuera de ésta es lo que caracteriza la importante contribución del arte al proceso de dar forma a lo social en el continente americano en el periodo contemporáneo.

Se considera a la cuadrícula como la estructura arquitectónica y urbana fundamental para colonizar y organizar el espacio en el continente americano con fines de desarrollo comunitario espacial y de expansión. Como lo expresa Richard Sennett, "(p)ara dominar la amplitud americana parecía que sólo podría recurrirse a la imposición más arbitraria, la de una cuadrícula interminable" (1992, 4). La cuadrícula "priva al espacio de todo su sentido"(4). Sin embargo, la cuadrícula contiene un enorme poder para dar forma a lo social en términos espaciales. Funcionando tanto horizontal como verticalmente, apoya la expansión del territorio así como la extensión arquitectónica. En gran medida la cuadrícula ha dado forma a la conquista espacial del continente americano y ha dictado estructuras urbanas de jerarquía, división y marginalización. En la nueva era mediática la cuadrícula adopta una nueva extensión virtual. Como explica Zeynep Tufekci,

> Ahora parece que todo lo que es político es personal, puesto que la política de los movimientos se vive en ambientes que combinan contextos múltiples que van desde lo personal hasta lo político, todos

homogenizados, porque públicos múltiples, que de otra manera estarían separados por el tiempo y el espacio, se encuentran todos en la misma página de Facebook. (2017, 272)

Las redes de Internet crean nuevas y poderosas estructuras en forma de cuadrícula que vinculan múltiples ubicaciones a grandes distancias, y que controlan y encauzan el flujo de información, pero que también revelan lagunas y fisuras en sus estructuras, las cuales abren nuevos espacios para actos de divergencia, disidencia y de discurso contrahegemónico. Al mismo tiempo, los gobiernos se han dado cuenta de los problemas que plantean las prácticas tecnológicas digitales. Como respuesta, han ideado medidas correctivas que controlan las estructuras de la red mediante bloqueos y censura.

Mientras en el siglo XIX los flujos y las movilidades dentro de la cuadrícula sucedían principalmente a través de los ferrocarriles, los telegramas y los periódicos, en el siglo XX el teléfono, la radio, el cine y la televisión tomaron la posición dominante. En el inicio del siglo XXI, la tecnología digital, los nuevos medios de comunicación y el trabajo en red con ayuda de computadoras, teléfonos inteligentes e Internet dan forma a los flujos y la censura de la información. Los nuevos medios de comunicación han resaltado que la esfera pública no es uniforme y que el espacio público cada vez tiene más niveles (Tufekci 2017, 5-6). De ahí que las cafeterías y los salones que Jürgen Habermas imaginó alguna vez como el sitio en el que el ámbito público surgió en discusiones racionalistas, ahora son solo una pequeña pieza del rompecabezas del trabajo real y virtual en redes sociales (1989). El público se ha vuelto plural y consiste en muchos "contrapúblicos" que se oponen al discurso hegemónico (Fraser 1990).

En años recientes el Movimiento Ganar las Calles que comprende, entre otras cosas, la agricultura de guerrilla, las movilizaciones relámpago convocadas por Internet o *flashmobs* y las manifestaciones de ciclistas, se ha extendido en varias ciudades de Estados Unidos y México, y ha fomentado una nueva conciencia para el uso móvil, democrático masivo y pluricéntrico de las calles y plazas públicas (Gretzki 2015, 235-245). Al igual que el Movimiento Ganar las Calles, el arte callejero contemporáneo, en términos generales, tiene como objetivo reivindicar el espacio público para el uso individual así como comunitario. Una idea central, especialmente dentro de los proyectos colectivos de arte callejero, consiste en movilizar a la gente para que participe e interactúe en la recreación de los espacios urbanos. El arte callejero contemporáneo manifiesta invasiones artísticas del espacio público tanto individuales como en colaboración. Artísticamente, éste valora la imagen y, por ello, va más allá de las prácticas de escribir nombres de los escritores de graffiti puro; media entre las prácticas artísticas muralistas, de graffiti y comerciales. En lo que respecta a los aspectos comerciales, estos artistas con frecuencia adoptan y deconstruyen nombres de marcas y etiquetas en lo que se denomina "piratería urbana" o "intervención urbana." Esta práctica oscila entre la subversión y la colaboración con los mercados que convierten las estructuras urbanas en espacios de comercio.

Dentro del nuevo mundo digital y más allá de éste, las prácticas artísticas en el periodo contemporáneo se han convertido en una fuerza impulsora para la creatividad social y cultural. Éstas se encuentran intensamente entrelazadas con la industria cultural, se despliegan dentro de la política hegemónica y contra ésta, e infunden a la cultura de la vida cotidiana una mezcla de estética y política; dan forma al ámbito urbano en su dimensión cultural, social y económica. El arte callejero de la actualidad aparece en los museos y galerías, y crea nuevos ambientes habitables en espacios urbanos socialmente conflictivos; sin embargo, también continúa expresando la disidencia y la resistencia. Las prácticas artísticas trabajan dentro de la corriente y contra ésta cuando se trata de recrear de manera estética lo social. Se puede decir con seguridad que las prácticas artísticas bajo su apariencia estética, performativa y crítica han penetrado en todos los espectros de la vida social en el siglo XXI. Por consiguiente, también adquieren un papel destacado cuando se trata de redefinir el espacio público y sus posibilidades para la subjetividad capitalista así como para la coexistencia comunitaria (Illouz 2019).

Especialmente con el inicio del periodo posmoderno, la lucha sobre el espacio público y por éste ha adoptado dimensiones con múltiples capas. Gira en torno al enriquecimiento y la contaminación visuales que penetran los espacios urbanos en todo el continente americano. Las artes callejeras, en particular, revelan un entrelazamiento visual del sur con el norte en el continente americano. La expansión de la calle continúa a pesar de las luchas municipales por reducir y controlar su presencia. Algunos gobiernos han iniciado políticas contra la contaminación visual en megaciudades como São Paulo o la Ciudad de México. Si bien están dirigidas a disminuir el estrés visual, estas políticas también funcionan para reducir los efectos de la hibridización visual del ámbito público (Canclini 1990; Thies y Corona Berkin 2020). Sin embargo, las prácticas artísticas en el espacio público siguen impulsando una mayor hibridización visual y proporcionan interesantes tapices panamericanos de artes callejeras dialógicas que exponen los flujos transversales del tema, la técnica, la ideología y el diseño entre el norte y el sur. Desde la calle hasta los lugares públicos, la lucha por la inclusión y la participación continúa ingresando a todos los campos de la interacción social. No es sorprendente, entonces, que Internet se haya convertido en el campo de batalla quizás con las discusiones más acaloradas en el que los actores compiten por dar forma, controlar y construir nuevos ámbitos públicos. Los nuevos medios de comunicación no sólo alientan a que se repiense el espacio público en pequeñas redes comunitarias, grupos de blogs o comunidades de WhatsApp, sino que también proporcionan nuevas rutas para hackear los sistemas de gobierno, manipular las campañas electorales e ingresar a los sistemas de defensa del estado. Las prácticas artísticas utilizan estas nuevas formas de empoderamiento y también influyen en ellas al usar con frecuencia formatos virtuales para ayudar a dar forma a lo social.

En términos generales, estamos siendo testigos de una movilización de las prácticas artísticas en diversas dimensiones del espacio público. Desde el periodo posmoderno hasta entrado el periodo contemporáneo, las prácticas artísticas en las que los artistas eligen sitios con movilidad para expresar su misión artística han aumentado en número y densidad. Por ello, estas prácticas artísticas están respondiendo a un aumento en la movilidad (y al rechazo de la movilidad) en épocas contemporáneas de globalización. Los cruces de calles, los parques públicos bastante frecuentados, las estaciones de autobuses, las estaciones del metro y los aeropuertos, denominados "no lugares" (cf. Auge 1995), se están convirtiendo en sitios de práctica artística. Al mismo tiempo, los artistas están dando a estos sitios un sentido de lugar al crear conciencia de los entrelazamientos pasados y presentes de las historias y culturas americanas en sus instalaciones y *performances* públicos. Al aprovechar que son hechas ex profeso para un sitio y al adoptar simultáneamente la postura nómada de los nuevos medios de comunicación, las prácticas artísticas vinculan cada vez más lo local con lo global y al sur con el norte. Más convincentes que cualquier teoría social, parece ser que las prácticas artísticas contemporáneas en el espacio público están visualizando una interconectividad profunda que vincula a la gente, las ideas, las industrias culturales y las economías. Éstas están alimentando las redes con el propósito de difundir la creatividad cultural, de extender los circuitos comerciales y de infundir en las redes políticas que pueden ser hegemónicas y contrahegemónicas; buscan compartir la política identitaria a través de múltiples canales y crear paradigmas híbridos así como participativos mediante el préstamo de un rico espectro de prácticas artísticas públicas establecidas y nuevas.

Al ocupar o invadir el espacio público, las prácticas artísticas demandan una renegociación de la esfera pública. En *En torno a lo político*, Chantal Mouffe aboga por una "esfera pública vibrante de lucha 'agonista' donde puedan confrontarse diferentes proyectos políticos hegemónicos" (2007, 11). Esta esfera pública hace poco probable la resolución de conflictos mediante acuerdos racionales, pero "reconoce, sin embargo, la legitimidad de sus oponentes" (27). Las prácticas artísticas implicadas en el movimiento zapatista, la Batalla de Seattle, los movimientos tipo Ocupa Wall Street y el movimiento actual La Vida de los Negros Importa, particularmente fuertes en Estados Unidos y Canadá, han abordado en su perspectiva participativa y de red cuestiones sobre la justicia, la gobernanza, la ciudadanía, los derechos humanos y las diferencias culturales. Como expresan claramente las demandas artísticas e intelectuales desde dentro de estos movimientos, los temas anteriores se presentan para ser debatidos y negociados en diferentes contextos, pero también transnacionales y transculturales, en un discurso público abierto y agonista, en un mundo que necesita entenderse como un mundo multicéntrico y entrelazado de maneras múltiples.

Los movimientos artísticos y activistas actuales que desafían los límites y la supervisión del espacio público actúan en el contexto de múltiples desafíos, amenazas y peligros a una escala global. Una manera de concebir esta nueva interconectividad consiste en reconocer la devastación continua del mundo. Uno de los principales defensores de una nueva política cosmopolita, David Held, habla de "comunidades de destinos solapadas" (2004, 4), lo que denota que los sucesos ambientales, como el calentamiento global, los desastres naturales y la disminución de los recursos, convierten a toda la gente en una comunidad mundial igualmente condenada y responsable. De manera similar, Ulrich Beck usa el término "sociedad del riesgo global" (2002) para abordar cuestiones ecológicas y tecnológicas de riesgo compartidas por todos nosotros y que necesitan la experimentación política para formar un nuevo tipo de ética global. Pensadores como Seyla Benhabib han propuesto nuevas ideas sobre una democracia dialógica en un "mundo globalizado de incertidumbre, hibridización, fluidez y controversia" (2006, 299). Si bien todas las prácticas artísticas que reivindican el espacio público como una plataforma democrática difieren en su radicalismo y en sí son hechas para un sitio específico, exponen sus programas y acciones en gran parte dentro de una interpretación de la política democrática dialógica.

Un ejemplo reciente de práctica artística disidente sería la conexión entre el arte y la protesta en Oaxaca, México. Surgieron ahí colectivos de arte callejero y graffiti en el 2006 en un tumulto de eslóganes visuales y declaraciones acompañados de manifestaciones políticas contra el gobernador del estado Ulises Ruiz y las violaciones a la sociedad cívica de su gobierno corrupto. Una mezcla de artistas, manifestantes y participantes espontáneos se unieron para convertir los muros de la ciudad en un colorido lienzo de protesta artística y social. Mediante una nueva expresión colectiva con esténciles, este movimiento creó nuevos imaginarios alternativos. El arte colectivo de usar esténciles también originó talleres y proyectos dirigidos, entre otros, por artistas como Demián Flores que participaron de manera directa en la crítica social y la protesta política en Oaxaca. La coalición entre los artistas y grupos políticos llevó a una colaboración estrecha entre la APPO (Asamblea Popular de los Pueblos de Oaxaca) y la ASARO (Asamblea de Artistas Revolucionarios de Oaxaca) que dio como resultado una mayor proliferación de esténciles callejeros como un medio para la lucha social local (Carillo y Barriendos 2015, 171, 181).

De estos lazos estrechos entre la política y las artes callejeras surgió el grupo La Curtiduría, el cual existe hasta hoy como un centro cultural que promueve y defiende la vida comunitaria mediante las artes visuales y gráficas (Carrillo y Barriendos 2015,185). La ocupación visual en las calles de Oaxaca significó que los artistas crearan imágenes de figuras importantes de la vida política de México, como los rostros de Benito Juárez, el primer Presidente de México proveniente de Oaxaca y de origen indígena, del líder revolucionario Emiliano Zapata, que usó el grito de batalla “La tierra es de quien la trabaja,” y del rebelde zapatista, el subcomandante Marcos. Mezcladas con estos retratos, había también imágenes de grillos con máscaras de gas, hombres jóvenes que lanzaban bombas molotov, mujeres jóvenes en vestidos tradicionales y representaciones de la naturaleza, como maizales (188). El arte plástico en las calles trajo la política sobre la propiedad de la tierra directamente al centro de la ciudad al enfocarse en temas como los derechos indígenas, los derechos agrarios y el acceso a los recursos naturales y su uso. Los colectivos del graffiti y del arte callejero activos en Oaxaca defienden el uso político del arte y las nuevas formas públicas de resistencia cultural. El activismo en Oaxaca en la intersección de la protesta pública y el arte ha creado imaginarios de resistencia y comunidad que se han propagado por todo el continente americano, fomentando el activismo comunitario en el norte y el sur de México.

Desde el movimiento zapatista hasta la Batalla de Seattle y Ocupa Wall Street: la conectividad interamericana

La práctica artística radical en el siglo XXI muestra un fuerte imaginario interamericano en su esencia. El movimiento zapatista de Chiapas en México ha influido de muchas maneras en estas prácticas artísticas y activistas que conectan múltiples espacios públicos en un nivel local y global. El movimiento zapatista fue uno de los primeros movimientos sociales que reclamaron su presencia en Internet mediante la propagación de redes de "convivencia," solidaridad y comunicación que reunieron a los activistas radicales del norte y del sur. El movimiento zapatista logró poner en diálogo a la Red del Tercer Mundo proveniente del sur global con pensadores radicales de los movimientos laborales, ecológicos y de solidaridad.

Por ello, Fernando Coronil observó que "llevada por los vientos de la historia que avivan fuegos antiguos y provocan nuevas luchas, Latinoamérica se ha convertido en una estructura diversa de sueños utópicos colectivos" y vinculó éstos con la negociación de temporalidades. "El diálogo entre el pasado y el futuro que inspira a la lucha actual," escribe, ha "desafiado las concepciones ligadas al lugar y de miras estrechas de la universalidad, y ha generado intercambios globales sobre mundos reimaginados [que] ahora unen al sur con el norte" (2011, 263-264). Sin embargo, Coronil advierte que estas "nuevas imaginaciones pueden ser apropiadas o aplastadas" (264), dadas las desiguales estructuras de poder dentro de las cuales han ocurrido estos fenómenos. Esta nueva coalición norte-sur impulsó la protesta en Seattle al convocar tanto a la Acción Global de los Pueblos como al Foro Social Mundial para que se unieran a la lucha contra la explotación capitalista neoliberal (McKee 2017, 50-51). El movimiento zapatista contenía elementos culturales y artísticos importantes que han ayudado a avivar la imaginación de los movimientos de protesta en el sur y en el norte. Estos resaltaban la importancia de lo local en la época global al proyectar elementos culturales, como las máscaras y los diálogos con espíritus ancestrales, para dar a su protesta política un sitio culturalmente basado. Además, usaron Internet para impulsar su política surrealista de revolución y adoptaron prácticas de acción política artísticamente carnavalescas y socialmente provocadoras en todo el mundo, lo que avivó también la imaginación del *Critical Art Ensemble* (CAE). Artistas como Ricardo Domínguez y el CAE se basan en rebeldes artísticos, como Henry D. Thoreau, para cuestionar los códigos semióticos de la política global y el libre comercio en manifiestos como *Electronic Civil Disobedience* [Desobediencia civil electrónica] (51). El arte en red se convirtió en una herramienta para interferir con las redes digitales de instituciones corporativas y gubernamentales mediante el hackeo de sus sitios web y servidores de Internet. La calidad artística del movimiento zapatista expresada mediante su poética surrealista abrió espacios para repensar el arte, el público y las prácticas de protesta social.

A primera vista, Chiapas y Manhattan no tienen nada que ver el uno con el otro. El movimiento zapatista y el movimiento Ocupa Wall Street parecen igualmente distantes. Sin embargo, ambos lograron captar la atención mundial. Los imaginarios creados por el movimiento zapatista, con su mezcla de poética surrealista y política, han dado forma a las visiones populares de desarrollo comunitario y resistencia contra la corrupción y las estructuras opresivas en todo el mundo. Muchas coincidencias fructíferas del arte público con la política de la democracia surgieron en el periodo que va desde finales de la década de los años ochenta, con la caída del Estado de bienestar social, hasta finales de la década de los años noventa. El movimiento zapatista inspiró movimientos importantes en el norte contra la política neoliberal de explotación. Un acontecimiento decisivo ocurrió justo cuando empezaba el nuevo siglo en 1999. La Batalla de Seattle puso de relieve la fricción debajo del capitalismo contemporáneo a nivel de la política comercial y la economía global (McKee 2017, 53).

Y la Batalla de Seattle también mostró los imaginarios interamericanos en movimiento en los intentos por repensar el ámbito público y las funciones del arte radical. Desde la revolución zapatista hasta la Batalla de Seattle y el "Carnaval contra el capital" en la ciudad de Quebec durante abril del 2001, los imaginarios provenientes del sur global alimentaron los movimientos de protesta en el hemisferio norte del continente americano. Se puede observar esto en los títeres y el teatro callejero que fueron llevados a Seattle por un grupo que resultaría crucial al proyecto de Seattle. Una red de artistas anarquistas que se extendía desde la costa oeste de Estados Unidos a Canadá, el grupo Arte y Revolución, contribuyó decisivamente a que se entretejieran diversos grupos ecologistas orientados a la acción directa y diversos grupos autónomos, que de este modo iniciaron la Red Acción Directa (McKee 2017, 56). Los artistas asumieron la iniciativa de hacer reportajes para las redes mediáticas a través de Indymedia y de elaborar estrategias para dichas acciones. Los títeres ocuparon un lugar central como una forma específica de teatro callejero que adoptó lo que se conoce como un anti-cierre en el mundo artístico. Rechazaban la solemnidad y el elitismo del arte contemporáneo y sus autorreferencias artísticas históricas relacionadas que tan a menudo se asocian con la expresión artística posmoderna. En cambio, el teatro de títeres promovía el diálogo con el público, alentaba la participación directa y celebraba la alegría de las iniciativas artísticas comunitarias (56). Seattle se convirtió en un escaparate para el poder multifacético del arte para reivindicar los espacios públicos en la intersección de la participación política, ecologista y artística. Como lo expresa de manera sucinta Mckee, "Seattle abrió un nuevo horizonte de estética y política" (58). Una mezcla de teatro de títeres carnavalesco, pancartas y vestuario, el ámbito público autoorganizado de Indymedia, la lógica de las acciones del cierre de Internet y las invenciones cibernéticas de los *Yes Men* crearon un movimiento basado artísticamente contra la gobernanza neoliberal, Wall Street, el Banco Mundial e instituciones similares.

La Batalla de Seattle dejó en claro que el ámbito y el espacio públicos habían adquirido una nueva complejidad, fragmentación y diversidad, al crear, reivindicar y multiplicar el arte y nuevas formas de espacios públicos al inicio del nuevo milenio.

La creatividad cultural y la transformación de los espacios públicos

Al iniciar el siglo XXI fuimos testigos del origen del artivista (una síntesis de artista y activista). El artivismo como concepto surgió a partir de una reunión en 1997 de artistas chicanos del este de Los Ángeles con los zapatistas en Chiapas, México y, por ello, se ha convertido en un nuevo término genérico en el continente americano para una expresión artística comprometida socialmente que tiende un puente entre la música, la literatura y las artes con el trabajo comunitario (Entrevista con Quetzal Flores, 13 de junio de 2019). Con Cynthia Nikitin, comparto la convicción de que: "la creatividad cultural bien puede ser la fuerza impulsora de la revitalización de las comunidades en el siglo XXI. Promete formas más adaptables de ver, comprender, experimentar y transformar el lugar donde vivimos, cómo trabajamos y lo que soñamos."[21]

En el periodo contemporáneo existe una presencia creciente de prácticas artísticas que remodelan lo social mediante la reformulación, diseño e infiltración de los espacios públicos como espacios de encuentro social, contemplación estética e interacción social y política. La planificación urbana se alimenta de los diálogos interamericanos. Las ideas para una nueva planificación urbana siguen flujos transversales, y lo que caracteriza a la mayoría de ellos es el importante papel que desempeña la creatividad social y cultural para repensar el espacio urbano. En las ciudades de Latinoamérica y Estados Unidos, estas formas creativas implican nuevas formas comunales dentro de la comercialización de los espacios públicos y contra ésta. Mediante la expansión de proyectos en Argentina, Brasil, Chile, Colombia, Perú y Venezuela, la red urbana y la exhibición *Building Optimism: Public Space in South America* [El aumento del optimismo: el espacio público en Sudamérica] investiga las formas mediante las cuales los nuevos arquitectos y diseñadores pueden provocar el cambio social mediante el diseño del espacio público. Con

21 https://www.pps.org/article/creative-communities-and-arts-based-placemaking.

el empleo de artes visuales como la fotografía, el video, los dibujos y las maquetas, la exhibición de manera creativa hace que los visitantes entiendan cómo se convierten los espacios públicos en espacios sociales: sitios que responden a circunstancias únicas y a presiones de sus comunidades (Exhibición 2016). De manera similar, en el 2013 la Corporación para el Crecimiento Económico de Detroit ganó una subvención de parte del *ArtPlace America* para que expusiera arte en escaparates vacíos y espacios públicos poco usados en un tramo de la Avenida Livernois, entre los caminos milla siete y milla ocho en Detroit. El programa *Revolve Detroit* involucró el arte y el espíritu empresarial para transformar de manera creativa la imagen de los barrios históricos de Detroit. En colaboración con la comunidad y grupos locales, el programa dio lugar al proyecto *Livernois Community Storefront* [Escaparate de la comunidad de Livernois] que funciona como un sitio urbano para conectar con regularidad con la comunidad local y hacerla participar. Con sus obras de teatro, concursos de poesía, festivales de diseño y estudios de arte, ha ayudado a los negocios y a la cultura a prosperar junto con esta Avenida de la Moda histórica, que ahora se ha convertido en un sitio donde se reúnen y dialogan el espíritu empresarial y el artivismo.[22]

Por último, en el periodo contemporáneo, las prácticas artísticas también han desarrollado un fuerte sentido de reflexividad sobre el espacio público mismo. Los artistas recurrieron a la cuadrícula como la matriz fundamental para la estructura y el desarrollo urbanos, y la emplean en prácticas performativas y en el diseño artístico como una herramienta para repensar la relación del sujeto con el espacio público y la historia pública. La cuadrícula como armazón del espacio público en el continente americano se convierte en un laboratorio para reexaminar las dimensiones utópicas y distópicas del continente americano en sus particularidades y entrelazamientos. Como nos recuerda Darko Suvin "las utopías no son perfectas … en cambio las verdaderas utopías inspiran la transformación al visualizar cómo se

22 http://www.dcdc-udm.org/projects/catalysts/lightuplivernois/ 2013.

organizan las normas y las relaciones individuales en un principio más perfecto" (1988, 55). Numerosos artistas, entre ellos Coco Fusco, Guillermo Gómez-Peña y Kendrick Lamar, reexaminan la cuadrícula, una estructura material y metafórica que representa el diseño espacial original de la utopía en el continente americano, con el fin de desafiarla y revisarla mediante la práctica artística y el *performance* críticos. Mediante las instalaciones materiales y virtuales, y los eventos literarios, musicales y *performances* corporales, los artistas y los artivistas emplean la cuadrícula para recrear lo social en el continente americano teniendo como trasfondo la interconectividad conflictiva y productiva.

Cuando el mundo parecía haberse convertido en un espacio público abierto

En noviembre de 1989 cayó el muro de Berlín. Durante una noche y un día las calles de Berlín se convirtieron en un espacio urbano aparentemente ilimitado. La gente subió al muro, bailó encima de él, derribó partes de éste; los pintores de graffiti escribieron mensajes de libertad y hermandad, los artistas callejeros eliminaron el color gris de las piedras con colorida imaginería. Para muchos, el mundo se había convertido temporalmente en un espacio público abierto. Para algunos en el occidente, se había cumplido la utopía; para otros en el oriente, había caído y desaparecido otra utopía. Algunos declararon el inicio de un nuevo mundo libre y otros predijeron el fin de la historia. Todo duró solo un poco, conforme los mercados globales neoliberales en expansión crearon nuevas divisiones, nuevos conflictos, nueva desigualdad y nuevos muros. El ataque a las Torres Gemelas del 11 de septiembre del 2001 marcó un clímax violento en las luchas por grupos de poder en el espacio público, que tomaron lugar aquí en una nueva dimensión. El espacio público ya no se disputaba primordialmente en términos horizontales. Una nueva dimensión vertical mostró que el espacio público en el nuevo milenio se había convertido en un imaginario más complejo, multiplicado, con múltiples capas y multidireccional. Además, los nuevos espacios virtuales en expansión crearon un nuevo terreno para que hubiera una mayor diferenciación. El arte en la actualidad refleja y responde a las nuevas divisiones, y crea nuevos imaginarios del espacio público en disputa, desafío, diálogo y desarrollo.

El arte y el espacio público han colisionado y se han fusionado en relaciones cambiantes en el nuevo milenio. El arte busca sobradamente actos hechos ex profeso para un sitio que tengan consecuencias globales. El arte también afirma su presencia en sitios de conflicto y crisis. Esto se puede observar en el movimiento Ocupa, que se estableció en Wall Street en Manhattan, un centro simbólico y material para las divisiones globales entre los ricos y los pobres, y una ubicación adecuada para la protesta y el *performance*. Al seleccionar la frontera entre México y Estados Unidos como sitio para sus exhibiciones y *performances*, los artistas y artivistas como Silvia Gruner, Guillermo Gómez-Peña, Quetzal Flores y Martha González, han creado nuevas triadas del sitio como causa, el sitio como *performance* y el sitio como trascendencia. Durante las protestas de 2006 contra el gobernador corrupto en Oaxaca, México, los artistas ocuparon las calles y difundieron su arte y sus mensajes ante la presencia amenazadora policíaca y militar. Se puede decir con seguridad que el arte continúa reivindicando su papel público y ocupa espacios públicos, ya sea por encargo o invasión. El concepto del arte y los *performances* hechos ex profeso para un sitio pueden transmitirse mediante los medios de comunicación actuales a públicos translocales y globales.

Los teléfonos inteligentes, los blogs, los videos por Internet, etc. transportan los eventos locales a redes de información de amplio alcance. Asimismo, proporcionan la base para formas simultáneas de transmisión y participación. Los nuevos medios de comunicación muestran que el arte ha ocupado el espacio virtual como un espacio público importante para difundir la estética y las ideas políticas a una escala global. Las formas interactivas de crear, compartir y protestar desafían los modelos democráticos anteriores. El espacio virtual es un sitio para el combate estético, económico y político. Si bien ayuda a impulsar la economía neoliberal al acelerar el proceso del comercio sin fronteras, también abre espacios para los movimientos sociales de base y para los proyectos artísticos relacionados con el fin de impactar la política local mediante el llamado participativo de las redes globales. El acceso al espacio virtual, sin duda, refleja las divisiones de poder entre el norte global y el sur global, pero al mismo tiempo facilita que existan entre los dos vínculos más fuertes, intercambios más rápidos y proyectos participativos mutuos. Esto une a diversos espacios públicos en la red y convierte la esfera pública en un complejo con múltiples capas y múltiples sitios más allá del control local o nacional. El espacio público se ha vuelto fluido, combatido de maneras múltiples y difícil de controlar por actores individuales (cf. Bauman 2000).

La vida cotidiana y la presencia omnipresente del arte en las calles

El espacio público se ha convertido en la galería de arte más grande en el siglo XXI, que expone las dependencias, el entrelazamiento y los intercambios del arte público con el comercio, el mercado del arte, la política local y global, el desarrollo urbano y comunitario. La omnipresencia del arte callejero en las ciudades de todo el mundo muestra el papel vanguardista del arte público "americano" en los recientes acontecimientos mundiales. Con su larga trayectoria de sistemas artísticos y de signos en calles y lugares públicos, el continente americano es una fuerza propulsora detrás de una urbanidad recién estetizada y politizada. La colaboración y la participación son los indicadores prominentes del desarrollo actual del arte público, y el arte callejero ha creado un entramado transamericano de conquista estética y política de los espacios públicos por parte de las culturas de arte callejero desde Argentina hasta Canadá. Este proceso comenzó en la década de los años setenta, pero alcanzó una nueva intensidad y nivel de expansión en el siglo XXI. Como se descubre cuando uno camina por diversas ciudades del continente americano, el arte en las calles ha experimentado un renacimiento. En la intersección de la expresión artística y el comentario político, el graffiti, la pintura en aerosol, los carteles y los murales infunden a la vida urbana contemporánea una nueva semiótica visual. De manera creciente, activistas y artistas vienen dando forma a los espacios públicos urbanos mediante una apropiación de los movimientos de base (Youkhana y Förster 2015, 5-8).

En los centros urbanos del continente americano, el arte callejero, el graffiti y los murales funcionan como un medio para la comunicación, la resistencia y la comercialización. Actúan desde abajo y desde arriba, y florecen en festivales recientemente establecidos al igual que en espacios subalternos. El renacimiento del arte callejero muestra el fuerte grado de interconectividad de la producción cultural y la conciencia social en todo el continente americano (Raussert 2017). Como una práctica cultural que aprecia el aire libre y la exposición pública, el arte callejero continúa dando forma a los desarrollos urbanos comunitarios y a la formación estética de un ámbito público concebido de manera pluralista.

Con respecto al desarrollo comunitario, la colaboración entre los artistas callejeros ha adquirido nueva importancia, y la práctica comunitaria cruza fronteras locales y transnacionales. El arte callejero goza de una mayor presencia a escala global con cuestiones locales en el centro de la atención (cf. Hunter 2012, 117). Al igual que los rápidos avances en la creación y la destrucción en las ciudades contemporáneas expuestas al impacto natural y social, el arte callejero continúa cambiando y renovándose casi diariamente. Artistas contemporáneos del graffiti como Daniel Neufeld de Guadalajara, se encuentran entre aquellos que diseñan nuevas direcciones, buscan la colaboración y llevan el espíritu del arte callejero al siglo XXI como una declaración estética y política (Neufeld y Haasser 2010). Se puede tener una buena idea de las prácticas artísticas públicas en el continente americano enfocándose en cuatro de las grandes metrópolis de dicho continente: la Ciudad de México, la ciudad de Nueva York, Buenos Aires y Sao Paulo. El arte callejero contemporáneo en México se remite a las raíces precolombinas; al mismo tiempo, está lleno de referencias locales y globales. Artistas tales como Dhear, Seher One y Saner incorporan elementos tomados de la vida silvestre regional mexicana, el surrealismo y las tradiciones de las revistas de historietas japonesas, imbuyendo a su arte una calidad alucinante que comúnmente se asocia con un sentido psicodélico de lugar.

El movimiento muralista, que comenzaron, entre otros, Diego Rivera, José Clemente Orozco y David Siqueiros en la década de los años veinte, marca el comienzo moderno del muralismo contemporáneo (véase el capítulo II). Estos murales, encargados y promovidos por el gobierno mexicano para sus mensajes nacionalistas, políticos y sociales, todavía pueden verse tanto dentro como fuera de edificios públicos de la Ciudad de México (Schacter 2013, 98). El arte callejero contemporáneo en la Ciudad de México se basa de manera ecléctica en sus predecesores, tales como el arte precolombino, el movimiento muralista mexicano y los murales al aire libre de la década de los años cincuenta elaborados por John Gorman. Si bien los artistas callejeros en México tienen una larga historia de colaboración con instituciones gubernamentales y la academia, la trágica masacre de estudiantes en Tlatelolco en 1968 marcó el comienzo de una ola diferente de graffiti, carteles y murales de protesta. El graffiti en urbes mexicanas tales como la Ciudad de México y Guadalajara experimentó una explosión punk en la década de los años setenta. Se extendió con la llegada de la cultura hip hop a suelo mexicano. En la época contemporánea, artistas como Dhear, Neuzz, Sego, Seher One y Saner dan forma a la dirección de la Nueva Escuela de Muralismo mexicana.

Estos artistas son representativos de la diversidad contemporánea en el arte callejero mexicano. Comparten una pasión por los mundos visuales fantasmagóricos. Los murales de Dhear exponen una transformación permanente de personajes y animales. Sego trae a la metrópolis adaptaciones de arte callejero de la vida silvestre oaxaqueña provenientes de la zona costera. Seher One integra los personajes de las historietas japonesas y del surrealismo global. Saner busca la innovación y experimenta con referencias a figuras chamánicas nahuales. Neuzz transforma los personajes y animales del folclore indígena y de la cultura popular mexicana con una mezcla de pintura en aerosol en expresiones de arte callejero urbano. Los proyectos contemporáneos hechos en colaboración, como Intersticios Urbanos de Said Dokins y Laura García, fomentan la cooperación con otros artistas callejeros destacados de Argentina, Colombia y Chile, y de este modo comparten, amplían y cambian técnicas y motivos, e idean nuevas conceptualizaciones de lo que es el público.

La ciudad de Nueva York ha ejercido una influencia importante en el arte público independiente, en especial en la década de los años setenta. En el siglo XXI sigue siendo un centro para los artistas callejeros así como para los creadores del arte ilícito. Si bien el arte callejero y el graffiti florecen en las ciudades desde Toronto hasta San Francisco, es Nueva York la que sigue siendo uno de los sitios más dinámicos y pioneros del mundo en lo que se refiere a la creación de nuevos estilos y direcciones. Desde los primeros pioneros del arte elaborado con latas de aerosol, como Blade, Cost y Revs, Dondi y Reas, hasta artistas contemporáneos, como Espo, Katsu y Swoon, Nueva York continúa siendo el semillero de la innovación artística. Esta ciudad tuvo un poco de ventaja con respecto al arte en las calles en la década de los años setenta. El centro del movimiento del graffiti fue el metro y, de este modo, se pudo difundir rápidamente a toda la ciudad. Mediante el trabajo de artistas como Jean Michel Basquiat y Keith Haring, el arte callejero contemporáneo obtuvo el reconocimiento del mundo artístico. *Subway Art* [Arte en el metro], una película y un libro publicado por Henry Chalfant y Martha Cooper en 1984, presentaron el graffiti de Nueva York al mundo y ayudaron a convertirlo en un movimiento global. Como una rebelión contra los esfuerzos de la élite de Nueva York por mantener limpios los trenes y la ciudad, el graffiti a finales de la década de los ochenta regresó a las calles. Escritores como Joz y Easy ocuparon artísticamente el espacio público. Las asociaciones de artistas como Cost y Revs, trajeron de vuelta el interés del mundo artístico en el arte callejero del centro de la ciudad de Nueva York. En especial después de los ataques del 11 de septiembre del 2001, se reavivó el interés popular por el arte de las calles de Nueva York –con mensajes recién cargados políticamente– y suscitó otro auge global (Schacter 2013, 15-17).

El arte callejero en Buenos Aires está estrechamente asociado con la crisis económica y política. Los esténciles estallaron como una forma rápida y efectiva de protesta contra la junta militar en Argentina entre 1976 y 1983. Estos experimentaron un segundo auge en las calles de la ciudad durante la crisis económica del 2001. Para ese entonces, la ciudad de Buenos Aires ya tenía una tremenda riqueza de graffiti en las casas, las paredes y, sobre todo, en los trenes públicos (Schacter 2013, 128-129). Existe un fuerte grupo de artistas callejeros en Buenos Aires. Los artistas de graffiti hip hop oriundos de la ciudad, como el Colectivo DOMA, Chu Gualicho y NERF, emplean diversos medios como esténciles, pintura, figuras de caricatura inflables, la escala grande y el medio sudamericano de pintura látex. Una presencia móvil impresionante se puede observar en los camiones pintados a mano en Buenos Aires. Existe un fuerte ethos colectivo en el arte callejero que también acoge a artistas visitantes. No es sorprendente, entonces, que artistas de Perú, como Entes y Pésimo, el grupo chileno AISLA y el artista paraguayo Oz, hayan colaborado en proyectos de arte callejero. Como explica Schacter, "Buenos Aires sigue siendo un hervidero para las incesantes invenciones del arte callejero latinoamericano" (129). Si bien se abordan asuntos locales, ahí continúa creciendo una conciencia transcultural que se opone a la desigualdad, la injusticia y la exclusión en el contexto de las colaboraciones artísticas arriba mencionadas.

En Sao Paulo, Brasil, Pixacão se originó en la década de los años cincuenta. Se ha convertido para el graffiti latinoamericano en lo que El Estilo Salvaje significa para el graffiti de Estados Unidos y Canadá. En los círculos de artistas callejeros del continente americano, Pixacão todavía marca una frontera subcultural entre el norte y el sur (cf. Schacter 2013, 113). Usando técnicas de rápel y escalada libre, los artistas formaron un movimiento de protesta activista que proyectaba mensajes políticos y nombres de bandas en forma de un alfabeto críptico sobre edificios públicos altos. Asimismo, ejercieron una influencia importante en los escritores de graffiti hip hop como Os, Vitché y Zezao (para nombrar sólo algunos) que ocuparon un lugar central dentro del arte callejero de Brasil en la década de los años ochenta. Con la crisis política y económica actual de Brasil, la red entre el activismo político y el arte en los lugares públicos se ha vuelto más grande y más apretada. Esto incluye las protestas contra estructuras patriarcales de larga tradición. Artistas como Jana Joana, Nína, Anarkia y Fefe Talavera han cobrado importancia en el arte callejero de Sao Paulo y Río de Janeiro. Los artistas en Sao Paulo se aferran a actos subversivos al salir con bandas jóvenes de graffiteros para pintar letras con pintura en aerosol y murales con base de látex. Zezao literalmente trabaja bajo tierra y transforma túneles subterráneos de Sao Paulo en galerías. Os Gemeos, un dúo de artistas de graffiti, crearon estilos mixtos de Pixacão, folclore nacional, símbolos locales y graffiti estilo la ciudad de Nueva York que se pueden reconocer al instante; sus enormes caracteres miran hacia abajo desde los edificios altos de Sao Paulo.

Este estilo también se ha vuelto global promoviendo el arte brasileño en las calles de todo el mundo. Por ejemplo, el mural "El gigante en Boston," que Os Gemeos instalaron en esa ciudad en el 2012, representa un extraño personaje urbano que lleva puesta ropa brillante, colorida y que no combina, con el rostro envuelto en una bufanda que sólo revela sus ojos entrecerrados. Esta cara medio enmascarada creó un debate público y controversia cuando las comunidades cristianas se sintieron amenazadas por lo que ellos veían como una promoción estilizada de la cultura árabe musulmana.

El mural estaba pintado en una estructura de toma de aire en Greenway de la plaza Dewey en el centro de Boston y recibió mucha atención polémica, pues su expresión transcultural provocó tanto admiración como rechazo. Esta controversia muestra que el arte público funciona como matriz para renegociar el espacio público y contemplar la cuestión sobre a quién pertenece éste.[23]

---

23 https://www.reuters.com/article/entertainment-us-usa-boston-mural/colorful-brazilian-mural-stirs-controversy-in-boston-idUSBRE8771NH20120809.

Los acercamientos colectivos y de cooperación hacia la expresión artística así como la crítica social caracterizan a gran parte del graffiti contemporáneo y del arte callejero. En ciudades como Nueva York, Río de Janeiro, Ciudad de México, Oaxaca y Santiago de Chile, inmensas redes comunicativas en un nivel local y global respaldan la actividad artística de los artistas callejeros y de los escritores de graffiti. Además, prácticas digitales, comunitarias y corporales como los *performances* legitiman la cultura del arte callejero. La red ha aumentado recientemente debido a un creciente interés académico e intelectual en el arte callejero y su importancia estética y política. El arte callejero, que ya no es respetado meramente por las comunidades locales, se difunde ahora mediante curadores, exhibiciones y museos, así como publicaciones de libros académicos que han proliferado recientemente en el mercado. La cultura de los festivales ha adoptado el arte callejero con eventos en Nueva York, Guadalajara y Río de Janeiro.

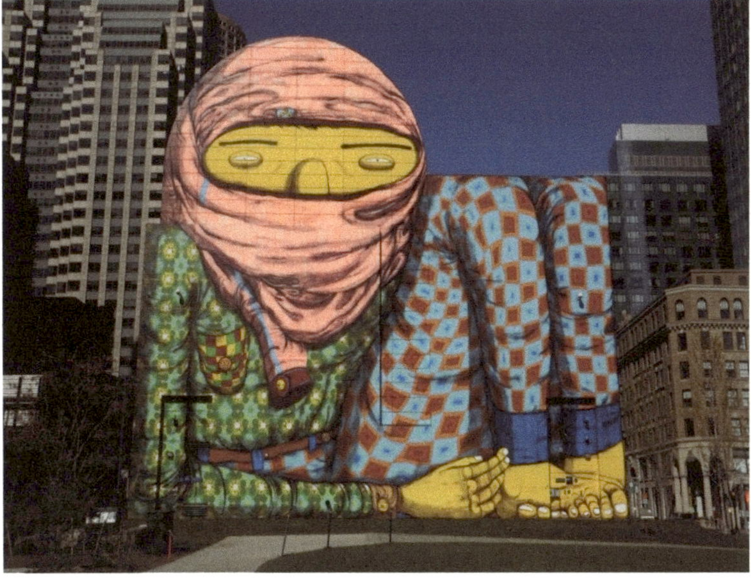

The Giant in Boston (derechos de autor Raussert, Boston, 2013).

Brasil quizás sea el ejemplo más prolífico de que la calle también ha llamado la atención de compañías multinacionales que buscan promover sus productos con el toque de la cultura juvenil y la cultura alternativa. Esto ha suscitado colaboraciones en Río de Janeiro entre compañías como Adidas, Converse, Nike y Pullman, y el grupo artístico urbano en el evento "Centro del Arte Urbano" de Río, un festival de cultura de graffiti y espíritu empresarial con exhibiciones al aire libre en el patio del Museo de Arte Moderno (Ventura 2015, 135). Aquí se dirigen a otro público. Este incluye a amantes del arte, turistas y empresarios. No obstante, el graffiti y la cultura del arte callejero que surgió de las favelas continúan realizando importantes llamados para el reconocimiento individual y comunitario y la resistencia. En 1997 los talleres de graffiti y los *performances* surgieron en Río de Janeiro, precisamente en la periferia urbana y la zona de bajos ingresos. El contexto inicial fue el del rap brasileño y la drogadicción dirigidos en gran medida por el narcotraficante rapero Marcio Amaro. Artistas como Fabio Ema organizaron talleres de los que salieron proyectos comunitarios de colectivos de artistas como Artistas Urbanos y Nação [Nación] (131).

Fabio Ema es el mejor ejemplo para mostrar que, en Brasil, el arte callejero y el graffiti se han convertido en un recurso vital para la educación y la política identitaria, desde talleres para niños en las favelas hasta eventos en escuelas públicas, prisiones y los barrios más pobres de Río de Janeiro. El caso brasileño demuestra que la calle realmente está llegando a las instituciones, y que el arte callejero y el graffiti son formas importantes de autoexpresión antes de que ingresen a ámbitos sociales y políticos más grandes. Un ejemplo de ello es la obra de Pamela Castro, una pintora y activista muy conocida proveniente de las favelas, que fundó la organización *Rede Nami.* Su obra combina lo personal con lo colectivo y busca mejorar la situación de las mujeres de las favelas de Río, protegerlas de la violencia verbal y física, informarles sobre sus derechos como ciudadanas y ayudarlas a tener acceso a servicios y recursos (Ventura 2015, 131-132). Su obra artística visual, que comenzó en el Taller de Arte Urbano, apoya públicamente el derecho de las mujeres al aborto, la autoprotección y la ciudadanía en condiciones de igualdad. En Brasil, presenciamos la coexistencia conflictiva y, sin embargo, vital de la cultura del arte callejero institucionalizada, comercializada y resistente; la calle verdaderamente puede llegar lejos. Sin embargo, es importante recordar que la creciente desigualdad social y económica implica que algunas calles no estén abiertas para todos.

Desde Basquiat, artista callejero mundialmente famoso que acogen con beneplácito en los templos del arte elevado, hasta los graffiteros de Oaxaca, que han llegado a las galerías y museos, los movimientos urbanos tienen la tendencia a reducir su visibilidad política inmediata y perdurar en el campo de la producción cultural. Esto se ha criticado con frecuencia al ser considerarlo como un retiro de la calle y una forma de venderse al mercado artístico. Si bien es cierto que hay más cientos de personas que caminan por las calles que las que visitan museos, se puede interpretar las colaboraciones con instituciones artísticas también como un intento por cambiar los campos de producción y difusión cultural. La entrada reciente del arte callejero a los museos ha ocasionado un cambio de contexto, pero no de textura; el arte callejero continúa teniendo una presencia vibrante en las calles. Podemos interpretar esto como una extensión de la calle al museo en el que, sin embargo, ésta, afortunadamente, no puede ser confinada. Queda la pregunta sobre qué tanta más visibilidad social pueden lograr el arte callejero y el graffiti en el contexto de las galerías y museos.

Al haber recibido reconocimiento de los gobiernos, las compañías y los museos, el arte callejero representa una de las formas más poderosas de creatividad cultural en la época contemporánea. Contra todo pronóstico de segregación, marginación y exclusión que presenciamos en los desarrollos urbanos en todo el continente americano, los artistas de arte callejero trabajan arduamente para hacer fluidos los espacios públicos: las calles, las plazas y (temporalmente) los espacios abiertos se convierten en lugares para clases de baile, juegos de fútbol, carreras y ceremonias; en la lógica del poder transformador del arte callejero, las aceras se convierten en los asientos de primera fila para la gente que ve, se pasea y participa en conversaciones y reuniones espontáneas. Es importante que la creatividad cultural en las calles tenga como objetivo crear espacios democráticos y equitativos abiertos a todos, en los que pueden participar la mayoría, si no todos.

En *Arte y Color Para Rescatar México* Laura Uribe muestra nuevas redes entre la economía, la política urbana y los artistas callejeros (2017, 125-129). Este proyecto demuestra que el arte contemporáneo ahora más que nunca es parte de las redes y la cultura de participación. Ocho ciudades y 700,000 personas, como nos dice Uribe, se beneficiaron con el proyecto "Comex por un México bien hecho." En tiempos de crisis, debido al narcotráfico, la transmigración y las crecientes divisiones sociales, este proyecto marca un nuevo esfuerzo local y nacional para mejorar las condiciones de vida urbanas. La compañía de pinturas mexicana Comex busca restaurar los lugares que se encuentran en zonas de riesgo y regresarlos a la comunidad. Como una iniciativa nacional que incluye a artistas de otros países (primordialmente latinoamericanos), usa la pintura y el aspecto visual como la herramienta más elemental en la recuperación de los espacios urbanos en decadencia, llenándolos con arte colorido. El objetivo consiste en crear un nuevo ambiente social que sea familiar y que ayude a empoderar las nuevas estructuras comunitarias. El proyecto inició a mediados de 2016 y se ha llevado a cabo en ciudades tales como Zacatecas, Puebla, la Ciudad de México, Guadalajara y Nuevo León.

Las estructuras participativas son esenciales para hacer que el arte sea parte de la comunidad y la comunidad parte del arte. Por ello, los habitantes de cada comunidad contribuyen de manera activa al trabajo de restauración artística que se lleva a cabo en las calles. Alrededor de 700,000 personas han estado expuestas a estas actividades transformadoras en espacios urbanos en riesgo. La obra artística se encuentra integrada a una estructura más grande de trabajo cultural social. La creación de murales también incluye otras iniciativas de talleres sobre la coexistencia civil y la conciencia sobre los riesgos. La colaboración entre las universidades (por ejemplo, el

Tecnológico de Monterrey), el estado federal y los gobiernos municipales muestra que el arte una vez más desempeña un papel central para el desarrollo comunitario en medio de divisiones económicas, políticas y culturales. En Chiapas 21 artistas nacionales e internacionales colaboraron en la pintura de la Ciudad Mural Tuxtla. Más de 60 voluntarios y 40 personas que se unieron a los artistas para ayudarlos a pintar resaltaron la naturaleza participativa de esta iniciativa de rescate urbano. Entre los voluntarios hubo muchos niños y adolescentes. Para diciembre del 2017, Comex había invertido 33,000 litros de pintura en alrededor de 90,000 metros cuadrados de espacios en muros de México, con la colaboración de más de 600 artistas. Como resultado de esta iniciativa, los habitantes de esas zonas urbanas que previamente se consideraban de riesgo –Iztapalapa en la Ciudad de México, Casitas en Tuxtla, Gutiérrez– han reivindicado espacios que ahora son recreativos y, lo que es más significativo, se han vuelto útiles y atractivos para la gente que vive en ellos.

Como muestran estos ejemplos, diferentes centros se combinan para formar un mapa interamericano y transamericano de arte callejero en expansión, lo que resalta los flujos del sur al norte y del norte al sur. En diálogo con distintas culturas urbanas locales, las colaboraciones transculturales entre los artivistas y los artistas provenientes de diferentes regiones y naciones nos permiten cada vez más pensar en el continente americano como un espacio visualmente entrelazado alimentado por influencias transculturales.

Repensar el espacio público: las prácticas artísticas en lugares de movilidad y sitios de atracción turística

Como respuesta a la movilidad y como reflejo de ésta en tiempos de globalización acelerada, las prácticas artísticas han ingresado a los aeropuertos, las estaciones de tren, del metro y de autobuses y los han transformado en lugares de movilidad que conectan los aspectos locales y globales de la cultura. Estos lugares son intersecciones para los flujos de gente, ideas y bienes en la vida cotidiana. El arte busca estos lugares como plataformas potenciales para movilizar ideas de comunidad, conectividad social e inclusión. Al aprovechar la oportunidad de tener un alcance mayor en estas ubicaciones muy frecuentadas, las prácticas artísticas recrean lo social dentro de la movilidad cotidiana. Los *performances* y las instalaciones con frecuencia fusionan la conciencia histórica, la visión comunitaria y la estetización de la cultura cotidiana. Los *performances* musicales públicos, como el de "Tragafuegos" de Quetzal en una estación de autobuses en Los Ángeles, expresan nuevas formas de desarrollo comunitario que toman en cuenta los elementos del cambio cultural, el intercambio y la experiencia diaspórica. Como muestra el video de Youtube *Here and Now: Quetzal 'Tragafuegos'* [Aquí y ahora: el 'Tragafuegos' de Quetzal], la letra de las canciones, la música y el *performance* en este evento convirtió la parada de autobuses en una zona de contacto vibrante para diferentes personas en sus viajes.[24] El evento musical lleva a cabo de manera autorreflexiva la efervescencia de la vinculación comunitaria. La práctica artística aquí ingresa al espacio social como un acto sorprendente de ralentización de la movilidad. La interpretación de los integrantes de la banda incluye elementos participativos que invitan a las personas que pasan a ingresar a un círculo transitorio de creación musical. Lo que es más importante, el *performance* establece el sonido y el ritmo como una fuerza de desarrollo comunitario en espacios públicos de tránsito rápido que generalmente son anónimos, lo que transforma un "no lugar" (Auge 1995) en una zona de contacto social con potencial para la inclusión, la participación y el diálogo.

La práctica artística en el espacio público se ha convertido en una herramienta educativa común para difundir la cultura y la historia sobre la marcha, por así decirlo. Una cooperación entre el Centro Histórico de Atlanta, la Universidad Estatal de Georgia y el Aeropuerto Internacional de Hartfield en Atlanta ha producido exhibiciones temporales en colaboración que comprenden una multitud de géneros y expresiones artísticos que han creado una síntesis

---

24 https://www.youtube.com/watch?v=c4YqrJuDmTE.

posmoderna de museo, archivo y galería artística en la Explanada E del Aeropuerto Internacional de Hartfield de Atlanta. En otoño de 2011, el Centro de Historia de Atlanta, en cooperación con los estudiantes del programa de Conservación del Patrimonio de la Universidad Estatal de Georgia, pusieron en marcha la exhibición "La historia de Atlanta" que presentaba pasos importantes en el desarrollo de la ciudad en diez secciones temáticas. El propósito de la exhibición es mostrar el patrimonio cultural y la importancia histórica de la ciudad y su región. Como anuncia el escaparate general de la exhibición de La historia de Atlanta, "Los temas son tan diversos como la gente de Atlanta y los acontecimientos que han dado forma a la ciudad" (Escaparate, Atlanta, 21 de noviembre de 2012). Si bien los objetos expuestos hacen hincapié en el color local y la localidad, revelan una interconectividad global al incluir a artistas internacionales que han elegido a Atlanta ya sea como su hogar temporal o permanente.

¿Por qué detenerse y pensar más sobre la conceptualización de estos objetos expuestos en dichos sitios públicos de movilidad muy frecuentados? La presencia del arte llena estos "no lugares" de significado social. Esta mezcla peculiar de museo, galería de arte y zona de tránsito nos deja experimentar de manera local y global historias entrelazadas mientras nos trasladamos. El encuentro entre el viajero, el arte conceptual y el proyecto de historia desencadena viajes individuales y colectivos de memoria cultural y visión estética. Muchas de las piezas artísticas e históricas de los escaparates del 2013 resaltan la fuerte presencia de la cultura afroamericana en el sur y subrayan los logros culturales, políticos y económicos afroamericanos en Atlanta y el resto de Georgia. Estas piezas ponen de relieve el papel fundamental de Atlanta, no sólo para la expresión cultural y artística negra, sino que recalcan la importante historia de espíritu empresarial, lucha y representación política de los afroamericanos en esta ciudad. Y hacen referencia a las ricas tradiciones musicales, como el blues, que han surgido del sur estadounidense y cambiado la música popular en todo el mundo.

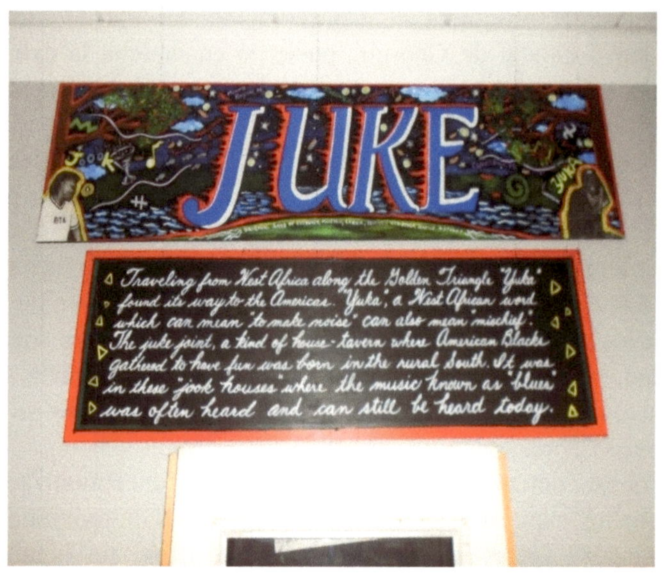

(Derechos de autor Raussert) "Juke tabloid" [tablero con la explicación de la palabra juke (taberna donde se reúnen los afroamericanos)], Aeropuerto de Atlanta (2013).

De igual manera, estos objetos funcionan como una puerta a un sur estadounidense más grande, su integración global y su posición todavía peculiar dentro del espectro cultural y político de Estados Unidos. Muchos artefactos dan la bienvenida al viajero internacional a su arribo, incluso antes de que llegue a la aduana y al control de migración. Al adoptar la producción de paisajes, naturaleza, ciudad, historia y cultura, los objetos exhibidos conceptualizan un acercamiento holístico a la ciudad, el estado y la región más grande del sur de Estados Unidos. Las prácticas artísticas en el aeropuerto representan suna herramienta educativa así como una plataforma para promover el turismo y la inversión económica.

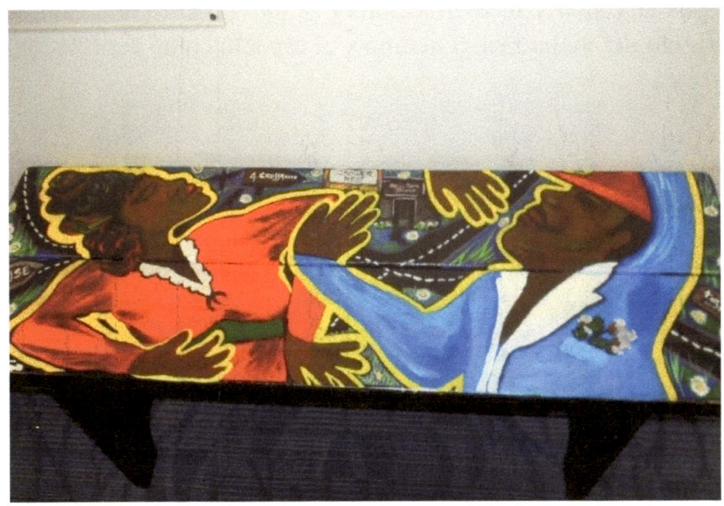

(Derechos de autor Raussert) "banca con dibujo de *juke joint*," Aeropuerto de Atlanta (2013).

Los aeropuertos son puntos nodales de movimiento global y estudios de movilidad, como nos recuerda Peter Adey y, de esta manera, "son indicativos del mundo cada vez más móvil en el que vivimos, y seguro le deben su impulso al popular pensamiento fluido y móvil de filósofos como Gilles Deleuze, Feliz Guattari, Ian Chambers y Paul Virillio" (2002, 501). Adey concluye que "este nuevo paradigma [de vida] se ha movido más allá de las idealizaciones estáticas de la sociedad hacia teorías que están marcadas por términos tales como nomadismo, desplazamiento, velocidad y movimiento" (501). Los escaparates sobre la historia de la ciudad y la región redirigen al pasajero al pasado. Las diversas exhibiciones e instalaciones registran la producción cultural del pasado y presente de la región, y establecen visiones artísticas de la migración y la movilidad en el continente americano y más allá, lo que incita a que el viajero reflexione sobre estos temas. Al tomar parte en estos proyectos artísticos, éste entra y sale de temporalidades entrelazadas. Estas temporalidades surgen de la triada de la obsesión de la historia con el pasado, el entusiasmo del arte por la visión y la abstracción, y el movimiento interrumpido y redirigido del viajero en el tiempo y el espacio como espectador.

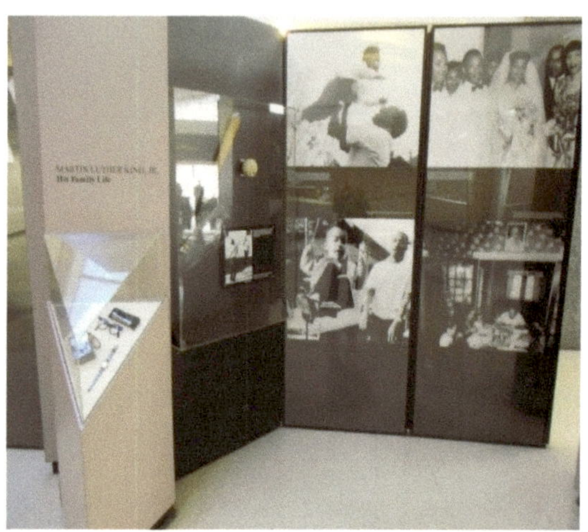

"Escaparate de Martin Luther King," Aeropuerto de Atlanta (Raussert 2014).

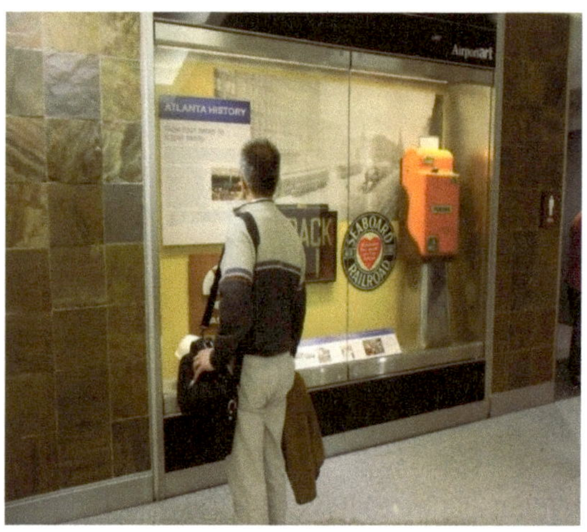

"Viajero y escaparate sobre la historia de Atlanta" Aeropuerto de Atlanta (Raussert 2014).

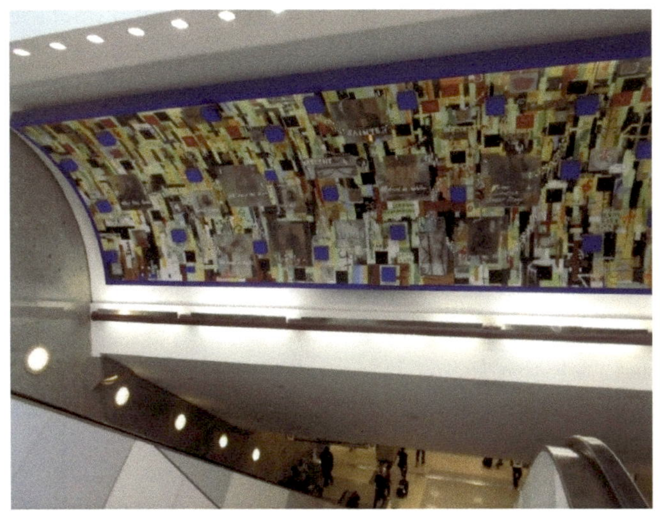

(Derechos de autor Raussert, "Santos", Atlanta, 2013).

La exhibición de fotografías, pinturas e instalaciones funciona como un archivo histórico cambiante y una reflexión estética visualizada de la cultura en proceso. Al explorar el nexo entre la movilidad global y la localidad, los objetos de arte exhibidos transfieren visualmente la ciudad con sus conexiones locales y globales al centro del aeropuerto. El sentido de lo social como el lugar del hogar, el trabajo y la producción choca con la noción de lo social como algo móvil. Las prácticas artísticas exponen y renegocian el poder de la creatividad cultural y social, incluso en sitios de tránsito. De manera potencial, surge una nueva visión de lo social en esta zona de contacto temporal al ser arrojados por igual el tema y la cultura en un estado de movilización.

Instalado entre la planta baja y la plataforma E en 1996, el mural "Santos" de Brad Radcliff ilustra muy bien estas formas de movilización. Con un estilo a base de retazos, el mural expresa movimientos horizontales y verticales. El mural explora el tema de la migración mediante la incorporación de fotos antiguas, esténciles, símbolos de poder, pintura y texto sobre diversos aspectos de la cultura afroamericana. El viajero mismo ve el mural mientras sigue un movimiento ascendente o descendente en la escalera, desplazándose de este modo física y estéticamente en el tiempo y el espacio. El aeropuerto se convierte en un sitio en el que los cuerpos y la estética se ponen en movimiento en un proceso continuo de conexión y desconexión. Si bien el aeropuerto como espacio público está extremadamente controlado y vigilado, mediante el arte adquiere un nuevo potencial para visualizar relaciones entre el yo, el otro y el lugar.

Como sugiere John Urry en un proyecto para el estudio de la movilidad, "el giro [hacia los estudios de movilidad] conecta los análisis de diferentes formas de viajar, transporte y comunicación con las múltiples maneras en las que se lleva a cabo y organiza la vida económica y social a través del tiempo y diversos espacios" (2007, 6). Al definir el giro de la movilidad como "postdisciplinario," Urry no sólo se refiere al potencial transdisciplinar de centrarse en los estudios de movilidad, sino que también resalta "cómo todas las entidades sociales, desde un solo hogar hasta corporaciones a gran escala, presuponen muchas formas diferentes de movimiento real y potencial" (6). La exhibición espera al viajero en el aeropuerto en su transición de un lugar a otro y despierta su curiosidad por el lugar que se encuentra detrás del sitio de tránsito. Al traer la cultura e historia de la ciudad al aeropuerto, el proyecto artístico de la Historia y Aeropuerto de Atlanta transforma el sitio de un "no lugar" (Auge 1995; Bender 2001, 78) a un lugar con importancia cultural, histórica y social. Visto a través de la producción cultural de la exhibición, el aeropuerto adquiere la función importante de mediador entre lo local y lo global, la historia local y el viajero global. Mientras el viajero se desplaza hacia un destino futuro, los escaparates de historia no sólo interrumpen el movimiento progresivo del pasajero, sino que empujan a proyectarse atrás en el tiempo. Lo invitan a reconsiderar el espacio público como un ámbito más allá del consumo, y la zona de tránsito como un sitio de patrimonio, cultura y educación.

La reivindicación de los lugares turísticos como marcadores culturales e históricos: Nueva York, Habana, Tijuana

Una característica central del arte escénico contemporáneo consiste en reivindicar los espacios públicos que se han convertido en lugares turísticos populares. Si bien estos espacios públicos presentan *performances* orientados especialmente hacia la mirada del turista, los artistas y activistas los transforman mediante un nuevo elemento disidente de crítica y protesta. Edgar Heap of Birds trabaja con tierras ancestrales y sobre ellas en Estados Unidos y Canadá; este artista incluyó sitios turísticos populares como Nueva York en su reasignación decolonial de Estados Unidos en la década de los años noventa. En este *performance* realizado en múltiples sitios presentó Estados Unidos como un territorio ocupado. Mediante la instalación de postes indicadores en diversos espacios públicos en diferentes ciudades y estados estadounidenses, resaltó las divisiones del espacio precoloniales y coloniales. Con postes indicadores como "Nueva York hoy tu anfitrión es shinnecock" dio un nuevo nombre a las tierras ancestrales despojadas y las reivindicó (McKee, 47). El placer turístico se convierte en una lección de historia, y el espacio público de nuevo se torna una cuestión de renegociación. Lo que tienen en común con la mayor parte de la obra pública de Edgar Heap of Birds es que "los signos esmaltados se encuentran ubicados en puntos de contacto de diferencia" (Fisher s.f; s.n.).

Estos son lugares de intercambio real o simbólico entre usos y significados alternativos del espacio público, y entre la interpretación histórica de los nativos americanos y de los americanos no nativos. Las investigaciones críticas y la labor de archivo se encuentran en la base de la atención que presta el artista a los aspectos espacio-temporales de los sitios. El espacio público y toda localidad particular sólo pueden ser reinterpretados mediante las historias y las experiencias que los han creado. Como explica Fisher, "la carga subversiva de las intervenciones de Heap of Birds en la historia oficial reside tanto en su usurpación del poder de nombrar y construir significado como en su tratamiento del archivo como un espacio vivo, no muerto" (s.f., s.n.). Los provocadores postes indicadores de Heap of Birds sacan al espectador de su zona de confort y desentrañan las largas historias a menudo olvidadas del lugar. Además, proporcionan al espacio público una dimensión dinámica a la que dan forma los encuentros y ocupaciones históricos y culturales contemporáneos.

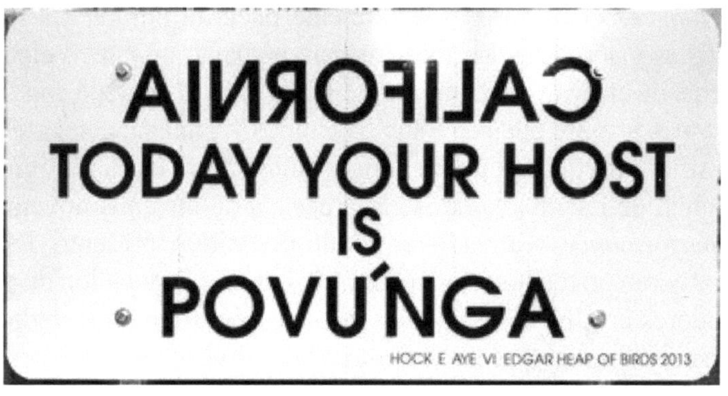

(Derechos de autor Edgar Heap of Birds, 2013).

Entre la zona de confort y la resistencia, la religión, el arte popular y los *performances* musicales marcan la vida en las calles de la capital de Cuba, la Habana. La imagen revolucionaria de Cuba, su ambiente tropical y su inserción conflictiva en la historia global son solamente unas cuantas razones de por qué Cuba se ha convertido en un punto clave del turismo global. Como respuesta a la inestabilidad política y económica de Cuba, el encuentro entre el arte y el espacio público ganó nueva fuerza a finales de la década de los años ochenta –el principio de la crisis cubana– cuando *performances* comprometidos política y socialmente "explotaron en el espacio público" (Fusco 2015, 10). Estos *performances* presentaron opiniones críticas sobre el estado de la nación en formas provocadoras e inesperadas.

La llegada de la era digital marcó el inicio de una segunda ola en la isla. El activismo político y las artes escénicas disidentes encontraron su salida en el Internet local y global. El arte público y las artes escénicas en el contexto de la cultura turística cubana continúan empleando un rico espectro de tradiciones de *performances* autóctonos que abundan en la cultura popular cubana, en los carnavales callejeros y en actos y procesiones religiosos sincréticos. El espacio público es crucial para proporcionar una mayor visibilidad a estos *performances* de la vida social y el cambio. Por ejemplo, artistas como María Magdalena Campos-Pons, Manuel Mendive, Leandro Solo y Tania Bruguera integran elementos de santería, la religión sincrética afrocubana más practicada en la isla, a sus *performances* callejeros. Las artes escénicas que se ven en las calles de Cuba muestran que el espacio público es el campo de batalla para el reconocimiento y el poder, pero también un sitio para pertenecer a una comunidad y vivirla. La línea de conga de Los Carpinteros y los bailarines de las procesiones que pinta Manuel Mendive con la mano mientras giran llevaron el espectáculo musical y religioso a las calles en la década de los noventa. Estos tipos de *performances* emplearon las tradiciones de las representaciones locales populares y las imágenes tropicalizadas de Cuba para fomentar el turismo y apoyar la economía local. Los artistas de los colectivos de estudiantes de arte cubanos iniciaron proyectos para embellecer los espacios públicos y reivindicarlos para la vida comunitaria pública. Al mismo tiempo, mejoraron los aspectos estéticos del arte y el *performance* al llevar el arte cubano al mercado del arte global (Fusco 2015, 34-35). Profundamente impregnadas de las tradiciones de la isla, la cultura popular y la espiritualidad estimulan y camuflan la cultura de los *performances* públicos. Por ende, los eventos turísticos se convierten repetidamente en marcos para los *performances* de crítica social y protesta. Como hace hincapié Coco Fusco, "el otro argumento principal sobre la presencia notable del *performance* se relaciona con la pedagogía artística cubana y su apertura a las prácticas vanguardistas" (44). El espíritu del nuevo arte del *performance* crítico que surgió en la década de los años ochenta y noventa en Cuba continúa estando presente en el siglo XXI. A pesar de la censura continua, los artistas del *performance*, incluidos los raperos, los DJs y los artistas visuales, han empujado a las subculturas disidentes a la visibilidad, y estas subculturas tienen un carácter característicamente performativo. Por ejemplo, los artistas y activistas usan teléfonos celulares (legalizados en Cuba en 2008) para documentar sus *performances* de protesta, incluidas las escaramuzas con la policía relacionadas con éstos. Mediante esta presencia reciente en línea, los artivistas cubanos reivindican el espacio público de la isla como territorio artístico y contracultural, y logran conectar sus proyectos con otros movimientos del continente americano y alrededor del mundo.

Tijuana, un punto clave para los turistas estadounidenses, mantiene una doble posición como un otro cultural atractivo y, debido a su localización fronteriza, como amenaza heterotópica para el control político y social (Foucault 2002). Esto último ha intrigado particularmente a los artistas y activistas para repensar el espacio público en los *performances*, las instalaciones y el arte callejero. Al desafiar las fronteras como líneas divisorias importantes entre espacios públicos, el "*Border Arts Workshop*/Taller de Arte Fronterizo (BAW/TAF)" con base en San Diego y Tijuana se ha convertido en una fuerza impulsora en lo que se refiere a poner en tela de juicio el territorio nacional, el espacio público cerrado y los imaginarios geopolíticos de Norteamérica desde finales del siglo XX. El grupo lo fundó en 1984 un grupo binacional de artistas, activistas, intelectuales, periodistas y académicos. Entre los miembros fundadores se encontraban Isaac Artenstein, David Avalos, Sara-Jo Berman, Guillermo Gómez-Peña, Víctor Ochoa, Michael Schnorr y Jude Ederhart. Muchos de los artistas del BAW/TAF estaban afiliados al Centro Cultural de la Raza de San Diego, un centro artístico chicano fundado en 1970. Por considerar "la frontera" un tema central de sus actividades, seleccionaron ciudades fronterizas, como Tijuana, y la línea fronteriza misma como el lugar de sus *performances*.

Como se presentaban en el pleno centro del turismo de la frontera de México con Estados Unidos, los proyectos del grupo a menudo se llevaron a cabo con el objetivo de redefinir el espacio y el ámbito públicos con diálogos binacionales. Desde el inicio, las actividades y los *performances* artísticos del grupo imaginaron comunidades que estaban más allá de la frontera que separa estas naciones vecinas en Norteamérica. Abordaron los conflictos sociales, culturales, políticos y económicos que surgen de la inmigración y la política fronteriza, las formas de exclusión y las divisiones que con frecuencia separan a las familias y a las comunidades. Su visión consistió en crear visiones comunitarias que pudieran vencer la frontera más conflictiva de Norteamérica (Prieto 2018, s.n.). "*The Middle of the Road* /La mitad del camino" de Silvia Gruner (1992), que fue posible gracias a InSite, una organización que encargó proyectos culturales y artísticos en la región de Tijuana-San Diego, representó una de las instalaciones artísticas efímeras más espectaculares a lo largo del muro entre Estados Unidos y México. La pieza se elaboró en colaboración con la comunidad local (Oles 2014, 386). Originalmente oriunda de la Ciudad de México, Gruner se sintió atraída por la idea de trabajar directamente en el muro fronterizo. Seleccionó un tramo del muro fronterizo que corría a lo largo de la colonia residencial Libertad en Tijuana. La instalación integraba más de cien réplicas de la diosa azteca Tlazoltéotl en posición de parto sobre bancos de metal que Gruner montó directamente en el muro fronterizo. Gruner usó esta imagen de la fertilidad para oponerse a la división y al cierre del espacio público.

Cerca del inicio del siglo XXI, las colaboraciones del artista mexicoamericano Guillermo Gómez-Peña y la artista cubanoamericana Coco Fusco usaron los *performances* en el espacio público para expandir la definición tradicional de dicha frontera mediante la dramatización de una frontera fluida entre culturas colonizadoras y colonizadas en el continente americano.

En el 2005 el hombre bala lanzado por Javier Téllez a través de la frontera desde el territorio de Tijuana, sin duda, marcó un clímax performativo en lo que se refiere a repensar la movilidad en espacio públicos monitoreados.

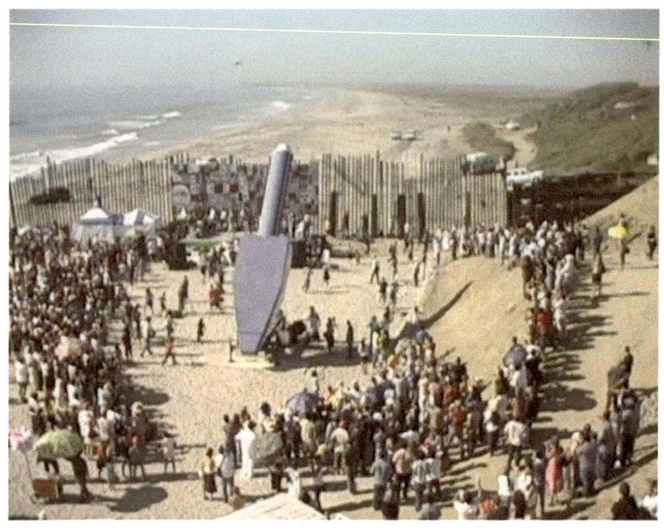

(Derechos de autor Javier Tellez) "Bala perdida/*One flew over the void.*"

La especificidad de los sitios y la extensión nómada a través del continente americano

El arte contemporáneo y los *performances* en espacios públicos tienden a ser hechos ex profeso para un sitio y nómadas al mismo tiempo. Mientras "la utopía de la aldea global" formaba el telón de fondo de muchos *performances* y concepciones artísticas en el espacio público en las décadas de los años sesenta y setenta, la escena contemporánea intensifica las redes locales y globales que existen resaltando la importancia de la especificidad de los sitios en combinación con un alcance mayor. El concepto ex profeso para un sitio describe la obra del artista mexicano contemporáneo Rafael Lozano Hemmer, quien funde el arte, la tecnología y los espacios públicos con un llamado directo a la participación de la gente. Este artista pone en tela de juicio los ideales utópicos basados en la tecnología y el progreso, y pregunta si la tecnología equivale a progreso. La tecnología sirve al arte para lograr un alto grado de accesibilidad. Con *performances* tecnológicos, las obras de arte "Elevación vectorial, arquitectura relacional" (2000) y "Voz Alta, Arquitectura Relacional" (2008) –esta última encargada como un monumento conmemorativo de la masacre estudiantil de 1968 en Tlatelolco– Lozano Hemmer invitó a un gran número de personas a participar en sus eventos que se construyeron como "texto(s) abierto(s)" (Flores 2013, 11).

"Voz Alta" regresó al sitio del crimen cometido por el Estado contra los estudiantes. La obra se concibió como un *performance* de memoria colectiva compartido en público. En la obra, los participantes hablaban libremente en un megáfono colocado en la Plaza de las Tres Culturas, el sitio de la masacre y un espacio público que tiene capas simbólicamente distintas que hacen referencia a múltiples épocas históricas. Las voces de los participantes amplificadas por el megáfono suscitaban secuencias de flashes. Un reflector de 10 kW traducía las voces en rayos de luz que cambiaban su brillantez según subía o bajaba el volumen de la voz humana. Conforme los rayos daban contra la parte superior del edificio de la antigua Secretaría de Relaciones Exteriores, que ahora aloja el centro cultural de Tlatelolco, los rayos eran emitidos por otros tres reflectores que apuntaban a otros lugares públicos como la plaza del Zócalo y el Monumento a la Revolución. Las luces propagaban silenciosamente las voces sobre las azoteas de la metrópolis mexicana, mientras Radio UNAM 96.1 FM transmitía las voces del *performance* en directo. Según recuerda Lozano Hemmer, "las tres luces que daban sobre el edificio reproducían grabaciones de los sobrevivientes, entrevistas con intelectuales y políticos, música de 1968 y obras emitidas por la radio encargadas por Radio UNAM"[25] cuando se habían ido los participantes y la luz de la plaza estaba apagada.

El evento público mezcló material de archivo con un *performance* contemporáneo de la memoria y la visión. No hubo censura en lo que se refiere a la contribución de los participantes y miles de personas se unieron al artista para rendir homenaje a las víctimas de 1968. La antigua protesta estudiantil entró en diálogo con

25 http://www.lozano-hemmer.com/voz_alta.php.

la protesta contemporánea contra la violencia y la corrupción gubernamental en relación con el narcotráfico y el abuso sexual. El evento fue participativo e incluyó declaraciones hechas por testigos y sobrevivientes, poesía callejera, saludos, *performances* artísticas ad hoc y llamados a protestar, pero también visiones para el futuro como propuestas de matrimonio. Lo performativo en lo político (Butler 1997) y lo performativo en lo privado se unieron en un espectáculo de memoria esclarecedora y protesta sonora. El diseño arquitectónico relacional del *performance* hizo posible que los rayos de luz, que evidentemente dependían de las condiciones climatológicas, pudieran atravesar toda la metrópolis y convertir el acto de recordar en un evento público translocal. El carácter del evento hecho ex profeso para un sitio proporcionó la base para el trabajo de recuperación del pasado y la producción del conocimiento sobre el trágico acontecimiento del 2 de octubre de 1968. Asimismo, creó una plataforma para que los mensajes personales, comunitarios, antigubernamentales, contra la jerarquía y la corrupción se compartieran en la radio y como parte del espectáculo de luces.

Mientras este evento demostró que la tecnología podía encoger la metrópolis con el fin de enfocarse en la historia local, la instalación interactiva de Lozano-Hemmer *Alzado Vectorial: Arquitectura Relacional 4,* montada ocho años antes en el Zócalo, sin duda el espacio público más emblemático de México, creó una red global de participantes que daban la bienvenida de manera artística al nuevo milenio. El espectáculo de luces incluyó dieciocho reflectores distribuidos alrededor del perímetro de la plaza. Estos proyectaron hacia el cielo nocturno haces de luz provenientes de lámparas de xenón de 7,000 vatios, y la Ciudad de México proporcionó el escenario urbano en el que se podían observar estas luces en un radio de quince kilómetros. Mientras el megáfono solo se podía escuchar en el sitio, el espectáculo de luces en el Zócalo pudo verse en todo el mundo mediante un sitio interactivo de Internet. Aunque no se pudo lograr una fusión espaciotemporal (Harvey 1989) que creara una simultaneidad completa, se logró una secuencia de diseños creados globalmente proyectados en el cielo. Los usuarios de Internet de todo el mundo tenían acceso a una interfaz en línea tanto para crear como para ver los diseños mediante una simulación tridimensional. Sus creaciones se almacenaron en una cola y se proyectaron de manera secuencial "en un tiempo y espacio reales" (Flores 2013, 7). Cada diseño duraba seis segundos antes de ser remplazados por la siguiente imagen de luz. El concepto interactivo hizo hincapié en la creatividad, el proceso, el movimiento y la participación. Rechazó las estructuras de centro, jerarquía y poder. Ni Lozano-Hemmer, como la mente maestra detrás de la instalación, ni ninguno de los usuarios de Internet pudo controlar la secuencia en la que aparecían los diseños.

El proyecto contó con más de 700,000 participantes de Internet provenientes de ochenta y nueve países, lo que marcó un hito en la historia del arte público. Solo se puede especular cuántos millones de personas presenciaron los espectáculos de luz durante el proyecto que duró dos semanas en la Ciudad de México. Los espacios públicos concebidos fueron virtuales y reales. Ni el concepto general ni los diseños individuales podían afirmar que se tratara de una utopía. Más bien la instalación manifestó el deseo de que hubiera autoexpresión. Para Lozano-Hemmer, la tecnología sirve como un medio de cultura participativa y un acercamiento horizontal a la producción del saber y al trabajo de recuperación del pasado. Ya no está cargada de una visión clara de progreso. Este artista diseña y ocupa de manera temporal espacios públicos convirtiéndolos en espacios en movimiento e interconexión, sin un diseño fijo, sino con sitios cambiantes de agencia. El significado del trabajo de recuperación del pasado o de la expresión artística surge en el diálogo con los espectadores como participantes. Cada espectador y cada acción añaden nuevos niveles de significado. Su arte es participativo, pero está lejos de ser utópico. La participación rechaza el control. Ni el individuo ni el colectivo tienen la palabra definitiva en los mensajes visuales, sonoros y semióticos producidos. Lozano-Hemmer continúa desafiando el dominio del artista individual y "los ideales utópicos del colectivismo" (Flores 2013, 11).

La obra de Hemmer-Lozano es solo un ejemplo importante del alto nivel de creatividad en Latinoamérica en relación con el diseño del espectáculo político, lo que también se transparentó en ejemplos anteriores de eventos artísticos públicos. *Ay Sudamérica* y *Bombardeos de poemas*, dos ejemplos tomados de Chile, representan el trabajo de recuperación del pasado y nuevas visiones para el uso artístico del espacio aéreo. Como los proyectos de Lozano Hemmer, haber sido hechos ex profeso para un sitio y tener difusión nómada caracterizan a estos *performances* en diferentes contextos de la historia chilena reciente. En Chile, el regreso a la democracia en 1990 también significó el principio de las políticas neoliberales para dirigir la economía y promover la imagen de este país en el extranjero. El arte callejero como una forma de protesta social posee una larga trayectoria en Chile, desde los primeros talleres de Siqueiros en la década de los años cuarenta, pasando por los *performances* que protestaban contra la dictadura de Pinochet, hasta colectivos artísticos contemporáneos que impulsan nuevas ideas comunitarias y conceptos de justicia socioeconómica en épocas de una economía y política neoliberales enmarcadas democráticamente.

La invasión del ámbito público de estos colectivos de artistas actuales, sin duda, es menos arriesgada y peligrosa de lo que hubiera sido en tiempos de la represión estatal, pero no es menos imaginativa y radical en su forma de ocupar el espacio público. El colectivo Casagrande se basa en proyectos artísticos y políticos radicales anteriores como *Ay Sudamérica.* Al expresarse mediante un bombardeo de poemas sobre Santiago de Chile en 1981 –un ataque aéreo artístico como protesta contra la violencia y la represión de la dictadura de Pinochet con referencia específica al bombardeo del Palacio de Gobierno para derrocar al gobierno de la *Unidad Popular*, Casagrande inició una iniciativa similar en el siglo XXI con *Bombardeo de poemas*. En numerosas ciudades de todo el mundo como Santiago de Chile, Guernica, Londres y Berlín, entre otras, se arrojaron poemas desde el cielo. Todas estas ciudades habían sido bombardeadas en algún momento de su historia. Los eventos de *Bombardeos de poemas* conmemoraron estos ataques históricos, lo que creó una conciencia y puso en escena la vinculación afectiva y la solidaridad en un amplio espacio público (Lagos Preller 2015, 141-144).

En Estados Unidos, el movimiento Ocupa Wall Street también se basó en revisiones del espacio público a lo largo de líneas horizontales y verticales. El deseo de reinventar el colectivismo dio como resultado *The Illuminator* [El iluminador], una proyección pública móvil y de alta potencia durante las actividades del movimiento Ocupa en Manhattan. La mayoría de los eventos realizados por el movimiento recibieron una cobertura mediática mundial. De esta manera, estos actos pudieron contar con una superabundancia de difusión mediática que venía desde fuera del movimiento. El evento multinivel ya indicaba en su título su función iluminadora. Para algunos críticos sigue siendo el proyecto artístico público más impactante del movimiento Ocupa. Mediante la combinación de la presencia en las calles con una presencia creada tecnológicamente en el aire, conectó diversos espacios públicos y mejoró los modelos artísticos de cultura participativa. El 17 de noviembre del 2011 el Movimiento Ocupa anunció su aniversario de dos meses en el Parque Zuccotti. *The Illuminator* fue el mejor regalo de la alianza de arte y protesta en movimiento.

Probablemente teniendo en la mente la visión de Walt Whitman del continente americano como una multitud, cientos de manifestantes cruzaron el Puente de Brooklyn con la esperanza de un mundo justo. Gritaron lemas, poemas y otros textos cortos sobre el terreno en diálogo con la tremenda proyección de luz sobre el gigantesco edificio de Verizon en Manhattan. La proyección contenía múltiples firmas, lemas y textos representativos de la misión del movimiento Ocupa. Esta presencia en múltiples sitios hizo visibles los signos estéticos y políticos para el control policial que se encontraba tanto en el aire como tierra. Para los manifestantes, la proyección creó la sensación de que sus mensajes viajaban literalmente a través del espacio y lograban una alta visibilidad en la ciudad. El evento fue hecho ex profeso para un sitio con el Puente de Brooklyn y el edificio de Verizon como marcadores de la identidad local de Nueva York. Y el evento fue nómada ya que el movimiento Ocupa en su totalidad tuvo un alcance global "en su movilidad y replicabilidad como un meme, traduciendo libremente imágenes, objetos y mundos a través del tiempo y el espacio mediante redes mediáticas" (McKee 2017, 103).

Las imágenes proyectadas sobre el edificio de Verizon parecían tener un efecto empoderador sobre los manifestantes, uniéndolos en un momento intenso de deseo político compartido. Las imágenes transmitidas en Internet ayudaron a crear círculos locales y globales de partidarios, lo que difundió aún más sus objetivos políticos. Fuera del Movimiento Ocupa Wall Street surgió el Colectivo Artístico *Illuminator,* el cual ha continuado dando su apoyo a movimientos de base, grupos ambientales y grandes organizaciones políticas como Greenpeace en sus luchas contra la explotación capitalista y ecologista. El colectivo ha organizado cientos de intervenciones en espacios públicos –tanto geográficos como virtuales– como actos de incitación e invitación. De acuerdo con su misión transforman la calle de ser un sitio de tránsito a convertirse en un espacio democrático de compromiso, conflicto y diálogo.[26]

Cuando se observan las colaboraciones recientes entre artistas en movimientos de protesta desde Seattle hasta Ocupa, en el que también apareció Judith Butler como oradora en el Parque Zuccotti, se torna evidente que el marco teórico del concepto de Judith Butler y Athena Athanasiou de "desposesión" brinda una nueva interpretación de "lo humano" y lo "social" en circunstancias de opresión o marginalización (Butler y Athanasiou, 2013). Este concepto también arroja luz sobre la agencia y el artivismo en lo público, especialmente mediante su interpretación de los espacios de apariencia como constructos generales que permiten a "lo humano" *llevar a cabo* su desposesión y, de ese modo, resistirla. Esta agencia no necesita estar vinculada a un medio específico, pero materializa la desposesión *a través* del *performance* corporal.

---

26 http://www.blunderbussmag.com/author/theilluminator/.

El *performance Illuminator,* como una proyección multimedia elaborada en colaboración y con el individuo manifestante que cruza el Puente de Brooklyn cantando lemas, ilustra las facetas multimediáticas de representar la "desposesión" en público en el reciente movimiento Ocupa. Butler y Athanasiou (2013, 84) revelan una interpretación normativa de la desposesión política o económica que margina a gente diferente en todo el mundo privándolos de su ciudadanía, propiedad o tierra. Es Athanasiou la que formula que "la desposesión persiste más allá de la colonia y la poscolonia":

> En el contexto de las formas neoliberales de capital –combinadas con políticas de migración restrictivas y la abyección de gente apátrida, *sans papiers*, inmigrantes 'ilegales'– los cuerpos (es decir, el capital humano) se están volviendo cada vez más desechables, desposeídos por el capital y su exceso explotador, incontable y con paradero desconocido. (29)

La mezcla de protesta política con la artística de los movimientos Ocupa y zapatista continúa prosperando en las redes de acción contemporáneas que luchan con la miseria de la migración global en la época actual. Como nos recuerda Tufekci, "la longevidad y la durabilidad de estas redes significa que los conocimientos prácticos, especialmente los conocimientos prácticos relacionados con la infraestructura, se pueden compartir a través del tiempo y el lugar" (2017, 86). Un movimiento que fue hecho ex profeso para un sitio, Ocupa, erigió una biblioteca en el parque Zuccotti, al igual que muchas otras acampadas de Ocupa alrededor del mundo. A través de las nuevas redes mediáticas viajaron rápidamente el saber y las prácticas compartidos.

La cuadrícula, la jaula y el espacio público en las culturas contemporáneas de espectáculos urbanos

La cultura urbana contemporánea celebra festivales, espectáculos y la reestetización del espacio público. Los intelectuales izquierdistas y neomarxistas han criticado la espectacularización de los espacios urbanos (Debord 1995; Zukin 1995). La dirección general de las críticas sostiene que la cultura de los espectáculos mercantiliza todas las formas de vida social, cultural y política. Sin embargo, críticos como Daniel Goldstein y Kevin Fox Gotham llegan a una visión más compleja de la cultura del espectáculo. Aparte de los intereses comerciales claramente presentes, ubican un potencial de resistencia, rebelión y subversión en los espectáculos urbanos en la época contemporánea. Goldstein afirma que "los espectáculos, al igual que otros actos públicos, son sistemas no solo para el *performance*, sino también para la creación o transformación del orden social" (2004, 16). Con un reconocimiento al Mardi Gras de Nueva Orleans, Gotham mantiene que los espectáculos públicos tienen el potencial de crear "una crítica radical especialmente con respecto a las desigualdades de clase y raciales" (2005, 235).

Gotham considera que las culturas urbanas contemporáneas cada vez más se expresan mediante el espectáculo en relación con los festivales, desde los eventos deportivos hasta los festivales cinematográficos y las ferias del libro, desde el carnaval y los desfiles en Christopher Street hasta los festivales artísticos callejeros. Sin duda, las culturas de espectáculos están profundamente integradas a la cultura y los circuitos comerciales, pero también son vacíos importantes mediante los que se puede poner en tela de juicio el estatus social. Dos ejemplos tomados de la cultura del *performance* servirán como punto de partida para explorar cómo se puede concebir el espacio público de manera simultánea como un sitio de opresión colonial y neocolonial, y como un sitio de producción de saber visionario. Ambos ejemplos muestran que las prácticas artísticas en público siguen siendo cruciales para repensar y redistribuir el espacio público. En la gira del *performance* de Guillermo Gómez-Peña y Coco Fusco "La pareja en la jaula" y en la presentación en 2016 en la ceremonia del Grammy de la cadena de presidiarios de Kendrick Lamar, se concibe el espacio público como una jaula con patrón de cuadrícula, confinante y permeable al mismo tiempo.

Estos *performances* ilustran la creciente complejidad cuando se trata de definir el espacio público y el ámbito público. Como artistas del *performance* bien establecidos, Gómez-Peña y Fusco empezaron su gira "La pareja en la jaula" en 1992, quinientos años después de la llegada de Cristobal Colón a América. Durante dos años viajaron por diversas metrópolis occidentales en el continente americano y Europa, donde se presentaron como amerindios no descubiertos de una isla del Golfo de México que, de alguna manera, se había pasado por alto durante cinco siglos. Su gira tenía una presencia móvil y global, al reivindicar diversos sitios urbanos, tales como el Museo Británico de Londres, para el *performance* público. Al mismo tiempo, desafiaron y cuestionaron el concepto mismo de apertura en los espacios públicos. Mediante el empleo de la jaula como un lugar para un *performance* interactivo, se dirigieron directamente al público y reaccionaron a los comentarios y deseos de los espectadores. Por lo tanto, el espacio público y la jaula se convirtieron en sitios de relación. Mientras actuaban en público, la pareja nunca salió de la jaula. Mediante la combinación del vestuario y la práctica de nombrar, actuaron como "nativos" de "Guatinaui," una tierra natal imaginada, y se llamaron a sí mismos en torno de burla "guatinauis." Una cajita para las donaciones colocada enfrente de la jaula indicaba que, por un pago pequeño, la mujer guatinaui realizaría una danza "tradicional" (con música de rap) y el hombre guatinaui contaría historias amerindias "auténticas" (en un lenguaje inventado). Además, ambos posarían para las fotos con los visitantes. Como pareja enjaulada, Gómez-Peña y Fusco llevaron colonias imaginadas a los centros urbanos. En el estilo de la parodia posmoderna montaron el encuentro colonial como una experiencia parecida a la de un zoológico, lo que dejó a su público en un estado de perplejidad, diversión y disgusto.

Para muchos espectadores la escenografía, en efecto, parecía "real" y "auténtica." Los *performances* crearon un complejo vínculo espaciotemporal entre la colonialidad y la modernidad tardía, entre la jaula como símbolo de esclavitud humana y el espacio público como sitio potencial de participación, interacción y diálogo. Su gira reveló en forma lúdica que "El saber no solo se [puede] acumula[r] en Europa y Estados Unidos, desde donde se difunde por todo el mundo, sino que se produce, acumula y usa en forma crítica en todas partes" (Mignolo 2007, 137). Lo que es incluso más importante, su *performance* reveló que la producción del saber se encuentra en las manos de aquellos que controlan la producción así como la difusión. Como artistas de *performance* bien establecidos internacionalmente, Gómez-Peña y Fusco pudieron tener acceso a sitios públicos de alta visibilidad y canalizar el saber que querían compartir según sus medios. De manera imaginativa, plantearon su producción del saber en comparación con las versiones occidentales de las historias coloniales e imaginarios de las culturas indígenas, con lo que desafiaron y movilizaron modos y sitios de producción del saber.

Como resalta Stuart Hall,

> Europa trajo sus propias categorías culturales, lenguajes, imágenes e ideas al Nuevo Mundo con el fin de describirlo y representarlo. Trató de encajar el Nuevo Mundo en marcos conceptuales existentes, clasificándolo de acuerdo con sus propias normas, y absorbiéndolo mediante las formas tradicionales de representación. (2013, 76)

Las fuentes en las que se basó el discurso colonial fueron el saber clásico de filósofos como Platón y Aristóteles, las fuentes religiosas que crearon el saber mediante la reinterpretación de la "geografía en términos de la Biblia" (81) y la mitología que "transformó el mundo exterior en un jardín encantado, vivo, con gentes deformes y rarezas monstruosas" (81). Sin embargo, la fuente más fértil de información fueron los relatos de viajeros: "un discurso donde la descripción se difuminaba imperceptiblemente en una leyenda" (81). La combinación de estas fuentes creó una imagen del Nuevo Mundo que los colonizadores interiorizaron antes de que pusieran el pie en el Nuevo Mundo. "Los europeos habían atacado, burlado a gentes que no tenían deseos de ser 'exploradas,' que no tenían necesidad de ser 'descubiertas' y ningún deseo de ser 'explotadas.' Los europeos combatieron vis-à-vis a los Otros, en posiciones de poder dominante" (77). En el caso de 'La pareja en la jaula,' de manera subversiva es el indígena reinventado proveniente del Nuevo Mundo el que es el viajero que ocupa los lugares públicos en el mundo occidental y que presenta el “saber” mediante las máscaras de los vestuarios, la pintura corporal, el lenguaje inventado y la parodia interactiva, lo que empuja de esta manera las fronteras de la producción y difusión del saber.

Como una pareja en la jaula, Gómez-Peña y Fusco convirtieron los sitios públicos de sus *performances* en sitios educativos inesperados haciendo que temblaran los cimientos mismos de la producción del saber establecido mediante la interacción, la cultura participativa y el simulacro del espacio público como jaula. Como Sara Mills nos recuerda, “los discursos no existen en un vacío, sino que se encuentran en conflicto constante con otros discursos y otras prácticas sociales que los informan sobre cuestiones relacionadas con la verdad y la autoridad” (1997, 17).

Sus eventos revelaron que los sitios públicos eran sitios performativos y fluidos, y, no obstante, también permeables y cerrados, que oscilan entre espacios de interacción libre y aprisionamiento socioeconómico. Los espacios públicos en los *performances* de Gómez-Peña y Fusco continúan siendo ambiguos, peligrosos y están lejos de ser utópicos, ya que son sitios de control, vigilancia, manipulación y consumo, además de ser sitios de diálogo libre y expresión individual. No obstante, siguen siendo los lugares de enunciación elegidos para desafiar las formas coloniales y neocoloniales de producción del saber, y para llevar a cabo lo político.

Un segundo ejemplo es el regreso artístico de Kendrick Lamar a la cuadrícula como espacio de *performance*. Su actuación en la ceremonia de los premios Grammy en el 2016 es un ejemplo por excelencia de la disidencia sónica que surge del centro mismo del estrellato dentro del mundo de la música pop. Minutos después de que Lamar recibiera su quinto Grammy de la noche por Mejor Álbum de Rap en febrero de 2016, éste brindó una interpretación a manera de espectáculo para despertar la conciencia histórica y expresar su ira contra la injusticia racial. Mientras interpretaba un popurrí que incluyó canciones como “Alright” [Bien] y “The Blacker the Berry” [Mientras más negra sea la baya], se acercó al micrófono encadenado a otros hombres negros en una celda improvisada. Junto a los músicos de la cadena de presidiarios había músicos que tocaban desde dentro de una jaula tipo prisión. La actuación terminó con la presentación por primera vez de un contundente verso nuevo sobre la esclavitud moderna, en memoria de Trayvon Martin: "El 26 de febrero perdí mi vida también." Un nuevo llamado a la solidaridad y la hermandad se interpretó, televisó y difundió de manera instantánea a través de los nuevos medios de comunicación. Su interpretación en los premios Grammy combinó habilidad artística, espectáculo y acción política con un fuego gigante detrás del escenario que resaltaba visualmente su demanda musical de conciencia y justicia (cf. Makarechi 2016).[27] Con la aparición de un escenario en llamas, los músicos también se liberaron de sus cadenas.

La actuación provocadora de Lamar creó un collage del tiempo histórico en el que el cantante relacionó los grilletes con bola y las cadenas de la esclavitud con la situación actual en las cárceles de Estados Unidos, y con el racismo a escala global. Creó una imagen poderosa de un continuo histórico amenazador que esclaviza de nuevo y prolonga la esclavitud colonial en prácticas neocoloniales de jurisdicción racista y práctica policíaca. Para los grupos marginados, el mensaje político incluyó un "imperativo social de la performatividad" (Yúdice 2002, 57). La reivindicación del escenario como un espacio público de protesta que hizo Lamar es parte de lo que Daphne Brooks denomina una "nueva ola de música pop de protesta negra" que "capta la catástrofe racial del siglo XXI y lidia con ella: el complejo industrial de prisiones, la desigualdad globalizada de la riqueza y el empleo violento de las mujeres y los niños" (2016, s.n.). El estilo vanguardista de la actuación de Lamar también se abre camino en su videoarte. Por ejemplo, la coreografía del video de *Alright* escenifica a Lamar con un grupo de hombres jóvenes afroamericanos que viajan en un automóvil llevados por policías blancos.

El video maneja metáforas espaciales. Lamar se mueve encima de la ciudad con una vista panorámica del mundo que se encuentra

---

27 http://www.vanityfair.com/hollywood/2016/02/kendrick-lamar-2016-grammys-*performance*.

debajo de él. Esta posición espacialmente superior está acompañada por movimientos de baile de rap, lo que subraya la entrañable libertad física que contrasta de manera marcada con la letra de la canción, la cual expresa crítica, tristeza, ira y resistencia. Mientras flota sobre la ciudad, Lamar trasciende las imágenes en el suelo de policías blancos armados que empujan a un joven afroamericano contra el pavimento. Su audaz vuelo sobre la ciudad a la larga atrae la atención de un policía que finge pegarle un tiro usando su dedo como arma. Lamar representa su empoderamiento mediante lo performativo de la canción y el baile urbanos. "Si siempre nos dan nombre los otros" – una condición que resaltan Butler y Athanasiou– "entonces el nombre significa una cierta desposesión desde el principio. Si buscamos darnos un nombre nosotros mismos, esto aún se encuentra dentro de un lenguaje que nunca hicimos" (2013, 137). La performatividad, sin embargo, proporciona una solución, según Athanasiou: "Nombrar implica un performativo que necesariamente se encuentra entrelazado en la estructura de la apropiación que lo autoriza, mientras que al mismo tiempo sigue siendo capaz de exponer y exceder sus límites prescritos" (138). El potencial que tiene la performatividad de desafiar las "formas en las que los males de la opresión y la desposesión no son audibles dentro de discursos hegemónicos" (132) se resalta doblemente cuando lo performativo surge desde dentro de los mismos templos de la industria cultural y su impacto masivo en el ámbito público, como lo recalcan la interpretación y el video de Lamar (Raussert 2020).

Los ejemplos de Lamar, Goméz-Peña y Fusco ilustran que los artistas contemporáneos se comprometen con el espacio público con un alto nivel de autorreflexividad. Sus actuaciones llevan un metanivel de significado y muestran lo profundamente comprometidos que se encuentran la vanguardia así como los artistas de pop con el proceso de repensar lo social mediante el *performance* público. De manera autorreflexiva, abordan el papel del artista en lo público y se comprometen con la presencia omnipresente del arte en la sociedad contemporánea. El tropo del espacio público se reinterpreta mediante la metáfora de la jaula, la cual está basada en patrones de una cuadrícula multidimensional que recuerdan los patrones de cuadrícula de la planeación urbana y el diseño arquitectónico de los rascacielos que prometen una expansión interminable. Al mismo tiempo, la cuadrícula encierra y limita. Los artistas usan la jaula estando conscientes de que también están atrapados en ella. Además, están conscientes de que son parte de las redes de la economía, el mercado, la respuesta del público y la industria que produce los conceptos. La jaula hace que la vigilancia permanente sea parte del acto performativo. El artista desposeído y el espectador desorientado entran en un diálogo lúdico que difumina las fronteras entre la ficción y el hecho. No importa cuán móvil pueda parecer la gira por las metrópolis occidentales, los artistas, al igual que el público, permanecen entrelazados por proyecciones, imaginarios y estructuras enmarcados por una jaula permeable y, sin embargo, restrictiva.

Para concluir, permítaseme vincular el espacio público, la jaula y el punto de referencia espacial hipotético del proyecto "*Entangled Americas*" ['el continente americano entrelazado'] –el continente americano como espacio de entrelazamiento– mediante la cuadrícula. La cuadrícula posee un papel histórico central en la planeación urbana. Si bien se pueden encontrar predecesores de ella en la antigua Roma así como en las estructuras urbanas creadas por las culturas azteca e inca, la cuadrícula se convierte en una herramienta poderosa para modernizar los espacios americanos desde la colonialidad hasta la época contemporánea. Junto con el concepto temporal de utopía, el concepto espacial de la cuadrícula marca el comienzo mismo del asentamiento de las colonias en el Nuevo Mundo. Tanto el término en inglés como en español, "América" han funcionado históricamente como significantes de utopía e independencia. Como han señalado Quijano y Wallerstein, las diferencias yacen dentro de las conceptualizaciones utópicas: "La 'utopía de igualdad y libertad social' de Estados Unidos y la 'utopía [indígena] de reciprocidad, solidaridad y democracia directa' de Latinoamérica" (Quijano y Wallerstein 1992, 556-557).

La presencia de la cuadrícula como utopía urbana moderna va desde el sur hasta el norte, del oriente al occidente en el continente americano. Como señala Kaltmeier, la cuadrícula latinoamericana tiene "un papel estratégico para la colonización del espacio" (2011, 5). La jaula en los *performances* está modelada siguiendo la cuadrícula. La cuadrícula en el continente americano tiene una gran importancia en el diseño urbano y arquitectónico, desde las cuadras rectangulares que marcan ciudades como Chicago y Nueva York hasta sus rascacielos (Sennett 2004, 5). Tanto en Latinoamérica, donde la cuadrícula ya tenía una historia precolombina, como en Norteamérica, la cuadrícula se convirtió en una herramienta para colonizar el espacio e instalar la hegemonía de los blancos (cf. Kaltmeier 2011, 6-7). En lo que se refiere a Estados Unidos, Richard Sennett mantiene que la cuadrícula sirve como una fuerza de expansión. Si bien se refiere a la expansión hacia el occidente e imperialista, yo añadiría que ésta funciona como una estructura móvil ys repetible para la expansión horizontal y vertical. Uno podría pensar en la planeación urbana y los diseños arquitectónicos que se elevan a grandes alturas. Entonces, el espacio público en el continente americano necesita negociarse de una manera amplia dentro de un patrón general de cuadrículas. Como el *performance* en forma de espectáculo de Kendrick Lamar durante la ceremonia de los premios Grammy en el 2016, en la que los músicos tocaron desde dentro de una jaula que simbolizaba el confinamiento de los afroamericanos en las prisiones contemporáneas de Estados Unidos, los *performances* en forma de espectáculo de Gómez-Peña y Fusco interpretan la cuadrícula como una estructura "americana" fundamental: un "espacio de entrelazamiento" que establece límites espaciales a la utopía, pero que también proporciona espacios abiertos entre el metal, el acero y el hierro a través de los que pueden pasar las voces de los desposeídos y a través de los que surgen nuevas formas de participación, interacción y comunidad. Estas nuevas formas desean nuevas utopías críticas al repensar lo social dentro de la cuadrícula y contra ella.

Algunos pensamientos a modo de conclusión

El viaje de los imaginarios a través de los nuevos medios de comunicación crea conexiones aún más profundas entre mundos que, aparentemente, están geográfica, geopolítica, económica, religiosa y culturalmente muy distantes uno del otro. El sur y el norte se turnan en proporcionar importantes imaginarios alternativos para incitar y llevar a cabo nuevas conceptualizaciones del espacio público y visiones futuristas en el continente americano, incluso en el siglo XXI. Estas nuevas visiones comprenden repensar el espacio público, tener acceso a los espacios públicos, y la conectividad y relación conflictiva de los ámbitos públicos. Con frecuencia, éstas nacen de la desilusión con las estructuras existentes. Al mismo tiempo, abogan por el reconocimiento de la otredad, la aceptación de los derechos territoriales y una mayor conciencia local y global de la política de la desposesión que, desafortunadamente, continúa haciendo más grande la creciente división entre ricos y pobres en una escala global.

Con un énfasis cambiante en la poética y la política, y los variados llamados a la soberanía, las prácticas artísticas en el continente americano pueden volver la vista atrás a una larga historia en la que se han repensado los espacios públicos y se han construido comunidades de manera imaginativa. Desde la época colonial hasta las formas neocoloniales de desposesión, las luchas imaginativas y económicas por los espacios públicos han dado forma a las prácticas artísticas que interactúan con la calle, la plaza y el espacio virtual en el continente americano y estas prácticas, a su vez, les han dado forma a ellas. Las prácticas artísticas continúan prosperando como una herramienta para reinventar lo social y repensar el espacio público en nuestro público contemporáneo interconectado. Si bien podría sonar utópico, el potencial a menudo subestimado de creatividad cultural bien podría ser una de las herramientas más poderosas para crear espacio públicos abiertos y atractivos, y un público interconectado y dialógico de diferencia e intercambio, dentro y fuera de la cuadrícula.

Obras citadas

Adey, Peter. 2002. "Secure and Sorted Mobilities: Examples from the Airport." *Surveillance & Society*: 500-519. https://ojs.library.queensu.ca/index.php/surveillance-and-society/article/view/33 33.

Auge, Marc. 1995. *Non-Places: Introduction to an Anthropology of Supermodernity. Place*. Nueva York: Verso.

Augé, Marc. 2000. *Los "no lugares." Espacios del anonimato. Una antropología de la Sobremodernidad.* Traducción Margarita Mizraji. Barcelona: Gedisa.

Bauman, Zygmunt. 2000. *Liquid Modernity*. Cambridge:Polity Press.

Beck, Ulrich. 2002. *La sociedad del riesgo global.* Madrid: Siglo XXI Editores.

Bender, Barbara. 2001. "Landscapes on-the-Move." *Journal of Social Archeology* 1.1: 75-89.

Benhabib, Seyla. 2006. *Las reivindicaciones de la cultura. Igualdad y diversidad en la era global*. Traducción Alejandra Vassallo. Buenos Aires: Katz editores.

Brooks, Daphne. 2016. "How BlackLivesMatter Started a Musical Revolution." *The* Guardian. https://www.theguardian.com/-profile/daphne-a-brooks.

Butler, Judith. 1997. *Excitable Speech: A Politics of the Performative*. Londres/Nueva York: Routledge.

Butler, Judith, y Athena Athanasiou. 2013. *Dispossession: The Performative in the Political*. Nueva York: Polity Press.

Canclini, García. 1990. *Culturas híbridas. Estrategias para entrar y salir de la modernidad.* México, D.F.: Grijalbo.

Carrillo, Sofía, y Joaquín Barriendos. 2015. "STENCIL IXTLIL XÓCHITL: Demián Flores, La Curtiduría, and the Visual Guerilla in Oaxaca." En *Grafficity: Visual Practices and Contestations in Urban Space*, ed. Eva Youkhana y Larissa Förster, 171-192. Paderborn: Wilhelm Fink.

Coronil, Fernando. 2011. "The Future in Question: History and Utopia in Latin America (1989-2010)." En *Business as Usual.*

The Roots of the Financial Global Meltdown, ed. Craig Calhoun y Georgi Derluguian, 231-292. Nueva York: Universidad de Nueva York.

Debord, Guy. 1995. *The Society of the Spectacle*. Nueva York: Zone Books.

Exhibit. 2016. "Discover Design for Urban Life in South America that Builds on Radical Optimism." Pittsburgh: The Heinz Architectural Center, Carnegie Museums. https://cmoa.org/-exhibition/building-optimism.

Fisher, Jean. S.f. "Remembering the Future: Tradional and Modernity in the Work of Hock E Ayey VI Edgar Heap of Bird." http://www.jeanfisher.com/remembering-the-future-tradition-andmodernity-in-the-work-of-hock-e-aye-vi-edgar-heap-of-birds/.

Flores, Tatiana. 2013. *Mexico's Revolutionary Avant-Gardes: From Estridentism to !30-30!*. New Haven y Londres: Universidad de Yale.

Foucault, Michel. 2002. *Discipline and Punish. The Birth of the Prison*. Nueva York: Vintage Books.

Fraser, Nancy. 1990. *Rethinking the Public Sphere: A Contribution to the Critique of Actually Existing Democracy*. Milwaukee: Universidad de Wisconsin.

Fusco, Coco. 2015. *Dangerous Moves: Performance and Politicis in Cuba*. Londres: Tate Publishing.

Goldstein, Daniel. 2004. *The Spectacular City: Violence and Performance in Urban Bolivia*. Durham: Universidad Duke.

Gotham, Kevin Fox. 2005. "Theorizing Urban Spectacles: Festivals, Tourism and the Transformation of Urban Space." En *City* 9.2: 225-246.

Gretzki, Allan. 2015. "Graffiti, Sstreetart, und Culture Jamming zwischen urbanem Protest und Kommerzialisierung." *Grafficity*: Visual Practices and Contestations in Urban Space, ed. Eva Youkhana y Larissa Förster, 235-265. Paderborn: Wilhelm Fink.

Habermas, Jürgen. 1989. *The Structural Transformation of the Public Sphere: An Inquiry into a Category of Bourgeois Society*. Cambridge: MIT Press.

Habermas, Jürgen. 1981. *Historia y crítica de la opinión pública. La transformación cultural de la vida pública*. Traducción Antoni Domènech. Barcelona: Editorial Gustavo Gili.

Hall, Stuart. 2013. "El Oeste y el resto: discurso y poder." Traducción por Ana Díaz. En *Discurso y poder en Stuart Hall*, ed. Ricardo Soto Sulca. Huancayo, Perú: Imprenta Gráfica MELGRAPHIC E.I.R.L.

Hall, Stuart. 1996. "The West and the Rest: Discourse and Power." En *Modernity: An Introduction to Modern Societies*, ed. Stuart Hall, David Held, Don Hubert y Kenneth Thompson, 184-227. Oxford: Blackwell.

Harvey, David. 1989. *The Conditions of Postmodernity: An Inquiry into the Origins of Cultural Change*. Blackwell.

Held, David. 2004. *Un pacto global.* Madrid: Taurus.

Hunter, Garry. 2012. *Street Art Around the World.* Canterbury: Arcturus.

Illouz, Eva. 2019. "Capitalist Subjectivity and the Internet." Talk. Berlín: Alexander von Humboldt Institut für Internet und Gesellschaft.

Kaltmeier, Olaf. 2011. "Introduction." En *Selling EthniCity: Urban Cultural Politics in the Americas*, ed. Olaf Kaltmeier, 1-20. Farnham: Ashgate.

Lagos Preller, Theobaldo. 2015. "Fall of Presence(s): The Art Projects ¡Ay, Sudamérica! and 'Poem Rain.'" En *Grafficity: Visual Practices and Contestations in Urban Space*, ed. Eva Youkhana y Larissa Förster, 141-169. Paderborn: Wilhelm Fink.

McKee, Yates. 2017. *Strike Art. Contemporary Art and the Post-Occupy Condition.* Nueva York: Verso.

Mignolo, Walter. 2007. *La idea de América Latina. La herida colonial y la opción decolonial.* Traducción de Silvia Jawerbaum y Julieta Barba. Barcelona: Editorial Gedisa.

Mills, Sara. *Discourse*. 1997. Londres/Nueva York: Routledge.

Mouffe, Chantal. 2007. *En torno a lo político*. Traducción de Soledad Laclau. Buenos Aires: Fondo de Cultura Económica, 2007.

Neufeld, Daniel, y Jérémie Haasser. 2010. *Arte Urbano GDL*. Guadalajara: Consejo Estatal para la Cultura y las Artes.

Nikitin, Cynthia. 2015. "Communities and Arts-Based Place-making." En *Project for Public Spaces*. https://www.pps.org/article/creative-communities-and-arts-based-placemaking. Oles, James. 2014. *Arte y architectura en México*. Mexico City: Taurus Historia.

Prieto, Antonio. 2018. *Border Art as a Political Strategy*. http://isla.igc.org/Features/Border/mex6.html.

Quijano, Anibal, y Immanuel Wallerstein. 1992. "Americanity as a Concept, or the Americas in the Modern World System." *International Sociological Association* 1.134: 549-556.

Raussert, Wilfried. 2020. *'What's Going On': How Music Shapes the Social*. Trier: WVT, Tempe: Bilingual Press.

———. 2019. "Interview with Quetzal Flores." Interview. Bielefeld: Center for InterAmerican Studies.

———. 2017. *Art Begins in the Streets. Art Lives in the Streets*. Bielefeld: kipu.

Schacter, Rafael. 2013. *The World Atlas of Street Art and Graffiti*. Londres: Aurum Press Limited.

Sennett, Richard. 2004. *Las ciudades norteamericanas: planta ortogonal y ética protestante*. Num. 1. Verano 2004. http://www.bifurcaciones.cl/.

Sennett, Richard. 1992. *La conciencia del ojo*. Barcelona: Ediciones Versal. 1992

Suvin, Darko. 1988. *Positions and Presuppositions in Science Fiction*. Kent: Universidad Estatal de Kent.

Thies, Sebastian, y Sarah Corona Berkin. 2020. "Visual Cultures." En *The Routledge Handbook to Culture and Media in the Americas*, ed. Wilfried Raussert, Giselle Anatol, Sarah Corona Berkin, José Carlos Lozano y Sebastian Thies, entry 45. Londres/Nueva York: Routledge.

Tufekci, Zeynep. 2017. *Twitter and Tear Gas: The Power and Fragility of Networked Protest*. New Haven: Universidad de Yale.

Uribe, Laura. 2017. "Arte y Color Para Rescatar México." *Aire*, 125-129.

Urry, John. 2007. *Mobilities*. Cambridge: Polity Press.

Ventura, Tereza. 2015. "Graffiti Practices in Rio de Janeiro and Berlín. A Comparative Perspective." En *Grafficity: Visual Practices and Contestations in Urban Space*, ed. Eva Youkhana y Larissa Förster, 121-140. Paderborn: Wilhelm Fink.

Youkhana, Eva, y Larissa Förster, eds. 2015. *Grafficity: Visual Practices and Contestations in Urban Space*. Colonia: Morphomata.

Yúdice, George. 2002. *El recurso de la cultura.* Barcelona: gedisa.

Zukin, Sharon. 1995. *The Cultures of Cities*. Oxford y Malden: Blackwell.

Epílogo

Desde principios del siglo XX hasta el periodo contemporáneo, los artistas en el continente americano se han apropiado del espacio y los sitios públicos con el fin de reinventar lo social y las relaciones sociales. Si bien las prácticas artísticas y culturales, por extraño que parezca, pasan frecuentemente desapercibidas y son subestimadas en su función como creadoras de significado social, al final del presente libro parece posible afirmar sin temor que la práctica artística se ha establecido a sí misma como una herramienta eficaz para redefinir las relaciones humanas con el espacio público y repensar la diversidad social en los ámbitos públicos. El arte público ha demostrado su capacidad autorreflexiva para descubrir conflictos y rupturas en los ámbitos de lo social, y su poder para expresarlos a un público más amplio. Como se ha mostrado en los tres periodos de desarrollo y expresión artísticos examinados en el presente libro, el arte público posee una capacidad extraordinaria para ajustarse a la "fluidez de lo social" (Bauman 2004, 31). No solo eso: más allá de los confines de la censura por parte del Estado, de los dictados de las industrias culturales y de la expansión de la cultura capitalista, continúa sirviendo como vehículo para el disenso y la *reinvención* de ese ámbito social en tiempos de crisis cultural, económica y política, mediante la utilización de espacios mediáticos públicos tradicionales así como nuevos.

Críticos como Bruno Latour han expresado la "crisis" de lo social al principio del siglo XXI. En las "cartografías de lo social" Latour detecta tensión, conflicto y contradicción (2008, 41). Para él, considerar las interrelaciones entre las fuerzas políticas, económicas y culturales es la clave para repensar lo social de una manera relacional. Con el fin de captar y analizar el espacio y el ámbito públicos en relación con el surgimiento de lo social, el presente libro ha considerado que la práctica artística en el espacio público es esencial para comprender lo social como proceso, algo que siempre se encuentra en un estado de transformación (Deleuze y Guattari 1987) y que es creativamente transformable. Las prácticas artísticas, particularmente cuando ocupan el espacio público, están equipadas de manera singular para reflejar lo social en un diálogo con múltiples ámbitos públicos en pugna. Además, merecen reconocimiento por reflejar la crisis y crear modelos para la interacción social entre actores humanos, y entre éstos y los actores no humanos.

Los artistas y escritores han demostrado ser tremendamente creativos en lo que se refiere a producir visiones sociales, culturales y políticas, en particular cuando las elaboran con un deseo profundo de infundir imaginación creativa a los sitios públicos (cf. Galante 2008). Si bien a menudo simplemente se les desacredita como si fueran hombres espectáculo, animadores y exhibicionistas, los artistas, debemos reconocerlo, demuestran valor y fortaleza cuando salen de su zona de confort formada por mundos del arte, galerías, teatros y salones literarios reglamentados para salir a las calles. Practicar arte en público requiere una confrontación inmediata y directa con el mundo y la gente que lo habita. Asimismo, se necesita que uno ajuste su imaginación creativa a las necesidades de un grupo, comunidad o red. Y requiere repensar la práctica artística en situaciones cotidianas reales, porque los espacios públicos no sólo proporcionan visibilidad y reconocimiento, sino también representan zonas de peligro en las que pueden chocar la gente, las ideas y los imaginarios.

Chantal Mouffe (2007) llega incluso a definir el espacio público como un campo de batalla en el que se enfrentan diferentes proyectos hegemónicos, sin ninguna posibilidad de una reconciliación final. Mouffe, sin duda, también estaría de acuerdo en que las prácticas artísticas críticas ayudan a subvertir las ideologías dominantes en lo que la autora denomina un modelo "agonista" de espacio público, puesto que estas prácticas pueden visualizar lo que se ha reprimido y ha sido eliminado por el consenso de la democracia pospolítica contemporánea. Podemos situar las diversas prácticas artísticas analizadas dentro de la concepción de espacio público de Mouffe y ver que el hecho de que la experiencia de la práctica artística se haya vuelto pública ha sido polémico, conflictivo, trasgresor e innovador en sus intentos por trabajar dentro de los patrones de control espacial de la red y contra éstos en el siglo XX y XXI.

Para Mouffe, "los espacios públicos siempre son plurales y la confrontación agonista se realiza en una multiplicidad de superficies discursivas" (2007, 3). Mouffe niega que exista ningún principio subyacente de unidad. En su forma de pensar, los espacios públicos son "siempre estriados y se estructuran hegemónicamente" (3). Esto también es cierto para aquellas estructuras urbanas basadas en los patrones fundamentales de la red. Y también es cierto para el espacio público extendido y diversificado de la televisión en las décadas de los años cincuenta y sesenta así como para los nuevos medios de comunicación en la era digital, con sus patrones de red de control y jerarquía determinados *algorítmicamente*. Si bien no hay un centro fijo o predeterminado que controle la diversidad de espacios, "siempre existen diversas formas de articulación entre ellos" (3).

Como ha demostrado el presente libro, las prácticas artísticas representan una de las formas centrales de articulación en el espacio público. Son profundamente dialógicas, poderosamente interactivas e incansablemente creativas en lo que se refiere a repensar no solo formas de articulación, sino la circunscripción del espacio público mismo. Asimismo, quiero insistir en un segundo punto: éstas desempeñan un papel vital en las luchas hegemónicas sobre las formas de expresión y contribuyen al diálogo conflictivo acerca de diversos espacios públicos y entre éstos. Durante mucho tiempo, la práctica artística ha estado reconfigurando continuamente los discursos en el espacio público y sobre éste en el continente americano. Como no está confinada a ámbitos aislados de imaginación y creación, se encuentra incorporada a las relaciones de poder y las luchas por la dominación. Si bien los artistas actúan dentro de marcos institucionales y de la industria cultural, con frecuencia los transgreden con el fin de crear espacio para nuevas visiones. Aunque sin duda alguna estén vinculados a los paradigmas más grandes de la industria cultural de la cultura capitalista y de la política cultural en nuestra era de la globalización (García Canclini 1987, 1995; Yúdice 2003), también pueden salir de caminos muy trillados para desafiar las normas y los estándares de la producción cultural. Quiero hacer hincapié en que el espacio público es el principal lugar en que la práctica artística despliega todo su potencial para dar forma a la cultura de la vida cotidiana y redirigir el curso de lo social en cualquier lugar y tiempo dados.

La producción cultural y la visión social en el continente americano, como lo demuestran estos tres periodos históricos, se han beneficiado profundamente de que las prácticas artísticas se hayan introducido a los campos del espacio y el ámbito públicos. Si bien no hay un desarrollo lineal de las prácticas artísticas en relación con el espacio público, se pueden distinguir diferentes grados de intensidad radical que marcan el compromiso artístico con el espacio público y en éste desde principios del siglo XX hasta el XXI. En su fase temprana modernista, la práctica artística en el espacio público se realizó predominantemente dentro del contexto de las instituciones públicas y sus sitios arquitectónicos relacionados; en la mayoría de los casos, los proyectos artísticos elaborados sobre paredes y en edificios públicos también habían sido encargados por instituciones. Si bien desafiaron las divisiones espaciales y jerarquías en sus obras de arte, artistas como los muralistas trabajaron principalmente dentro de los patrones de la cuadrícula de los edificios y sitios públicos. Cuando la práctica artística y cultural salió a las calles en Harlem y Jamaica a principios del siglo XX, los desfiles y *performances*, por lo general, siguieron rutas que seguían los reglamentos de los funcionarios urbanos.

La turbulenta década de los años sesenta fue testigo de una presencia artística masiva en las calles. Éstas se convirtieron en un sitio de expresión y confrontación política, y las prácticas artísticas proporcionaron modelos para la acción social y política. Al derribar la cuarta pared de las convenciones teatrales, al llevar los *performances* a las calles, parques y plazas, los artistas dieron pasos radicales y arriesgados para diversificar el ámbito público y para ocupar los espacios públicos donde se podía reinventar lo social en sus aspectos culturales y políticos. Algunos artistas del *performance* continuaron dentro de estructuras urbanas, pero muchos de ellos intentaron escaparse de la red urbana de control y vigilancia, como en los festivales musicales de Woodstock y Ávandaro. Creado en diálogo con las prácticas culturales revolucionarias cubanas, las expresiones artísticas y culturales del movimiento de las Panteras Negras sirvieron como un medio para crear patrones de red alternativos controlados por afroamericanos para la vida comunitaria urbana.

En el periodo contemporáneo estamos presenciando cómo se están acercando los artistas del *performance* a los nuevos sitios y rutas públicos con el fin de crear nuevas visiones de lo social. En términos espaciales, es sorprendente que muchos *performances* y eventos sean hechos para un sitio ex profeso y, sin embargo, sean de carácter nómada, puesto que responden a los desafíos de una intensificación en la movilización y globalización. Si bien las prácticas artísticas dan forma a los nuevos medios y abren nuevos canales para llegar a múltiples ámbitos públicos, al mismo tiempo su difusión es canalizada y censurada por las luchas hegemónicas dentro de las nuevas redes mediáticas. Como ilustra el acto de seleccionar sitios de conflicto y confrontación, como la frontera de México con Estados Unidos, para llevar a cabo actos de *performance*, muchos artistas aceptan la lucha por la expresión en espacios públicos mediante la confrontación directa con la hegemonía. La práctica artística pública se enfrenta a la política llevándola a cabo ex profeso para un sitio, lo que presenta nuevas visiones sociales mediante el compromiso inmediato y directo con el ámbito social, el mundo del arte y las industrias culturales. Al aprovechar los canales de la era digital contemporánea, logran usar patrones de red surgidos recientemente también para trabajar en formas que resisten la vigilancia y control hegemónicos.

El análisis del desarrollo de la práctica artística en el espacio público en diferentes épocas históricas revela que las jerarquías de poder entre el norte y el sur en el continente americano, que se dan ampliamente por sentadas, pierden su validez cuando se trata de prácticas artísticas que dan forma al uso del espacio público y redefinen las articulaciones de lo social en relación con el espacio público. Los flujos artísticos provenientes del sur y del norte se han alternado durante todo el siglo XX y el inicio del XXI en la creación de redes interamericanas complejas de visiones de lo social en el arte público artísticamente inspiradas.

Los artistas trabajan dentro de las estructuras de la red y contra ellas monitoreando y controlando el espacio público. Asimismo, son agentes activos en la creación y redefinición de éstas. El periodo modernista contempló a artistas que crearon el arte principalmente en público dentro de las estructuras de la cuadrícula del diseño arquitectónico urbano. El periodo posmoderno experimentó una expansión de las estructuras de la cuadrícula mediante los medios de comunicación, como la televisión, y fue testigo de intentos periódicos por parte de los artistas de hacer menos rígidas estas estructuras o de abrirse paso entre los patrones de éstas. En la era digital contemporánea, los artistas muestran un alto grado de autorreflexividad sobre la relación entre la práctica artística en el espacio público y las estructuras de la red que están ampliándose continuamente y que proporcionan una difusión global y que, sin embargo, crean nuevas formas de monitorear y controlar el espacio público.

Los movimientos populistas contemporáneos que vienen del norte al sur intentan negar la diversidad, reducir el acceso al espacio público y eliminar las socialidades plurales. La retórica social y política de líderes políticos como Jair Bolsonaro en Brasil y Donald Trump en Estados Unidos promueve una versión del espacio público que niega los avances de los derechos humanos, los derechos civiles y la política multicultural de décadas anteriores. Historiadores como David Frye (2019) han señalado que estamos viviendo en una era en la que la construcción de muros para dividir espacios sociales y geopolíticos ha alcanzado un nuevo nivel. Estas líneas divisorias dan forma a los patrones de la cuadrícula de segmentación y fragmentación urbanas, afectan la accesibilidad a la movilidad y las rutas de migración, e incrementan la división entre ricos y pobres en todo Norteamérica y Sudamérica.

Ante estos acontecimientos, la práctica artística contemporánea ha buscado los espacios públicos que son sitios de crisis y conflicto con el fin de crear nuevas visiones sociales en medio de luchas por el poder sobre los flujos de bienes, personas, ideas y medios de comunicación en el siglo XXI. Como demuestran enérgicamente las prácticas artísticas públicas del movimiento actual La Vida de los Negros Importa en Estados Unidos y Canadá (Raussert 2020, 58-63, 142-164), continúa la lucha hegemónica y contrahegemónica sobre las articulaciones dentro de los espacios públicos y en relación a ellos. Las prácticas culturales y artísticas siguen dando forma de manera estética y social a los espacios públicos de las sociedades americanas contemporáneas.

Obras citadas

Bauman, Zygmunt. 2004. *Modernidad líquida.* Traducción: Mirta Rosenberg. México, D.F.: Fondo de Cultura Económica.

Deleuze, Gilles, y Félix Guattari. 1987. *A Thousand Plateaus:Capitalism and Schizophrenia.* Minneapolis: Universidad de Minnesota.

Frye, David. 2019. *Walls: A History of Civilization in Blood and Brick.* Nueva York: Simon & Schuster.

Galante, Raffaela. 2008. "La cultura sí importa." *Crítica* 952: 46-50.

García Canclini, Nestor. 1995. *Consumidores y Ciudadanos. Conflictos multiculturales de la globalización.* México D.F: Grijalbo.

———, ed. 1987. *Las políticas culturales en América Latina.* México: Grijalbo.

Latour, Bruno. 2008. *Reensamblar lo social: una introducción a la teoría del actor-red.* Traducción: Gabriel Zadunaisky. Buenos Aires: Ediciones Manantial.

Mouffe, Chantal. 2007. "Art as an Agonistic Intervention in Public Space." En *Art as a Public Issue: How Art and its Institutions Reinvent the Public Dimension*, ed. Chantal Mouffe, 1-7. Rotterdam/Amsterdam: NAI Publishers.

Raussert, Wilfried. 2020. *'What's Going on': How Music Shapes the Social*. Trier: WVT, Tempe: Bilingual Press.

Yúdice, George. 2003. *The Expediency of Culture: Uses of Culture in the Global Era*. Durham: Duke University Press.